KB041293

중국 철학의 정신
—新原道—

중국 철학의 정신

― 新原道 ―

馮友蘭 지음 / 곽신환 옮김

서광사

이 책은 펑 여우란(馮友蘭)의 《新原道》, 제1판
(臺灣: 商務印書館, 1967)을 완역한 것이다.

중국 철학의 정신[新原道]

■

지은이—馮友蘭
옮긴이—곽신환
펴낸이—이숙
펴낸곳—도서출판 서광사

■

출판등록일— 1977. 6. 30.
출판등록번호— 제 406-2006-000010호
(10881) 경기도 파주시 회동길 77-12 (문발동)
대표전화·(031)955-4331 / 팩시밀리·(031)955-4336
E-mail·phil6161@chol.com
http://www.seokwangsa.co.kr / http://www.seokwangsa.kr

■

제1판 제1쇄 펴낸날·1993년 4월 20일
제1판 제8쇄 펴낸날·2020년 11월 30일

ISBN 978-89-306-2910-2 93150

옮긴이의 말

이 책은 중국 철학사의 지은이로 널리 알려진 펑 여우란(馮友蘭, 1895~1990) 박사의 《신원도》(新原道)를 옮긴 것이다. 원제를 그대로 사용하지 않고 부제인 《중국 철학의 정신》을 내세운 것은 영역판의 제목이 *The Spirit of Chinese Philosophy*였으며 이렇게 하는 것이 독자들의 이해를 보다 높일 수 있다고 생각했기 때문이다. 1947년 위의 영역판과 함께 출간된 《신원도》는 비교적 일찍부터 우리 학계에 소개되었다. 철학 연구회가 발족할 무렵인 1954년 고 이상은(李相殷) 교수가 주도하는 윤독회의 독본으로 선택되었었다. 이후 《신원도》는 그의 《중국 철학사》와 함께 대학의 동양 철학도들에게 가장 많이 애독되는 중국 철학 독본의 하나였다.

지은이가 그의 영역판 서문에서 밝히고 있듯이 《신원도》는 중일전쟁(1937년)이 발발하던 즈음에 저술한 《신이학》(新理學), 《신원인》(新原人), 《신지언》(新知言), 《신세훈》(新世訓), 《신사론》(新事論) 등 "정원육서"(貞元六書)라 불리우는 일련의 저술들 가운데 하나로서, 국가적·민족적 위난 속에서 중국 철학의 부흥, 중국 정신의 재생을 염원하면서 집필한, 압축된 중국 철학사라고 할 수 있다. 제목을

《신원도》라고 한 것은 일찍이 당나라 때의 한유가 도교 사상과 불교의 세력 속에서 쇠잔하여 가는 유학(儒學), 유도(儒道)의 진작을 위하여 쓴 《원도》(原道)의 정신을 취한 까닭이다.

평 여우란 박사는 이 책에서 중국 철학의 주요 흐름을 그 나름의 기준 곧 초월성(高明)과 일상성(中庸)을 적용하면서 평가 서술하고 있다. 그리고 이 기준은 그가 밝히고 있듯이 《장자》〈천하〉편의 저자가 중국 고대 철학에 가한 비평에서 암시를 얻었다. 그는 중국 철학의 정신은 방내(方內)와 방외(方外), 초월과 세간 즉 고명과 중용의 대립을 극복하는 것에 있다고 하였다. 그리고 이를 잣대로 삼아 중국 철학의 주류를 비교 평가하고 있다.

그 서술에 있어서 이 책이 중국 철학의 형이상학을 다룬 그의 《신이학》(1939) 그리고 인성론·윤리학을 다룬 《신원인》보다 나중에 집필된 연유로 《신이학》의 이(理)·기(氣)·도체(道體)·대전(大全) 등의 용어와 《신원인》의 자연 경계, 공리 경계, 도덕 경계, 천지 경계 등의 용어가 자주 사용되고 있다. 문맥을 잘 따라가면 그 의미의 파악이 어렵지 않다.

펑 여우란 박사는 1895년 중국 하남성(河南省)의 당하(唐河)에서
출생하였다. 20세가 되던 해인 1915년에 북경 대학 철학과에 입학하
여 후스(胡適)의 지도로 중국 철학을 공부하며 서구 문물에 접하였
다. 졸업 후 그는 미국으로 건너가 1923년에 컬럼비아 대학에서 학
위를 취득하였고 귀국하여 중주(中洲) 대학, 중산(中山) 대학, 연경
(燕京) 대학 교수를 거치며 중국 철학계의 중심 인물로 떠올랐다.
1934년 그의 나이 불혹에 완성한《중국 철학사》(상하 전2권)는 그의
성가를 일약 세계에 높이게 되었는데 또한 이로 인해 후일 문화 혁명
이 일어나자 정치적 시련을 받기도 하였다. 그후 그는 이른바 "정원
육서"를 출판하였고,《중국 철학사보》(中國哲學史補) 등 계속하여 철
학사를 보완하는 작업을 하였다.

펑 여우란 박사의《중국 철학사》는 중국 대륙 안에서의 정치적 박
해뿐만 아니라 일반 철학계에서의 비판의 소리 또한 없지 않았다. 라
오 쓰꽝(勞思光)은 그의《중국 철학사》(1967)에서 펑 여우란의《중국
철학사》가 중국 철학사의 특징을 제대로 드러내지 못한 것으로서
한 권의 철학사이기는 하여도 성공적인 철학사는 아니라고 하였다.

라오 쓰꽝은 펑 여우란이 중국 철학사를 기술하면서 초기 플라톤의 이론과 근세의 신실재론을 원용하였다고 지적하면서 그는 서양 철학에 대해서도 중국 철학에 대해서도 그리 많은 것을 알고 있지 못하다고 비판하였던 것이다. 장 치윈(張其昀) 우이(吳怡)도 《중국 철학사화》(中國哲學史話)에서 중국 철학사를 서양 철학사를 기술하는 방식으로 기술해서는 그 고유한 생명력을 상실하게 된다는 비판을 가하면서 나름의 독특한 방식을 제시하기도 하였다.

  펑 여우란 박사는 지난 1990년 11월 26일에 95세를 일기로 그의 일생을 마감하였다. 말년에 눈이 어둡고 손발이 떨리며 귀도 들리지 않는 극한 상황에서도 《중국 철학사 신편》(中國哲學史新編, 전 7권)을 탈고하였다. 이는 1934년에 나온 그의 《중국 철학사》(상하 전 2권), 그리고 이후 더크 보데(Derk Bodde)에 의하여 영역된 《간편 중국 철학사》(*A Short History of Chinese Philosophy*)와 그 자신의 《중국 철학사보》를 대폭 수정 보완한 것으로서 중국 철학의 광대(廣大) 정미(精微)를 다한 것이다. 그는 비록 폐쇄된 사회 안에 갇혀 있었지만 분명 현대의 중국 철학자들 가운데 우리 학계에, 그리고 세계 철학계에 가장 영향력을 끼친 철학자 중 한 분이다. 한마디로 그는 동양 철학의 대사(大師)이다. 우리는 그에게 적지않은 빚을 지고 있다. 이제 우리는 그의 필생의 역작 《중국 철학사 신편》의 내용을 올바르게 이해하고 그리고 이를 넘어서는 학문적 업적을 성취함으로써 그에게 진 빚을 갚을 수 있을 것이다.

 번역에 있어서 옮긴이가 대본으로 삼은 것은 1967년 대만 상무인서관(臺灣:商務印書館)에서 출판한 《신원도》이며 영국 옥스퍼드 대학의 휴즈(E.R. Hughes)가 영역한 *The Spirit of Chinese Philosophy*(Boston: Beacon Press, 1962)를 참조하였다. 펑 여우란 박사가 《신원도》를 집필할 때 서구의 철학을 염두에 두고 있었으며 따라서 서구 철학의 용어가 적지않게 등장한다. 상무인서관 대본에는 지은이의 서문과 각주가 없고 영역판에는 지은이 서문과 각주가 있지만, 옮긴이는 영역판의 지은이 서문을 취했으나 그 각주는 취하지 않은 대신 한문으로 된 원문 가운데 중요한 것을 골라서 출전을 밝히고 주(註)로 처리하여 독자의 편의를 돕고자 하였다.

이 책은 1985년 숭실대학교 출판부에서 그 초역이 간행되어 판을 거듭하였는데 간혹 잘못된 번역이 눈에 띄고, 또한 문장의 난삽함이나 한문을 모르는 세대들의 등장 등을 감안하여 고쳐 옮길 필요성을 절실히 느끼던 차에 이번 서광사의 배려로 다시 상재하게 되었다. 서광사 편집부의 노고에 감사의 마음을 전한다.

1993년 1월
상도동 연구실에서
옮긴이 곽신환

중국 철학의 정신
新原道

차 례

영역판에 붙인 지은이의 말

　1937년 이른바 중일(中日) 전쟁이 발발했다. 그때부터 나는 내가 "조국 재생기에 쓴 일련의 책들"이라고 이름붙인 것들의 집필에 착수하였다. 이들 저술들에서 나는 이전보다 훨씬더 분명하게 내가 《신이학》(新理學)이라 이름붙인 사상의 체계가 확립되었다고 생각한다. 이 명칭이 갖는 의미는 독자들이 이 책을 읽어 가는 과정에서 분명해질 것이다.

　이때 쓴 책 가운데 다음의 네 권은 적어도 철학적 관점에서는 이 사상 체계에 해당한 것이다. 첫째 《신이학》(上海 : 商務印書館, 1939)은 이 체계의 형이상학적 측면을 다룬 것이고, 둘째 《신원인》(新原人)(上海 : 商務印書館, 1943)은 이 체계의 윤리적 내용을 다룬 것이며, 셋째 이 책 곧 《신원도》(新原道)는 이 체계의 역사적 배경을 취급한 것이고, 넷째 《신지언》(新知言)은 현재 집필중으로 이 체계의 방법론을 다룬 것이 될 것이다.

　《신원도》는 중국 철학의 큰 흐름을 다룬 것으로서, 엄격한 의미에서는 그렇지 않겠으나, 압축된 중국 철학사라 할 수 있다. 어쨌든 이 책이 이미 나온 지은이의 두 권짜리 철학사를 보완할 수 있음은 확실하다. 이 책에서 지은이는 10년 전에 출간한 중국철학사 이후에 갖게 된 새로운 관점을 피력하였다.

지은이는 이 책을 번역해 준 옥스퍼드 대학의 휴즈(E.R. Hughes) 씨에게 감사를 드린다. 그분 덕분에 영어로 옮김에 있어 적절한 용어를 선택할 수 있었다. 그러나 번역자와 지은이는 아무래도 원래의 의미를 살릴 수 있는 적합한 용어를 찾기가 어렵다는 것에 견해를 같이하고 있다. 이것은 원전에서 인용한 부분들에도 똑같이 적용되는 사실이다. 번역에서 이는 불가피한 장애인 것이다.

이 책이 영역(英譯)될 수 있도록 관심과 격려와 지원을 해준 중국 철학회(China Philosophy Society)와 중경(重慶)에 있는 번역 편집국에, 특히 이 책이 "중국 철학 총서 I"로 선정되는 영광을 안게 해준 중국 철학회와 영어권의 독자 여러분에게 깊은 감사를 드린다.

1944년 9월

昆明에서 馮友蘭

머리말

사람들이 종사하는 분야는 매우 다양하다. 그리고 분야마다 나름대로 최고의 성취가 있다. 이를테면 정치인은 위대한 정치가, 예술인은 위대한 예술가가 되려고 한다. 종사하는 분야에 따라 각각 다르기는 하지만 정치가든 예술가든 모두 사람임에 틀림없다. 모든 사람에게 사람으로서 최고의 성취는 무엇일까? 그것은 바로 성인이 되는 것이다. 이렇게 말하면 인간으로서의 최고 성취란 이른바 '천지 경계'[1]에 도달하는 것이 된다.

우리가 만일 천지 경계에 도달하고자 한다면, 우리는 대부분의 사람들이 다 함께 소유하는 일상적인 것들, 심지어 '생' 그 자체에서 떠나야만 하는 것일까? 이것은 매우 중요한 문제이다. 일반적으로 천지 경계에 도달하려는 철학이 갖기 쉬운 경향이 바로 이것, 즉 세속적인 일체의 것에서 떠남이다. 예를 들면 불교에서는 "생은 온갖 고통의 근원이 된다"고 믿고 있고, 플라톤은 "육체는 영혼의 감옥"이라

---

1) 펑 여우란(馮友蘭), 《신원인》(新原人)(중경, 1943) 3장 참조.

고 말했으며, 도가의 몇몇 사람은 "생명이란 쓸모없이 돋아난 사마귀와 같으니 죽음을 통해서 이것을 처리하라"고 주장했다. 이들은 모두 이렇게 해서 최고의 경계에 도달하려 한다. 반드시 세속 사회를 벗어나야 하고, 보통 사람들이 관심을 갖는 것과 그들이 소유하는 것에서 떠나야 하며, 일상의 생활을 심지어 '생명'까지도 버려야 한다고 생각한다. 그렇게 해야만 비로소 최후 해탈의 경지에 도달한다고 믿는다.

이같이 주장하는 철학을 일반적으로 '출세간'(出世間)의 철학이라고 한다. 출세간의 철학에서 말하는 경계는 지극히 높고도 멀다. 그러나 그 경계는 일반인이 꾸려 가는 일상 생활과 어긋나서 서로를 용납하지 않는다. 사회 속에서 일반적으로 지니는 생활을 중국 철학의 전통에서는 인륜일용(人倫日用)이라고 해왔다. 출세간의 철학에서 추구하는 최고 경계와 이 인륜일용은 서로 용납되지 않는다. 이런 종류의 철학을 나는 '극고명이부도중용'(極高明而不道中庸)의 철학이라 하겠다.

인륜일용을 중시하며 정치를 말하고 올바른 덕목을 논하되 최고 경계에 대해서는 언급을 않거나 거기에 미치지 못하는 철학이 있다. 이런 철학을 흔히 '세간적'(世間的) 철학이라 한다. 이런 철학은 혹 철학이라 할 수 없을지도 모른다. 나는 이를 '도중용이불극고명'(道中庸而不極高明)의 철학이라 말하겠다.

세간적 철학의 관점에서 보면 출세간의 철학은 지나치게 이상주의적이며, 실제적 쓸모가 없고, 소극적이며, 공허적멸(空虛寂滅)에 빠지는 것이다. 반대로 출세간적 철학의 관점에서 세간적 철학을 보면 그것은 너무 현실적이고 천박하게 보인다. 세간적 철학을 적극적이라고 할 수 있을지 모르나, 그러나 이때 적극적이라 함은 마치 길을 잘못 든 사람이 발걸음만 재촉하는 것과 같아서 서두르면 서두를수록 바른 길에서 점점더 멀리 벗어나는 것과 같은 의미일 수가 있다.

많은 사람들이 중국 철학을 세간의 철학이라고 말한다. 이 말은 잘못되었다고 할 수도 없고 잘못되지 않았다고 할 수도 없다. 중국 철학을 표면으로만 보면 이 같은 평이 잘못이라 할 수 없을 것이다. 중국 철학에서는 어느 학파나 사상가 집단을 막론하고 모두 정치를 논하고 인륜 도덕을 말한다. 겉으로 볼 때 중국 철학이 중시하는 것은 인간 사회이지 우주가 아니며, 인륜일용이지 천당이나 지옥이 아니고, 우리가 살고 있는 현세이지 내세가 아니다. 맹자(孟子)는 "성인이란 인륜의 도리에 지극한 사람"(聖人人倫之至也)이라고 했다. 이 말은 곧 '성인이란 사회 속에서 도덕적으로 완전한 사람'이라는 뜻이다. 겉으로만 보면 중국 철학에서 뜻하는 이상적 인격은 세간적이다. 중국 철학에서 말하는 성인과, 불교에서 말하는 부처와, 기독교에서 말하는 성인이 같은 범주에 드는 것은 아니다.

그러나 이것은 겉으로 본 것에 지나지 않는다. 중국 철학은 이렇게 간단하게 이해될 수 있는 것이 아니다. 중국 철학의 주요 전통을 보면 중국 철학이 세간적이라고도 출세간적이라고도 잘라 말할 수 없음을 알 수 있다. 따라서 나는 내 나름의 용어를 사용하여 중국 철학을 '초세간적'(超世間的)이라고 부르고자 한다. 초세간, 즉 세간을 초월한다는 것은 '세속 사회 안에 있으면서 세속 사회를 넘어선다'(卽世間而出世間)는 뜻을 지닌다.

중국 철학에는 하나의 중요한 전통, 사상적 주류가 있다. 이 전통은 일종의 최고 경계에 도달하려는 것인데, 추구하는 경계는 최고이지만 결코 인륜일용에서 떠나지 않는다. 이런 경계가 곧 세속 사회에 속해 있으면서 동시에 세속 사회를 벗어나는 것이다. 이런 인생 경계 및 철학을 나는 '극고명이도중용'(極高明而道中庸)이라 한다.

'극고명이도중용'이란 용어는 《중용》(中庸)에서 빌려 온 것이다. 여기서 내가 빌려 왔다고 하는 것은 이 용어가 《중용》에서의 의미와 같을 필요는 없기 때문이다. 중국 철학에서 추구해 온 최고의 경계는 인륜일용을 초월하면서 동시에 인륜일용 속에 있는 경계이다. 이는 곧 "날로 사용하고 항상 행하는 것을 떠나지 않으면서, 곧장 선천(先

天)의 아직 아무런 형상도 나타나지 않아 형용이 불가능한 경지에 도 달한다"(不離日用常行內 直到先天未畫前)는 시의 내용과 같다. 이 시의 앞 구절 즉 '날로 사용하고 항상 행하는 것을 떠나지 않는다'는 것은 세간적임을 드러냄이고, 뒤의 구절 즉 '곧장 선천의 아직 아무런 형 상도 나타나지 않아 형용이 불가능한 경지에 도달한다'는 출세간을 표시한다. 이 두 구절은 그대로 '즉세간이출세간'을 표현한다. 세속 사회 안에 있으면서 세속 사회를 벗어나는 것을 '초세간'이라 한다. 그 세속성으로 인해 '일상성을 말미암는다'(道中庸)고 하고, 그 세속 사회를 벗어남으로 인해 '고명을 극진하게 한다'(極高明)고 했다. 세 속에 붙어 있으면서 세속을 떠나는 것, 이것이 바로 '매우 고명하되 중용으로 말미암는다'는 구절로 나타내고자 하는 뜻이다. 이런 경계 에 사는 사람의 생활은 가장 이상주의적인 동시에 가장 현실주의적이 다. 가장 실용적이면서도 결코 천박하지 않으며, 적극적이면서도 결 코 잘못된 길로 힘껏 달려가는 의미의 적극성은 아니다.

'즉세간'과 '출세간'은 서로 대립되는 개념이다. 이상주의적인 것과 현실주의적인 것도 대립적이다. 나는 이를 고명과 중용의 대립이라고 말한다. 고대 중국 철학에서도 이른바 내(內)·외(外), 본(本)·말 (末), 정(精)·추(粗)의 대립이 있었다. 한(漢) 이후의 철학에는 현 원(玄遠)과 속무(俗務), 출세(出世)와 입세(入世), 동(動)과 정(靜), 체(體)와 용(用)의 대립이 있었다. 이러한 대립들은 내가 말하는 고 명과 중용의 대립이거나 혹은 그와 같은 종류의 대립들이다. 그러나 초세간의 철학이나 초세간의 생활 속에서는 이러한 대립은 소멸한다. 대립되지 않는다 해서 이러한 대립이 간단히 처리될 수 있다는 것은 아니다. 초세간의 철학이나 그 생활 속에서는 이러한 대립이 비록 존 재한다 해도 이미 통일되어 있다는 말이다. '극고명이도중용'이라 할 때의 극고명과 도중용 사이에 있는 '이'(而) 자는 곧 고명과 중용이 대립되지만 이미 통일되고 있음을 나타낸다. 이 양자가 어떻게 통일되는가? 바로 이것이 중국 철학에서 해결하려고 했던 과제 가운데 하나이다. 이 문제의 해결을 꾀하는 것이 중국 철학의 정신이며, 이 문제의 해결이 중국 철학의 공헌이다.

중국의 철학자들은 철학이 추구하는 최고의 경계를 세간에 있으면서 동시에 세간을 초월하는 것이어야 한다고 생각한다. 이런 경계에 사는 사람을 성인(聖人)이라 부른다. 성인의 경계는 초세간적이다. 초세간적 측면에서 말하면 중국 성인의 정신적 성취는 인도의 부처나 서양의 성인들의 정신적 성취와 같은 종류의 성취라 할 수 있다. 다만 중국의 성인은 세간을 초월하면서도 세간을 떠나지 않기에 높고 높은 곳에 머물러 있으면서 세속적 의무에는 관심을 갖지 않는 그런 종류의 성인은 결코 아니다. 그의 인격은 곧 내성외왕(內聖外王)에 있다. '내성'이란 수양의 성취를 말하는 것이고, '외왕'이란 그 사회적인 효용을 말하는 것이다. 성인이라고 해서 반드시 기회를 얻어 실제 정치의 지도자가 되는 것은 아니다. 실제로는 정치적 기회를 얻지 못한 것이 보통이었다. 이른바 내성외왕이란 단지 정신적 성취의 최고 단계에 있는 사람이 왕이 될 수 있고 또 마땅히 왕이 되어야 한다는 말이다. 실제로 왕이 되었느냐 하는 것은 다른 문제이며 그 근본 취지와도 무관하다.

성인의 인격이란 곧 내성외왕의 인격을 말한다. 중국 철학의 전통에 비추어 볼 때 철학이란 사람들로 하여금 이러한 인격을 갖게 하는 학문이다. 철학은 곧 내성외왕의 도를 추구한다.

중국 철학에서는 어느 학파를 막론하고 모두 다 내성외왕의 도를 추구한다. 그러나 각 학파의 주장이 모두 '극고명이도중용'의 표준에 합치할 수 있다는 뜻은 아니다. 어떤 철학은 극고명에 치우치고 어떤 철학은 도중용으로 기울어진다. 전자는 출세간적 철학에 가깝고 후자는 세간적 철학에 가깝다. 중국 철학사의 발전과 변천 과정을 볼 때 처음부터 끝까지 좀더 영향력을 지녔던 철학이란 결국 '고명'과 '중용'

을 어떻게 통일하느냐 하는 문제의 해결을 꾀한 것들이었다.

이 문제에 관해서는 "나중에 도착한 자가 높은 자리에 앉는다"는 말이 성립한다. 다시 말하면 중국 철학에는 진보적 발전이 있었다. 나는 아래 열 개의 장에 걸쳐 역사적 순서에 따라 중국 철학사 속에서 중요한 위치를 차지하고 있는 학파의 학설을 서술해 가면서 동시에 '극고명이도중용'을 표준으로 하여 각각의 학파가 지니는 철학적 가치를 평가하겠다.

중국 철학에 대한 이 같은 작업은 마치 중국 고대 제자백가의 철학에 대한 《장자》(莊子), 〈천하〉(天下) 편의 비평과 비슷하다. 〈천하〉편의 저자가 정확히 누구인지는 단정할 수 없지만 그의 업적은 그야말로 찬양할 만하다. 그는 분명 중국 고대의 매우 훌륭한 철학사가요 매우 탁월한 비평가였다.

〈천하〉편 속에서 그는 '내성외왕지도'(內聖外王之道)라는 개념을 제시하고 도술(道術)이란 용어로 내성외왕지도를 설명했다. 도술이란 온전한 진리를 깨닫게 하는 방법을 뜻한다. 그는 선진 시대의 모든 학파들은 완전한 도술을 얻지 못했다고 말한다. 그들이 도달한 것은 모두 도술의 일부분 혹은 한 방면일 뿐이라는 주장이다. "도술이 바로 여기에 있다"고 그들이 주장하지만 그들이 도달한 것은 도술의 한 부분이나 한 방면에 지나지 않는다. 그들이 탐구하여 설명한 것은 한 학파의 주장일 뿐이지 도술은 아니다. 그것은 '방술'(方術), 곧 한계를 지닌 방법들이다.

도술은 곧 내성외왕지도를 말하며, 따라서 그것은 '극고명이도중용' 다운 것이다. 이 또한 〈천하〉편에서 주장하고 있다. 〈천하〉편에 다음과 같은 구절이 있다.

대종(大宗)에서 떠나지 않은 사람을 천인(天人)이라고 하며, 정미(精微)에서 떠나지 않은 사람을 신인(神人)이라 하며, 진질(眞質)에서

떠나지 않은 자를 지인(至人)이라 부른다. 천(天)을 종주로 삼고, 덕
을 근본으로 삼고, 도(道)로써 출입하는 문(門)을 삼으며 변화의 조짐
을 미리 아는 자를 성인(聖人)이라고 한다.[2]

이에 대한 향수(向秀)와 곽상(郭象)의 주석에 따르면, "무릇 명칭은
천인, 신인, 지인, 성인으로 넷이지만 실상 같은 사람이요 표현만 달
리했을 뿐"이라 한다. 이 네 종류의 사람은 모두 천지 경계에 도달한
사람들이다. 천인, 신인, 지인은 향수와 곽상의 말대로 '같은 사람으
로서 단지 다른 방식으로 표현된 것'이다. 그러나 성인은 이들 천인,
신인, 지인과는 다르다. 성인은 이들이 지닌 것은 다 지녔으면서 또
이들이 미처 소유하지 못한 것도 지니고 있다.

성인이 천(天)을 종주로 삼는다는 말은 종주에서 떠나지 않는 것이
며, 덕을 근본으로 삼는다는 것은 정미(精微)에서 떠나지 않는 것이
다. 왜냐하면 〈천하〉편 하단에 설명하기를 "근본이 되는 도를 정미
함으로 여기고 형상이 있는 사물을 조잡함으로 여긴다"(以本爲精 以物
爲粗)라 했기 때문이다. 또한 "성인은 도를 문으로 삼는다"고 한 것
은 '진리에서 떠나지 않음'을 말한다. 왜냐하면 노자는 "도라는 것은
그 속에 … 정미(精微)함이 있고 그 정미함은 매우 참되고 그 속에 믿
음이 있다"[3]고 했으며, 장자는 도란 "정(情)이 있고 신(信)이 있고
함(爲)이 없고 형체(形)가 없다"(有情有信 無爲無形)고 하였기 때문이
다. 성인은 천인 등이 소유한 것을 모두 지니고 있으면서, "변화의
조짐을 미리 안다"는 것 한 가지를 더 지니고 있다. 이것은 곧 성인
은 '사물의 변화에 부응함'을 뜻한다. 이는 천인 등이 갖지 못한 것이
다. 성인은 '극고명이도중용'한다. 그러나 천인 등은 '극고명'할 뿐 반

2)《莊子》,〈天下〉, "不離於宗謂之天人 不離於精謂之神人 不離於眞謂之
至人 以天爲宗以德爲本以道爲門兆於變化謂之聖人."
3)《老子》, 21장, "道之爲物 … 其中有精 其精甚眞 其中有信."

18

드시 '도중용'하는 것은 아니다. 〈천하〉편 하단에 이른바 군자는 "인
(仁)으로 사랑하고, 의(義)로 조리를 세우고, 예(禮)로 행동의 규범
을 세우고, 악(樂)으로 성정(性情)을 조화하고, 모두에게 자인(慈仁)
을 뿜어낸다"[4]고 했는데 이때의 군자는 도덕 경계의 사람이다. 도덕
경계의 사람은 '도중용'은 하되 '극고명'은 하지 못한다.

〈천하〉편도 '극고명이도중용'을 기준으로 삼아 그 시대의 여러 학
파의 학설을 비평했다. 적어도 이렇게 말할 수 있는 까닭은 향수, 곽
상의 주석에 비추어 볼 때 그렇다는 말이다. 〈천하〉편에서 다음과
같은 구절을 발견할 수 있다.

> 옛 사람들은 얼마나 완벽했던가! 그들은 신명과 짝하였고, 천지를 본
> 받아 행하고, 만물을 양육하고, 인간 사회를 화평하게 했으며, 그 복
> 택을 만민에게 미치게 하고, 본원에 밝고 그것을 지엽 말단의 법도에
> 까지 각 방면으로 다양한 방법으로 연결시켰다. 그래서 그 도는 사방
> 팔방으로 두루 통하며, 사물의 작고 큼과 정미함과 조잡함의 모든 면
> 에 그 운용이 미치지 않음이 없었다.[5]

여기서 말하는 옛 사람이란 곧 성인을 말한다. 성인은 본원·말단,
작음·큼, 정미·조잡 등의 대립을 통일시킬 수 있다. 그는 신명을
지니고 천지를 본받아 행하며 또한 만물을 기르고 천하를 화평하게
한다. 앞부분은 그의 내성(內聖)의 덕을 말하는 것이고, 뒷부분은 그
외왕(外王)의 효용을 말하는 것이다. 신명과 짝하였다고 할 때의 신
명은 대체로 우주적 정신의 방면을 일컫는 것이다. 내성외왕의 인격
을 갖춘 사람은 "천지의 아름다움을 갖추고 신명(神明)의 모습을 지
닌다." 〈천하〉편 상단에 따르면 "신(聖德)은 무엇으로 말미암아 나오

---

4) 《莊子》, 〈天下〉, "以仁爲恩 以義爲理 以禮爲行 以樂爲和 薰然慈仁."
5) 같은 책, 같은 곳, "古之人其備乎 配神明 醇天地 育萬物 和天下 澤及
百姓 明於本數 係於末度 六通四辟 小大精粗 其運無乎不在."

며, 명(王道)은 무엇으로 좇아 나오는가? 성덕이 나오는 곳과 왕도가 이루어지는 곳이 있는데 이는 모두 '하나'(一)에 근원하고 있다"[6]고 한다. 왕은 신명과 병칭되는 용어였다.

하나의 진리란 곧 내성외왕의 도를 말한다. 유가는 본래 옛 사람을 드러내어 밝히는 것을 자신들의 과업으로 여겼다. 그런데 애석하게도 그들이 기술한 것들은 모두 몇몇의 제도(數나 度)나 경전에 관한 것이었다. 〈천하〉편에 다음과 같은 기록이 나온다.

> 도가 밝혀져서 여러 제도에 나타난 것이 옛 법과 세상에 전해지는 역사서에 많은데, 시·서·예·악에 나타난 것은 공자의 고향 추로 땅의 선비 학자들이 대부분 잘 밝혀 내고 있다. [7]

이에 대한 향수와 곽상의 주석에는 "그들(儒士)은 나타난 결과에는 분명한 인식을 갖고 있었으나 어찌해서 그런 결과가 생기게 되었는지는 몰랐다"고 말하고 있다. 어쨌든 〈천하〉편의 설명에 따르면 유가는 고명(高明)이라는 표준에는 맞지 않는다.

유가 이외의 여타 제자백가들도 모두 어느 일방에 치우침이 없지 않은 일곡지사(一曲之士)들이다. 그들이 주장한 바는 결코 내성외왕의 도 전체가 아니고 모두 일면에 치우친 것들이다. 그러나 비록 일면이라도 그들의 이론 속에는 도술이 들어 있다. 그들은 "그런 학설을 듣고 매우 기뻐했다." 〈천하〉편에서는 묵가의 학설을 서술하고 있는데 결론에서 "묵자는 참으로 세상을 사랑했다. 세상의 선을 추구하면서, 비록 불가능한 일이었지만 몸뚱이가 바싹 마르고 초췌하게 되어도 그만두지 않았다. 그는 분명 재능 있는 사람이다"[8]라고 밝혔

---

6) 같은 책, 같은 곳, "神何由降 明何由出 聖有所生 王有所成 皆原於一."
7) 같은 책, 같은 곳, "其明而在數度者 舊法世傳之史 尙多有之 其在於詩書禮樂者 鄒魯之士 縉紳先生 多能明之."
8) 같은 책, 같은 곳, "墨子眞天下之好也 將求之不得也 雖枯槁不舍也 才士也夫."

다. 묵자를 단지 재능 있는 사람이라고만 일컫는 이유는, 향수와 곽상의 주석에 따르면 그에게는 도의 덕(德)이 없었기 때문이다. 이 말은 그가 고명이라는 표준에 적합하지 못하다는 것을 뜻한다. 〈천하〉편에서는 또한 송견(宋銒)과 윤문(尹文)의 학설에 대하여 서술하고 있는데, 그들은 밖으로는 공격적 약탈 전쟁을 막고 무기를 쉬게 하려 했고, 안으로는 정욕을 줄이려고 했다. 작음·큼, 정미함·조잡함에 있어 이 점까지는 실천했으나 여기서 그치고 말았다고 평했다. 향수와 곽상의 주석에는 그들은 초월의 세계에 들어가지 못했다고 되어 있다. 그들은 사물의 내·외, 작음·큼, 정미·조잡을 분별할 줄 알았으나, 여기서 더 이상 나아가지는 못했다. 그들 역시 고명의 표준에 적합하지 못했다.

〈천하〉편에서는 팽몽(彭蒙), 전병(田駢), 신도(愼到)의 학설에 대해서도 소개하고 있는데, 결론에서 "팽몽, 전병, 신도는 도를 알지 못했다. 그러나 대체적으로 도에 관해 들은 바는 있었다"고 평했다. 향수와 곽상은 "그들은 도에 도달하지 못했다"고 풀이했다. 그들은 도의 관점에서 만물을 볼 수 있었고, 만물에는 가능한 것과 불가능한 것이 있음을 알았다. 그래서 그들은 다음과 같이 말한다. "선택한다는 것은 배제하는 것이 있다는 말이고, 교육한다는 것은 부족함이 있음을 전제한다. 그러나 도는 배제하는 것도 없고, 부족한 것도 없다."[9] 내가 《신원인》(新原人)에서 사용한 용어를 빌리면, 그들은 이미 '하늘을 알았다'(知天). 단 그들은 성인들이 행하는 수양의 그 성취는 "마치 대상 세계에 대한 지식이 전혀 없는 존재(無知之物)가 되는 것일 뿐 현인, 성인도 쓸모가 없다. 무릇 한 덩어리의 진흙도 도를 잃어 버리지 않는다"고 했다. 그들은 지식이 빚어 내는 분별을 제거하여, 내가 《신원인》에서 말한, '하늘과 같아짐'(同天)의 경계에 도

---

9) 같은 책, 같은 곳, "選則不徧 敎則不至 道則無遺者矣."

달하고자 했다. 그러나 '하늘과 같아지는' 경계에 있는 사람은 지식이 없으면서도 지식을 지니고 있어 그들의 지식이 없음은 결코 흙덩어리 같은 존재자가 아니라는 것을 그들은 알지 못했다. 따라서 팽몽 등은 '고명하다'고는 하겠으나 '극히 고명'하다고 할 수는 없다.

〈천하〉편에서는 다시 관윤(關尹)과 노담(老聃)의 학설을 서술하고 있다. 그들은 "상(常), 무(無), 유(有)의 원리 위에 체계를 세우고 그것을 태일(太一)로 집중시켰다. 유약(濡弱)과 겸하(謙下)로 처신하고 마음을 텅 비움과 만물을 훼멸하지 않는 것을 내면의 덕으로 삼았다." 그들은 "근본인 도로 정미(精微)를 삼고 형상이 있는 사물로 조잡함(粗雜)을 삼았으며, 담연히 홀로 신명과 더불어 살았다." 그들은 이미 '극고명'의 상태에 도달했다. 그러나 그들은 항상 사물에 너그러웠고 사람들을 각박하게 대하지 않았다. 그들은 능히 '도중용'했다고 말할 수 있다.

〈천하〉편에서는 장자의 학설도 서술하고 있다. 장자는 "위로 조물자와 더불어 노닐고, 아래로 생사와 시종을 초월한 사람을 벗삼았다. 그 근본이 되는 도의 광대함을 깊이 이해하고 무변의 경지에서 자유로웠으며, 본질에 대해서는 위에 있는 것에 아주 적합하게 적용시킨 사람"[10]이라고 하였다. 그는 '극고명'의 상태에 도달했다고 할 수 있다. 그러나 그가 비록 "천지 정신과 더불어 왕래했지만, 만물에 오만하지 않고 사물에 대한 시시비비를 버리지 않음으로써 세속 사회와 더불어 살아갔다"[11] 함을 볼 때, 그 역시 능히 '도중용'했다고 말할 수 있을 것이다.

〈천하〉편에서는 노자와 장자를 극히 높인다. 노자와 장자의 철학

---

10) 같은 책, 같은 곳, "上與造物者遊 而下與外死生無終始者爲友 其於本也 宏大而闢 深宏而肆 其於宗也 可謂稠適而上遂矣."
11) 같은 책, 같은 곳, "獨與天地精神往來 而不傲於萬物 不譴是非 以與世俗處."

22

을 서술하면서 역시 "옛 도술의 일면이 여기에도 있다. 관윤, 노담, 장주가 그런 학설을 듣고 매우 기뻐했다"[12]고 하였다. 이를 볼 때 노자와 장자 역시 한편에 치우친 자라 할 것이다. 〈천하〉편은 노자와 장자의 학설이 도술에 매우 중요한 일면이라 여기지만, 그렇다 해도 역시 그것은 일부분 혹은 일면에 지나지 않는다고 간주한다. 이 점에 대해서 우리는 무어라 단정할 수 없다(〈천하〉편 작자의 뜻을 무시하고 우리 나름의 결론을 내릴 수는 있겠지만). 노자와 장자의 학설이 '극고명이도중용'의 표준에 완전히 합치하지는 않으나 '도중용'의 표준에 일치한다고는 할 수 있는데, 이 점에 대해서는 4장 "노자와 장자"에서 따로 상세히 밝힐 것이다.

나는 여기서 〈천하〉편에 보이는 당시 여러 학파에 대한 비평을 분석하여 아래의 각 장에서 각 학파에 대한 비평과 비평에 적용한 기준에 대한 나의 견해를 보이고자 했다. 아울러 그것은 내 자신의 우연히 얻은 사사로운 견해가 아니라, 중국 철학의 전통이 추구해 온 것과 진정으로 합치되는 것이다. 그뿐만 아니라 내가 말하는 중국 철학의 정신이 진정 중국 철학의 정신임을 입증해 보이겠다.

---

12) 같은 책, 같은 곳, "古之道術有在於是者 關尹老聃莊周聞其風而悅之."

제 1 장

공자와 맹자

〈천하〉(天下) 편에 따르면 추로 땅의 선비 학자들이 밝힐 수 있었던 것은 단지 《시》(詩), 《서》(書), 《예》(禮), 《악》(樂) 등의 문헌 속에 담긴 온갖 제도나 절목(度數)들이었다고 했다. 일반의 유자에 대해서 이 말은 틀리지 않는다. 유(儒)는 본래 일종의 직업이었다. 즉 일체의 의식 등 예(禮)에 대해 자문을 하고 글을 가르치는 직업을 가진 사람이 유자이다. 말하자면 그들은 예·악의 연출과 시·서의 교육에 뛰어났던 전문가였다. 그러나 그들은 단지 예·악을 연출하고 시·서를 가르칠 뿐이었다. 향수(向秀)와 곽상(郭象)이 말한 바와 같이 옛 성인의 자취는 밝힐 수 있었으나 그 자취를 좇는 까닭은 밝히지 못했던 것이다.

그러나 공자와 맹자에 대해서는 이런 식의 비판을 할 수 없다. 공자와 맹자도 유자의 한 사람이지만, 그러나 그들은 '유가'를 창립한 사람들이다. 유가(儒家)와 유자(儒者)는 같지 않다. 유자는 사회에서 글을 가르치는 사람이요 예악의 전문가로서 공자와 맹자 이전부터 있었다. 이와는 달리 유가는 공자가 창립한 하나의 학파이다. 유가 역시 시·서·예·악을 강론하고 옛 사람을 본받는다. 그러나 그들은 단지 옛 사람의 가르침을 드러내 비추는 것이 아니라, 옛 사람의 가르침을 계승하여 발전시켜 나아갔다. 공자는 그가 "이전 것을 계승하였을 뿐 새로 창작하지 않았으며 옛 것을 믿고 좋아하였다"[1]고 말했다. 일반의 유자는 본래 모두 이와 같다. 공자도 비록 이와 같이 말했지만 실제로 그는 본받는 것으로 창작을 삼았다. '본받음으로써 창작을 삼는 태도'(以述爲作)로 인하여 그는 단순한 유자와 구별되며 동시에 유가의 창립자가 된다.

일반적으로 유가는 인의(仁義)를 말하는 것으로 인식되어 왔다. 중국 고대의 일상 언어 속에서 인(仁)과 의(義) 두 글자는 분명 나름의 뜻을 갖고 있지만, 인의로 이어서 사용할 때는 오늘날의 도덕을 의미한다. 노자(老子)는 "인을 끊어 버리고 의를 내버리라"(絕仁棄義)고 했는데, 이는 단지 인과 의가 필요없다는 말이 아니라 일체의 도덕이 불필요하다는 말이다. 후세에 어떤 사람을 가리켜 대인(大仁)이니 대의(大義)니 하는 것은 그 사람이 매우 도덕적이라는 뜻으로 쓰인 것이며, 어떤 사람에 대해 불인(不仁)이니 불의(不義)니 하는 것은 그가 매우 부도덕하다는 의미이다. "유가는 인의를 말한다"는 말은 그들이 바로 '도덕을 논한다'는 뜻으로 해석하는 것이 옳다.

도덕에 대한 유가의 강론은 결코 도덕적 규범이나 도덕적 격언을 선전하는 것이 아니며, 사람들로 하여금 그것을 죽음으로 지키고 죽음으로 기억하라는 것도 아니다. 그들이 말하려고 한 것은 참으로 도덕이 도덕이 된 까닭을 이해하고, 도덕적 행위가 도덕적 행위로 되는 까닭을 분명히 깨달아야 한다는 것이다. 내가 《신원인》(新原人)에서 사용한 용어를 빌리자면 유가는 참으로 인간의 도덕 경계와 공리(功

---

1) 《論語》, 〈述而〉, "述而不作 信而好古."

利) 경계가 같지 않음을 깨닫고 있었으며, 도덕 경계와 자연 경계가 같지 않음도 분명히 인식하고 있었다.

나는 아래에서 유가가 말하고 있는 인(仁), 의(義), 예(禮), 지(智)를 먼저 설명하겠다. 후세 사람들은 인·의·예·지에 신(信)을 덧붙여 오상(五常)이라고 했지만 맹자는 인·의·예·지와 사단(四端)으로만 말했다. 인·의·예·지는 공자도 항상 말했던 것인데 가지런히 넷으로 체계화된 것은 맹자에서 비롯된다.

먼저 '의'부터 논해 보자. 맹자는 "인은 사람의 마음이요, 의는 사람의 길이다"[2]고 했다. 의는 사람이 마땅히 걸어야 할 길이다. 이는 이른바 "마땅히 그래야 하기 때문에 그러한 것, 하는 바 없이도 그러한 것"[3]이다. 이른바 당연이란 말은 의무를 뜻한다. 여기서 의무라는 것은 공리적인 의무와 도덕적인 의무로 나누지 않을 수 없다. 공리 방면의 의무는 조건적이다. 조건적이므로 그것은 상대적이다. 예를 들어 어떤 사람이 위생 관념이 철저하다고 하면, 이것은 인류의 건강을 위한 조건으로서 그런 것이지 위생 그 자체가 목적은 아닌 것이다. 위생의 강구는 건강의 수단이다. 수단은 단지 목적 달성을 위한 의무일 뿐이다. '마땅히 그렇게 해야 하기에 그렇게 함'에는 해당하나 '하는 바 없이도 그렇게 함'은 아니다. 유가의 의는 이런 종류의 의무는 아니다.

의는 도덕적 의무이다. 이는 무조건적이다. 무조건적이란 말은 "당연히 그래야 하고, 다른 목적이 없이도 그래야 하는 것"이다. 무조건적이기에 절대적이다. 무조건적인 의무를 우리는 의라고 한다. 의는 도덕 행위를 하는 까닭이 바로 도덕 행위의 요소가 되는 것이다. 한 개인의 행위가 도덕 행위라면 그것은 반드시 무조건적인 의무이어야 한다. 이는 곧 수단이어서는 안 된다는 말이다. 즉 자신의 어떤 목적

---

2)《孟子》,〈告子上〉, "仁人心也 義人路也."
3) 朱熹,《孟子集註》,〈告子上〉陳淳語, "當然而然 無所而然."

을 달성하기 위한 수단으로서의 행위는 결코 도덕적이 아니다. 목적 달성을 위한 수단으로서의 행위는 무조건적이 아니다. 어떤 목적을 달성하기 위해 이 같은 행위를 했다면 이것이 그에게는 의무적이지만, 만약 어떤 목적 달성을 원하지도 않고 이런 일을 했다면 그에게 이 일은 의무적이지는 않다. 반드시 무조건적으로 행한 의무여야 한다. 만약 조건이 붙은 것이라면 비록 그것이 의무의 이행이었다 해도 단지 의로운 행위에 부합되는 것일 뿐 의로운 행위는 아니다.

이는 도덕 경계 속에 있는 사람이 행하는 의무가 맹목적이고 편의에 따라 제멋대로. 행하는 것임을 뜻하지 않는다. 그가 의무로 여기는 것은 어떤 확고한 목적이 있으며, 그는 마음과 힘을 다하여 이 목적을 달성하려고 한다. 그러나 그는 이 목적의 성취를 다른 어떤 공리적인 목적의 수단으로 삼지는 않는다. 예를 들어 어떤 직업인이 그의 직무에 충성을 다한다고 하자. 자기의 직무에 대해 충성을 다하는 것은 의무임에 틀림없다. 그는 전심 전력을 기울인다. 그래서 성공한다. 이 경우에 이 사람의 행위에는 분명 목적이 있다. 그러나 그의 행위는 그가 그렇게 함으로써 상관한테서 상을 받거나 동료로부터 칭찬을 듣기 위해서가 아니라 그에게 필연적으로 주어진 의무이기에 그렇게 행한 것이다. 이것이 바로 '무조건적' 의무란 말의 의미이다. 어떤 사람이 반드시 무조건적으로 그의 의무를 이행했다면 그의 행위는 곧 도덕 행위가 된다. 그리고 그의 경계는 곧 도덕 경계이다.

어떤 사람이 만일 아무 조건도 없이 도덕적 행위를 했다면 그 행위는 바로 다른 목적을 두지 않는 행위가 된다. 어떤 일을 수단으로 삼아 자기 나름의 어떤 목적을 달성하고자 한다면 그 행위는 목적 달성을 위한 수단으로서의 행위가 된다. 유가의 용어를 빌리면 목적 달성을 위한 수단으로서의 행위는 이익을 추구하는 행위이며, 목적을 따로 두지 않는 행위는 의를 행하는 행위이다. 이를 '의(義)와 이(利)의 분별'이라 하는데 유가에서 특히 중시하는 것이다. 공자는 "군자는 의에 밝고 소인은 이(利)에 밝다"[4]고 했고, 맹자는 "닭이 울자마자 일어나 열심히 선을 행하는 자는 순(舜)을 따르는 무리들이고, 이(利)를 추구하는 자는 도척의 무리이다. 순과 도척의 차이는 다른 것이 없다. 단지 이(利)와 선의 차이일 뿐이다"[5]고 하였다. 이(利)를 추구하는 것과 의를 행하는 것의 차이는 이미 《신원인》의 공리 경계와 도덕 경계의 분별에서 다루었다. 행위가 의도하는 바가 이루어졌다면 그것이 비록 도덕 행위에 일치할 수는 있다 하더라도 결코 도덕 행위는 아니다. 그의 경계는 공리 경계에 머물 뿐이요 도덕 경계는 아니다.

한대의 동중서(董仲舒, 기원전 179~104)는 "의(誼, 義)를 바르게 하고 이로움을 도모하지 아니하며, 도를 밝히고 그 공(功)을 헤아리지 아니한다"[6]고 했는데, 그의 이 말은 바로 위에서 서술한 것과 같은 생각에서 나왔다. 그런데 이 말을 제대로 이해하지 못한 사람이 있다. 안습재(顏習齋, 1635~1704)는 이 말을 두고 "세상에 씨를 뿌려놓고 수확을 꾀하지 않는 자가 있겠는가? 그물과 낚시를 갖고 있으면서 고기 잡을 것을 계산하지 않겠는가? 도모하지도 않고 계산에 넣지도 않는다는 이 말은 곧 노자의 무(無)와 석가의 공(空) 사상의 뿌리이다"[7]고 비판하였다. 이 비판은 전적으로 그 핵심에서 벗어났다. 문제는 어떤 이유로 씨를 뿌리며 어떤 목적에서 고기를 잡느냐 하는 것이다. 만일 자기 자신의 이익을 위해서였다면 그 행위는 도덕적일 수가 없다. 그러나 그의 행위가 도덕적인 행위가 아니라고 해서 바로 부도덕한 행위라고 할 수는 없다. 단 도덕적 판단과 무관한 행

---

4) 《論語》,〈里仁〉, "君子喻於義 小人喻於利."
5) 《孟子》,〈盡心上〉, "雞鳴而起 孳孳爲善者 舜之徒也 雞鳴而起 孳孳爲利者 跖之徒也 欲知舜與跖之分 無他 利與善之間也."
6) 董仲舒,〈賢良對策〉, "正其誼(義)不謀其利 明其道不計其功."
7) 顏習齋,〈言行錄教及門〉, "世有耕種而不謀收穫者乎 有荷網持鉤而不計得魚者乎 這不謀不計兩個字 便是老無釋空之根."

위일 수는 있다.

유가의 철학자들이 말하는 의는 때로는 어떤 상황 아래에서 어떤 일을 해낼 수 있는 도덕적으로 최상의 방법을 뜻하기도 한다. 《중용》(中庸)에서는 "의(義)는 의(宜), 즉 마땅함"[8]이라 했다. 우리는 어떤 일에 대해 그 일의 처리가 얼마나 옳은가 무엇이 옳은가, 즉 그 일을 처리하는 데 최상의 방법이 무엇인가 하고 물을 수 있다. 어떠한 상황 어떤 종류의 일이든지 올바른 처리 방법이 있고, 그리고 그 상황에서 취할 최상의 처리 방식이 있다. 그런데 여기서 우리가 '최상'이라고 말할 때 거기에는 두 가지 의미가 있다. 즉 도덕적 입장에서의 최상과 공리적 입장에서의 최상이 있을 수 있다. 공리 방면으로 말하면 어떤 상황 아래에서 가장 좋은 처리 방법은 그 방법의 선택이 개인에게 최대의 이익을 가져올 수 있는 경우이다. 도덕 방면에서 말한다면 어떤 일에 대한 최상의 처리 방법은 그 방법을 선택함으로써 그가 최대의 도덕적 성취를 얻을 수 있는 경우이다. '어떤 상황에서'라고 말한 것은 이른바 "의라는 것이 그 상황에서 가장 옳고 마땅함이다"라고 할 때의 옳고 마땅함으로서의 의와, 때를 보아 마땅하게 한다(因時制宜)는 의미를 드러내려는 의도에서였다. 맹자도 "대인(大人)은 그가 말한 것은 반드시 지켜져야 한다고 하지 않고, 그가 한 행동에 반드시 어떤 결과가 있어야 한다고 하지 않는다. 오직 의의 입장에 설 뿐이다"[9]라고 하였다.

이 말에 비추어 보면 유가에서의 의는 '중'(中)과 유사성이 있다. 어떤 일을 처리하는 데 가장 좋은 곳에 흡족하게 도달함을 중이라 한다. '중'이라 말할 때는 그 일의 가장 좋은 처리 방법을 말하는 것이다. 그러나 의와 중은 차이가 있다. 중은 도덕과 무관한 일에도 말할 수 있으나 의는 오로지 도덕적인 일에만 관련하여 말하는 것이다. 도

---

8) 《中庸》, "義者 宜也."
9) 《孟子》, 〈離婁下〉, "大人者 言不必信 行不必果 惟義所在."

덕과 무관한 일이 곧 부도덕한 일은 아니다. 그것은 도덕이나 부도덕
으로 말할 수 없다. 예를 들면 평상적인 상황 아래서 음식을 먹는 일
은 도덕과 무관한 일이다. 음식을 먹을 때 너무 많이 먹지도 너무 적
게 먹지도 않는다. 지나치거나 모자람이 없다. 이것은 중에 합치한다
고 할 수 있다. 그러나 의에 합치한다고 할 수는 없다. 여기에 의,
불의의 문제는 없다.

　이상의 두 가지는 의에 대한 형식적인 설명이라 할 수 있다. 왜냐
하면 거기에는 어떤 종류의 일이 무조건적인 의무라는 언급도 없고
도덕적 관점에서 무엇이 최상의 방법이라는 설명도 없기 때문이다.
만약 이런 문제를 제기하는 사람이 있다면 유가는 아마 이렇게 말할
것이다—사회와 타인에게 유익한 일은 사람들이 무조건적으로 의무
로 여겨야 한다고. 어떤 일을 하여 사회에도 이익이 되고 다른 사람
에게도 이익이 된다면 이 일을 하는 이 방법은 도덕적으로 가장 좋은
방법이다.

　"유가는 이렇게 말할 것이다"라고 한 것은 실제로는 이처럼 분명하
게 말한 사람이 없기 때문이다. 그러나 이처럼 분명하게 말하지는 않
았지만 그들의 생각은 이와 같다. 반드시 이런 뜻을 분명하게 이해하
여야 비로소 유가의 '의(義)와 이(利)의 변별'을 가까스로 이해할 수
있다.

　어떤 사람은 말하기를 유가는 의와 이의 변별을 주장하나 항시 스
스로 모순에 빠진다고 하였다. 예를 들면 《논어》(論語)에 다음과 같
은 이야기가 있다.

　공자가 위나라로 가니 염유(冉有)가 시종하였다. 공자가 "참 백성이
　많구나!" 하고 말하니, 염유가 "이미 백성이 많으면 다시 무엇을 더
　하면 되겠습니까?" 하고 물었다. 공자는 "부유하게 해야지" 하고 대
　답했다. 염유는 다시 "이미 생활이 넉넉하면 다시 무엇을 더하오리

까?" 하고 물었다. 공자는 "교육을 시켜라"고 대답했다.[10]

이를 보면 공자 역시 민중의 생활이 넉넉함과 인구의 많음을 주의
했다. 인구가 많고 부유함이 어찌 민중의 이(利)가 아닌가? 또 《맹
자》에도 맹자가 양혜왕을 만났을 때, 왕이 "노인장께서 천 리를 멀다
않고 오셨으니 장차 우리 나라에 무슨 이로움이 있겠습니까?"[11] 하
고 물었을 때, 맹자는 "왕은 하필이면 이로움을 말씀하십니까? 오직
인과 의가 있을 따름입니다"[12] 하고 대답하였다. 맹자는 양의 혜왕이
이로움을 말하는 것이 옳다고 여기지 않았다. 그러나 그는 양의 혜왕
에게 오늘날의 경제 계획과 같은 것을 제출했는데, 그 내용은 사람들
로 하여금 "50세가 된 사람은 비단 옷 입고 70세가 된 노인은 고기
먹을 수 있게" 하며 "자녀를 키우고 죽은 이를 장사함에 유감이 없
게" 하라는 것이었다. 그렇다면 맹자가 어찌 말하지 않은 것인가?
이런 문제를 제기하게 되는 까닭은 대체로 사람들이 유가에서 말하
는 '의리지변'(義利之辨)에서의 이(利)가 개인의 사사로운 이익을 가리
키는 것임을 알지 못함에 있다. 개인의 사사로운 이익을 추구하는 행
위야말로 유가에서 말하는 이를 추구하는 행위이다. 만약 추구하는
바가 개인의 사리(私利)가 아니고 사회적 공리(公利)이자 타인의 이익
이라면, 그 행위는 이를 추구하는 것이 아니라 의를 행하는 것이 된
다. 사회적 이익과 다른 사람의 이익은 사회 속의 모든 사람이 무조
건 의무적으로 추구해야 할 대상이다. 무조건적으로 사회적 공리와
타인의 이를 추구하는 것이야말로 의로운 행위의 목적이며, 의는 이
러한 행위의 도덕적 가치이다. 무릇 도덕적 가치가 있는 행위는 모두

10) 《論語》, 〈子路〉, "子適衛 冉有僕 子曰庶矣乎 冉有曰 旣庶矣 又何加焉
曰富之 曰旣富矣 又何加焉 曰敎之."
11) 《孟子》, 〈梁惠王上〉, "叟 不遠千里而來 亦將以利吾國乎."
12) 같은 책, 같은 곳, "王何必曰利 亦有仁義而已矣."

의로운 행위이고, 도덕 가치가 있는 행위는 모두 의를 포함한다. 이타(利他)는 도덕적 가치가 들어 있는 행위이기 때문에 누구나 반드시 이것을 무조건 목적으로 삼아야 한다. 마치 효자가 무조건 그 부모에게 이를 구하고, 자애로운 부모가 아무 조건 없이 그 자식을 이롭게 하려는 것과 같다. 무조건 그 부모나 자식의 이를 구하는 것, 이것이 그 행위의 목적이다. 자식의 효성이나 부모의 사랑은 이러한 행위의 도덕적 가치이다. 이른바 이가 만약 개인의 사사로운 이익을 뜻한다면, 이 이와 의는 서로 충돌한다. 그러나 이가 사회적 공리이거나 타인의 이익이라면 이와 의는 충돌하지 않는다. 그뿐만 아니라 이것은 의의 내용이 되기도 한다. 유가는 엄격하게 의와 이를 구별하지만 아주 밀접하게 관계지울 때도 있다. 《역전》(易傳)의 〈건괘〉(乾卦) 문언에서는 "이로움은 의로움의 총화이다"(利者 義之和也)고 했는데 그 이유가 바로 여기에 있다. 송대의 정이천(程伊川, 1033~1077)은 "의와 이는 단지 공과 사일 뿐이다"[13]고 했다. 개인의 이익을 추구하거나 자기의 이익을 구하는 것과 공공의 이익이나 타인의 이를 추구하는 것은 전혀 다르다.

  맹자는 "인(仁)은 사람의 마음"[14]이라고 했고, 《중용》에서는 "인은 사람"[15]이라 했다. 정이천은 "사람이 공(公)을 체득했을 때 이를 인이라 한다"[16]고 했다. 아무런 조건도 없이 사회와 타인에게 이로움이 있게 함이 곧 의의 실천이다. 사회나 타인에게 유익을 주기 위해 무조건적으로 행한 행위가 바로 의로운 행위이다. 그런데 만일 이 같은 행위가 단지 무조건적인 의무일 뿐만이 아니라 사회나 타인에 대한 충심어린 사랑과 측은히 여기는 마음에서도 나온 행위라면, 즉 동정

---

13) 程伊川, 《遺書》, 권 17, "義與利 只是個公與私也."
14) 《孟子》, 〈告子上〉, "仁 人心也."
15) 《中庸》, "仁者 人也."
16) 程伊川, 앞의 책, "公以人體之謂之仁."

심 같은 것을 지녔다면, 그것은 의로운 행위일 뿐만 아니라 어진 행
위이기도 하다. 이것이 바로 이천의 말이 뜻하는 것이다. 측은지심으
로 의를 행하는 것을 인이라 한다. 그래서 인은 사람의 마음이며 곧
사람이라고 했다. 맹자는 또한 측은지심을 인의 단서라고 하였다. 의
는 인을 포함하므로 인한 행위는 반드시 의로운 행위가 되지만 의로
운 행위가 반드시 인을 따르는 행위는 아니다. 유가에서 말하는 무조
건적 의무는 서양 철학에서의 칸트(I. Kant)의 주장과 비슷한 점이 있
다. 다만 칸트는 그의 정언 명법에서 의는 말했으나 인은 말하지 않
았다.

　어진 사람은 분명 타인의 처지를 헤아리는 탁월한 능력을 지녔다.
자기가 원하는 것을 헤아려 타인의 원하는 바가 무엇인지 안다. 자기
가 원하지 않는 것을 타인에게도 미루어 그들이 그것을 원치 않는다
는 것을 안다. 자기가 바라는 것을 통해 타인이 바라는 것을 알기에,
"자기가 서고자 하면 다른 사람을 세워 주고, 자기가 성공하고자 하
면 다른 사람을 성공시킨다"[17]거나 "나의 부모를 부모로 대하는 그
마음을 타인의 부모에게 미치게 하고, 나의 자식을 자식으로 대하는
그 마음을 다른 사람의 자식에게 미치게 한다"[18]고 했다. 이것이 이
른바 충(忠)이다. 자기가 원하지 않음을 미루어 타인도 원하지 않음
을 알기에, "자기가 원하지 않는 것을 남에게 행하지 말라"[19]고 했
다. 이것이 서(恕)이다. 충과 서를 합한 것이 충서(忠恕)의 도이다.
주자의 《논어》 주석에는 "자기를 다함이 충이요, 자기를 미루어 봄이
서라 한다"[20]고 하였는데, '자기를 다해 남을 위하는 것이 충이다'(盡
己爲人之謂忠)고 말하는 것이 더 낫다. 충서는 모두 자기를 미루어 남

---

17) 《論語》, 〈雍也〉, "己欲立而立人 己欲達而達人."
18) 《孟子》, 〈梁惠王上〉, "老吾老以及人之老 幼吾幼以及人之幼."
19) 《論語》, 〈衛靈公〉, "己所不欲 勿施於人."
20) 朱熹, 《論語集注》, 〈里仁〉, "盡己之謂忠 推己之謂恕."

에게 미치게 함이다. 충은 추기급인(推己及人)의 적극적 방면이고, 서는 추기급인의 소극적 방면이다. 충서는 모두 "가까운 데서 취하여 미루어 감이요", 21) "그 하는 바를 잘 미루어 감이다."22) 주자의 주석에 따르면 《논어》의 원문 '能近取譬'의 "譬 는 유(喩)의 뜻으로, 가까이 몸에서 취하여 남에게 비추어 보아 그가 원하는 것을 아는 것과 같다"23)고 했다. 이것이 바로 충이다. 사람은 또한 자기가 원하지 않는 것을 남에게 비추어 보아 그 사람 역시 원하지 않음을 알게 되는데 이것이 서이다. 이처럼 그 하는 바를 미루어 타인에게 미치게 함이 인을 행하는 출발점이다. 그래서 공자가 "가까운 데서 취하여 미루어 감이 인을 행하는 방법"24)이라고 말했던 것이다. 인은 공자 철학의 중심이다. 충서는 바로 이 인을 행하는 출발점이다. 그래서 공자가 "내 도는 하나로 꿰뚫었다"25)고 했을 때, 이를 증자는 "선생님의 도는 충서일 뿐이다"26)고 풀이했던 것이다.

　예(禮)는 사람이 규정한 행위의 규범으로서 의를 나타낸다. 위에서 말한 바와 같이 의의 내용은 '남을 이롭게 함'이다. 예의 내용도 '남을 이롭게 함'이다. 《예기》(禮記)의 〈곡례〉(曲禮)에 이르기를 "예란 스스로를 낮추고 남을 높이며, 남을 앞세우고 자기를 뒤로 한다"27)고 했으니 위에서 말한 중(中)과 비슷하다. 따라서 의는 도덕 방면의 중이라 말할 수 있다. 그래서 유가는 항상 중으로 예를 설명한다. 《예기》의 〈중니연거〉(仲尼燕居)에서 "공자는 '예란 중을 이루는 것이다'

---

21) 같은 책, 〈雍也〉, "能近取譬."
22) 《孟子》, 〈梁惠王上〉, "善推其所爲."
23) 朱熹, 《論語集註》, 〈雍也〉, "譬 喩也 近取諸身 譬之他人 知其所欲 亦猶是也."
24) 《論語》, 〈雍也〉, "能近取譬 可謂仁之方也已."
25) 같은 책, 〈里仁〉, "吾道一以貫之."
26) 같은 책, 같은 곳, "夫子之道 忠恕而已矣."
27) 《禮記》, 〈曲禮〉, "夫禮 自卑而尊人 先彼而後己."

라 했다"고 한다. 위에서 의는 마땅함(宜)이라 했는데, 여기서 마땅함이란 '때를 헤아려 알맞게 함'(因時制宜)이라는 뜻이다. 유가는 또한 예를 때에 따라 변하는 것으로 여긴다. 《예기》의 〈예기〉(禮器)에서 "예란 그 때가 중요하다"[28]고 했고 〈악기〉(樂記)에서는 "5제(帝)는 때가 달랐으므로 그 음악이 달랐고, 3왕(王)도 그 다스리는 세상이 달랐으므로 이전의 예를 그대로 답습하지는 않았다"[29]고 했다.

지(智)란 인·의·예를 바르게 이해하는 것이다. 사람은 인에 대한 이해가 있은 후에야 인(仁)한 행위를 할 수 있고, 반드시 의를 옳게 알아야 비로소 의로운 행위를 할 수 있으며, 예를 잘 알고 있어야만 비로소 그의 행위가 일상의 규범만을 되풀이하지 않을 수 있다. 만약 분명한 이해가 없다면 그의 행위가 비록 우연히 인의에 합치한다 해도 엄격하게 말하자면 어진 행위도 의로운 행위도 아니다. 그 행위가 비록 예에 맞는다 해도 그것은 단지 규범의 준수 이상의 의미를 갖지 못한다. 분명한 지식을 갖지 못한 사람은 단지 본성대로 행하거나 혹 습관에 따라 행위하는데, 그 행위가 비록 도덕에 합치한다 해도 우연히 도덕적 행위에 합한 것일 뿐 결코 도덕적 행위는 아니다. 그의 경계 역시 도덕 경계가 아니다. 그것은 자연 경계이다. 사람은 높은 차원의 경계를 희구하지만 그렇게 되려면 반드시 지혜에 의존해야 한다. 공자가 말하기를 "옳고 그름에 대한 판단이 섰어도 인의 덕이 그것을 지킬 수가 없으면, 비록 얻더라도 반드시 잃고 만다"[30]고 했다. 내가 《신원인》에서 사용한 용어를 빌리자면, 완전한 이해는 그 사람을 일종의 높은 경계에 도달하게 한다. 그러나 그로 하여금 이 경계에 항시 머물게 하지는 못한다. 그렇더라도 만약 완전한 이해가 없다면 그는 결코 높은 경계에 도달할 수가 없다.

---

28) 같은 책, 〈禮記〉, "禮 時爲大."
29) 같은 책, 〈禮器〉, "五帝殊時 不相沿樂 三王異世 不相襲禮."
30) 《論語》, 〈衛靈公〉, "智及之 仁不能守之 雖得之 必失之."

　이상에서 말한 것에 비추어 보면 인·의·예·지는 표면으로는 비록 나란히 말하나 실제로는 층차적이라 할 수 있다. 이 점을 맹자는 깨달았던 것 같다. 맹자는 "인의 실제적 내용은 부모를 섬기는 것이요, 의의 실제적 내용은 형을 따르는 것이요, 지의 실제적 내용은 이 두 가지를 알아서 결코 버리지 않음이요, 예의 실제적 내용은 이 두 가지를 꾸며 나타내는 것이다"[31]라 했다. 이 말은 인의와 예지의 층차가 같지 않음을 나타낸 것이다.

　유가는 의로움과 이로움의 분별을 중시한 것으로 보아 도덕 경계와 공리 경계의 차이점을 분명히 인식하고 있다고 할 수 있다. 이로움을 추구하는 사람의 경계는 공리 경계이고 의로움을 행하는 사람의 경계는 도덕 경계이다. 그들은 또한 지혜를 중히 여기고 있는 것으로 보아 자연 경계와 그 이상의 고차적 경계 사이의 차이를 분명히 인식하고 있었다. 공자는 말했다. "백성들을 순종하게 만들 수는 있으나 그들로 하여금 알게 할 수는 없다."[32] 맹자는 "행하면서도 능히 그 당연함을 드러내지 못하고 이미 익히고도 오히려 그것을 살피지 못하며, 종신토록 사용해도 그 도를 알지 못하는 자가 많다"[33]고 했다. '행하면서도 그것이 무엇인지 알지 못하는' 사람의 경계는 바로 자연 경계이다.

　그러나 도덕 경계와 천지 경계 사이의 분별에 대해서 유가는 분명히 인식하고 있지 못했다. 이 점 때문에 유가는 항상 도가의 비판을 받아 왔다. 도가의 비판에는 충분한 이유가 있다. 도가는 유가가 말하는 것은 인의에 국한되어 있기 때문에 그들이 도달한 최고의 경계는 도덕 경계에 지나지 않는다고 보았다. 물론 이렇게 여기는 것은

---

31) 《孟子》, 〈離婁上〉, "仁之實 事親是也 義之實 從兄是也 智之實 知斯二者 弗去是也 禮之實 節文斯二者是也."
32) 《論語》, 〈泰伯〉, "民可使由之 不可使知之."
33) 《孟子》, 〈盡心上〉, "行之而不著焉 習矣而不察焉 終身由之 而不知其道者 衆也."

잘못이다. 유가는 언제나 인의를 말하고는 있지만 결코 인의에 국한
되지는 않았으며, 그들이 도달하고자 한 최고 경계 역시 단지 도덕
경계만은 아니었다. 이는 공자와 맹자의 진술에 잘 나타난다. 아래에
서 《논어》의 "나는 열다섯 살에 학문에 뜻을 두었다" 장과 《맹자》의
"호연지기를 잘 기른다" 장을 인용하여 그 뜻을 풀이하고, 이를 통해
공자와 맹자의 경계를 밝혀 보고자 한다.

공자는 이렇게 말했다. "나는 열다섯 살에 학문에 뜻을 두었다. 서
른에는 주장이 섰다. 마흔에는 미혹하지 않았다. 쉰에는 천명을 알았
다. 예순에는 이순(耳順)했다. 일흔에는 마음이 원하는 바를 좇아도
법도를 넘어서지 않았다."[34] 이는 공자가 일생 동안 도달해 온 경계
의 변화를 스스로 서술한 것이다. 이른바 서른, 마흔 등은 시간적 경
과의 큰 단위를 말한 것에 지나지 않지만 그렇다고 반드시 그런 것
도, 그렇지 않은 것도 아니다. 그의 경계는 십 년마다 한 단계씩 변
해 갔다.

배움에 뜻을 두다(志于學)　여기서의 학(學)은 일반적인 의미의
학은 아니다. 공자는 "아침에 도를 깨치면 저녁에 죽어도 좋다"[35]고
했고, 또 "선비가 도에 뜻을 두고서도 좋지 못한 음식과 의복을 부끄
럽게 여긴다면 그런 사람과는 족히 더불어 상대할 바가 못 된다"[36]고
했으며, 또 "도에 뜻을 둔다"고도 하였다. 배움에 뜻을 둔다는 것은
곧 도를 배우는 데 뜻을 둔다는 말이다. 일반적으로 말하는 배움(學)
은 지식의 증가를 가리킨다. 그러나 도는 사람의 경계를 향상시킨다.
노자는 "학을 하면 나날이 늘어나 번거롭고 도를 하면 나날이 줄어든
다"[37]고 했다. 여기서의 학은 보통 말하는 학으로서 도와 상대되는

---

34) 《論語》, 〈爲政〉, "吾十有五而志于學 三十而立 四十而不惑 五十而知
天命 六十而耳順 七十而從心所欲不踰矩."
35) 같은 책, 〈里仁〉, "朝聞道 夕死可矣."
36) 같은 책, "士志於道而恥惡衣惡食者 未足與議也."
37) 《老子》, 48장, "爲學日益 爲道日損."

것이다. 그러나 공자와 그 이후의 유가들이 말하는 학은 모두 도를
배운다는 뜻의 학이다. 유가의 이른바 도를 배운다는 의미의 학은 비
록 그것이 나날이 줄어드는 것은 아니더라도 일반적으로 사용하는 학
과는 같지 않다. 자연 경계와 공리 경계는 자연이 인간에게 내려 준
선물이지만, 도덕 경계와 천지 경계는 인간의 정신이 창조해 내는 것
이다. 인간은 도덕 경계와 천지 경계에 이르고자 한다. 그렇게 되려
면 모름지기 일종의 의리(義理)를 이해해야 한다. 사람이 세상에 태
어나 해야 할 일 가운데 가장 중요한 일은 곧 도를 깨우치는 것이다.
이것이 바로 "아침에 도를 깨치면 저녁에 죽어도 좋다"는 말의 의미
이다. 공자는 또한 "후에 태어나는 사람이 두렵다. 나중에 오는 사람
이 이제만 같지 못하리라고 어찌 알겠는가. 나이 사오십이 되어서도
'들은 것이 없다면' 이 또한 두려워할 것이 없다"[38]고 했다. 여기서 들
은 것이 없다는 것은 도를 듣지 못했다는 것이지, 명성을 날리지 못
했다는 뜻은 아니다.

서른에 서다(三十而立)   공자는 "예(禮)에 선다"(〈泰伯〉)고 했고,
또 "예를 알지 못하면 제 구실을 할 수 없다"(〈堯曰〉)고도 했다. 앞서
말한 바와 같이 예란 일종의 행위 규범이요, 의(義)를 나타내는 것으
로서 도덕적인 것을 대표한다. 능히 선다는 것은 능히 예를 따라 행
한다는 말이다. 능히 예를 따라 행함으로써 극기복례(克己復禮)할 수
있다. 예로 돌아간다는 것은 곧 "예가 아니면 보지 말고, 예가 아니
면 듣지 말고, 예가 아니면 말하지 말고, 예가 아니면 움직이지 말
라"[39]는 뜻이다. 극기란 자기의 사욕을 극복하여 제거함을 말한다.
공리 경계 속에 머무는 사람은 그 행위가 모두 사사로운 이익을 위한
것이다. 그런 사람은 자기 몸에 사욕을 두는 사람이다. 도덕을 행하

---

38) 《論語》, 〈子罕〉, "後生可畏 焉知來者之不如今也 四十五十而無聞焉
　　斯亦不足畏也已."
39) 같은 책, 〈顏淵〉, "非禮勿視 非禮勿聽 非禮勿言 非禮勿動."

는 데는 먼저 자기의 사욕을 버려야 한다. 이것이 바로 인이 무엇이 냐는 안연의 물음에 대해 공자가 "극기하고 예를 실천하면 인이 된 다"(克己復禮爲仁)고 대답했던 까닭이다.

마흔에 미혹하지 않다(四十而不惑) 공자는 "지혜로운 자는 미혹 하지 않는다"(智者不惑)고 했다. 앞에서 지(智)는 인과 의에 대한 이 해라고 했다. '서른에 서다'는 이미 그 행위가 예를 따를 수 있었음을 말한 것이다. 예는 의를 대표하는 것이니만큼 예에 따른다는 것은 곧 의에 합치한다는 것을 뜻한다. 다만 의로운 행위에 합치하였다 하더 라도 그것이 곧 의로운 행위가 되는 것은 아니다. 반드시 지자(智者) 의 경지에 이르러야 인·의·예에 대한 완전한 이해를 가질 수 있고, 완전한 이해를 갖고 있어야 불혹하게 된다. 불혹의 지자가 되어야 비 로소 진정한 의미의 인과 의의 실천자가 될 수 있으며, 그 경계가 곧 도덕 경계가 된다. 공자가 도를 배워 온 경계는 여기에 이르러서야 비로소 도덕 경계에 도달한 것이다.

공자는 이렇게 말했다. "함께 배워도 더불어 도에 나아갈 수는 없 으며, 함께 도에 나아간다 해도 함께 설 수는 없으며, 함께 선다 해 도 더불어 권도(權道)를 행할 수는 없다."[40] 사람이 학에 뜻을 둔다 해도 그 뜻을 둔 바의 학이 반드시 도를 배우는 학은 아니다. 또 도 를 배우는 것에 뜻을 두었다 해도 반드시 능히 극기하여 예를 실천할 수 있는 것도 아니다. 자기의 사욕을 극복하여 예를 실천할 수 있다 해도 예를 완전히 이해하고 있다고 할 수는 없다. 예에 관하여 완전 한 이해를 갖고 있다 해도 "예는 그 때가 중요하다"는 원리를 알지 못할 수 있다. 이와 같으므로 맹자는 "중(中)을 잡되 권(權)이 없으 면 오히려 한쪽을 잡은 것이나 같다"[41]고 말했던 것이다. 한쪽 끝을

---

40) 같은 책, 〈子罕〉, "可與共學未可與適道 可與適道未可與立 可與立未可 與權."
41) 《孟子》, 〈盡心上〉, "執中無權 猶執一也."

잡았다는 것은, 즉 생명이 없는 하나의 규범에 집착한다는 뜻이다. 하나의 고정된 방법으로 동일하지 않은 일의 변화에 대응하는 것과 같다. 맹자는 "말했다고 해서 반드시 지킬 필요는 없고, 행동했다 해서 반드시 그 결과를 기약할 필요는 없다. 오직 의(義)의 소재를 좇을 따름이다"[42]고 하였다. 이 말이 곧 권도(權道)를 행할 수 있다(可與權)는 뜻이다. "지혜로운 사람은 미혹하지 않는다"는 경계에 도달하면 비로소 권도를 행할 수 있다. 공자가 이 단계에서 이것을 말함은 도를 배워 나가는 단계의 차례를 보여주려는 것이므로 1장에 대한 해석과 서로 비교하여 풀어 보는 것이 좋다.

쉰에 천명을 알다(五十而知天命)   인·의·예는 모두 사회적 방면에 관계한다. 공자는 이 단계에 이르러 사회 위에 다시 천(天)이 있음을 알았다. 여기서 공자의 경계는 도덕 경계를 초월하려 한다. 이른바 천명(天命)이란, 사람이 만나는 우주의 일로 해석할 수 있다. 이것은 인간의 힘의 한계 밖에 있어 인간의 힘으로는 어찌할 수 없다. 이것이 이후 유가에서 말하는 명(命)의 의미가 되었다. 천명은 또한 하느님의 명령이라고 해석할 수도 있다. 이 해석은 공자의 생각과 비슷하다. 과연 이와 같다면 공자가 말한 '천명을 안다'(知天命)는 것은 내가 《신원인》에서 '지천'(知天)이라 한 것과 비슷하다.

예순에 이순하다 (六十而耳順)   이 구절은 예부터 문자만 보고 멋대로 해석하여 왔는데, 그 정확한 뜻을 알지 못했다. 이순(耳順)의 이(耳) 자는 '~일 따름이다'는 뜻으로서 '저'(諸)나 '지호'(之乎) 혹은 '지어'(之於)와 비슷하다. 천천히 여유있게 말할 때는 '이이'(而已)라 하고 급히 말할 때는 '이'(耳)라 한다. 이 구절은 원래 '육십이순'(六十耳順)이라 했을 것으로 생각된다. 곧 육십에 이미 순(順)했다는 것이다. 후세 사람들이 '이'(耳) 자가 '이이'(而已)임을 알지 못하고, 상

---

42) 같은 책, 〈離婁下〉, "大人者 言不必信 行不必果 惟義所在."

하 여러 구절의 중간에 모두 말 이을 이(而) 자가 있어 여기에도 이(而) 자를 더하여 '이이순'(而耳順)이라고 했던 것이다. 후세 사람들 중에 이순(耳順)의 이(耳)를 이목(耳目)의 이(耳)로 해석하는 자가 많아 이 구절의 뜻이 크게 잘못 해석되었다. 육십에 이미 순해졌다는 이 구절은 윗 글을 받아 말한 것으로 여기서의 순(順)은 곧 천명에 순종한다는 것이요, 천명에 순종한다는 것은 《신원인》에서 말한 '하늘을 섬김'(事天)과 비슷하다.

일흔에 마음이 원하는 바를 따라도 법도를 넘지 않다 (七十而從心所 欲不踰矩) 《신원인》에서 나는 도덕 경계 속의 사람이 도덕적인 일을 하려 하는 것은 의지의 선택에서 비롯되는 것인 만큼 거기에는 노력이 전제된다고 했다. 천지 경계 속의 사람에게서는 도덕적인 일을 하는 것이 의지의 선택에서 나오는 것이 아니므로 노력이 필요하지 않다. 그가 이미 좋은 습관을 갖고 있어서 노력하지 않고도 도덕적인 일을 한다는 것이 아니라, 이미 고차원의 완전한 이해를 갖고 있다는 말이다. 공자의 "마음이 원하는 것을 따라도 법도를 넘지 않는다"는 이 고차원의 이해를 통해 "생각하지 않아도 알고 힘쓰지 않아도 절도에 맞는"(不思而得 不勉而中) 것이니 《신원인》에서 말한 '하늘을 즐김'(樂天)과 흡사하다.

《신원인》에서 나는 우주 대전(宇宙大全), 이(理)와 기(氣)의 세계 및 도체(道體) 등은 모두 철학적 관념이라고 말했다. 이들 철학적 관념들을 완전히 이해한다면 그는 하늘을 알 수 있다. 하늘을 안 후에야 하늘을 섬길 수 있고, 그 후에야 하늘을 즐길 수 있으며, 최후에 하늘과 같아짐에 이를 수가 있다. 여기서 말한 천(天)은 곧 우주 대전이다. 위에서 나는 '쉰에 천명을 알다'는 '하늘을 앎'(知天)과, '예순에 천명을 따른다'는 '하늘을 섬김'(事天)과, '일흔에 마음이 원하는 바를 따라도 법도를 넘지 않는다'는 '하늘을 즐김'(樂天)과 유사하다고 했다. 같다고 하지 않고 유사하다고 한 것은 공자의 천이 주재의 천

이요, 내가 말하는 우주 대전이 아니기 때문이다. 만일 그렇다면 공
자가 최후에 도달한 경계는 역시 천지 경계와 비슷하다.

맹자가 자신의 경계에 대해서 자술한 것은 《맹자》의, 〈호연〉(浩然)
장에 보인다. 이 장도 이전 사람들이 제대로 해석하지 못했으므로 이
에 본문을 따라 다시 풀어 본다.

> **공손추** 선생님은 무엇을 잘 하십니까?
> **맹자** 나는 남의 말을 잘 이해하고(知言), 또 나의 호연지기(浩然之
> 氣)를 잘 기른다.
> **공손추** 감히 묻습니다. 무엇이 호연지기입니까?
> **맹자** 말하기 어렵다. 그 기는 지극히 크고 굳세다. 직(直)으로 잘 길
> 러 해를 끼치지 않으면 천지 사이에 가득 찬다. 그 기는 의(義)
> 와 도(道)를 짝(配)하고 있다. 이것이 없으면 굶주린 것과 같다.
> 이것은 의(義)가 모여 생겨난 것이지, 의를 엄습하여 취해 얻어
> 낸 것이 아니다. 행위가 마음에 흡족함이 없으면 이것이 곧 주
> 림이다. 그러므로 나는 "고자(告子)는 의를 알지 못한다"고 말한
> 다. 왜냐하면 고자는 의가 밖에 있다고 한 때문이다. 일을 하는
> 때에는 그치지 말아야 할 것이니 잊지도 말고 조장하지도 말라.[43]

'호연지기'는 맹자 특유의 용어이다. 호연지기가 무엇이냐는 물음에
대하여 맹자도 '말하기 어렵다'고 했다. 후세 사람들은 모두 이를 문
자만 보고 주관적인 해석을 내렸다. 〈호연〉장의 바로 앞부분에는 북
궁유와 맹시사 두 용사의 용기에 관한 이야기와 맹시사의 용기 기르

---

43) 같은 책, 〈公孫丑上〉, "公孫丑問曰 敢問夫子惡乎長 孟子曰 我知言 我
善養吾浩然之氣 問曰 敢問何爲浩然之氣 曰 難言也 其爲氣也 至大至剛
以直養而無害 則塞於天地之間 其爲氣也 配義與道 無是餒也 是集義所生
者 非義襲而取之也 行有不慊於心 則餒矣 我故曰 告子未嘗知義 以其外
之也 必有事焉 而勿正 心勿忘 勿助長也."

42

는 법은 기를 지키는 것(守氣)이라는 이야기가 있다. 이로 보면 〈호연〉장의 기는 용기라 할 때의 기임을 알 수 있다. 또한 그것은 '사기가 왕성하다'고 할 때의 기와 같다. 맹자는 "나는 나의 호연지기를 잘 기른다"고 했는데 호연지기의 기는 맹시사(孟施舍) 등의 수기(守氣)의 기와 성질상 같은 것이다. 그 다른 점은 그것이 호연하다는 데 있다. 호연이란 '크다'는 말이다. 그것이 큰 까닭은 무엇인가? 맹시사 등이 지키는 기는 인간과의 관계에 관련된 것이다. 맹시사 등의 기를 지니면 사회 생활에서 당당하게 두려움없이 설 수 있을 것이며, 호연지기가 있다면 우주간에 당당히 서서 조금도 두려움이 없을 것이다. 호연지기는 사람으로 하여금 이러한 경계에 서게 하므로 그 기가 지극히 크고 굳세어 잘만 기르면 천지 사이에 가득 차게 된다고 말했던 것이다.

맹시사 등의 기는 모름지기 길러야 얻어진다. 용기를 기르는 것은 기를 기르는 것이다. 호연지기도 반드시 길러야 얻어진다. 맹자는 "그 기는 의와 도를 짝하고 있는데 이것이 없으면 굶주린다"고 했다. 의와 도를 짝하고 있다 함은 곧 호연지기를 기르는 방법을 말한 것이다. 여기서의 도는 이미 위에서 언급한, 공자의 '도에 뜻을 두다'(志於道)라 할 때의 도이다. 이것은 인간으로 하여금 높은 경계의 의리를 갖게 한다. 호연지기를 기르는 방법에는 두 가지가 있다. 하나는 일종의 의리를 이해하는 것으로 '도를 밝힌다'(明道)고 부를 수 있고, 다른 하나는 사람으로 하여금 우주간에서 항시 도덕적 행위를 하게 하는 것으로 '의로움을 모은다'(集義)고 할 수 있다. 이 두 방면을 합하여 '의와 도를 짝한다'(配義與道)라 했다. 이 두 가지 중 하나라도 빠지면 안 된다. 집의(集義)를 하되 명도(明道)를 하지 않으면, 이는 이른바 "드러나지 않고 살피지 않음"(不著不察)이거나, 또는 "종신토록 행하면서도 그 통하는 것을 모름"(終身由之而不知其通)이 되며, 명도는 하였으되 집의를 하지 않으면 이는 바로 "옳고 그름에 대한 판단은 지녔으되 인을 지키지 못한다면 비록 얻을지라도 반드시 잃고 만다"는 말에 해당된다. 만약 이 두 가지 공부가 없다면 그 기는 주린 것이 되고 만다. 그래서 "이것이 없으면 주린 것이다"고 했다.

도를 밝힌 후에 의로운 행위를 오래도록 쌓아 가면 호연지기가 자연스럽게 생겨난다. 결코 억지로 되는 것이 아니다. 이것이 바로 "의가 모여 생겨난 것이지, 결코 의가 엄습하여 취한 것이 아니다"(是集義所生者 非義襲而取之也)는 말의 의미이다. 주자(朱子)는 이 글의 원문에서의 "습(襲)이라는 글자는 전쟁에서 기습하는 것, 즉 습격하여 빼앗는다는 뜻이다"[44]고 했다. 맹자는 "고자는 의를 알지 못했다. 그는 의가 밖에 있는 것으로 보았기 때문이다"고 했다. 고자는 외부에서 의가 와서 마음을 제어하여 움직이지 않게 하는 것으로 여겼다. 그러나 맹자는 의를 행하는 것은 마음의 자연적 발전이라고 여겼다. 의를 오래 행하면 호연지기는 자연히 속에서 솟아나오게 된다.

《맹자》, 〈호연〉장에서 "행하여 마음에 쾌족하지 않으면 주린다"고 했고, 《춘추좌전》에 이르기를 "곧으면 씩씩하고 굽으면 힘이 없다"(師直爲壯 曲爲老)고 했는데, 여기서 씩씩하다(壯)고 함은 곧 기의 씩씩함이요, 힘이 없다(老) 함은 기가 쇠약하다는 말이다. 나는 항시 "이치가 곧으면 기운이 씩씩하다"(理直則氣壯)고 말했는데, 이는 이치가 곧으면 기가 힘이 있고 이치가 굽으면 기는 주린다는 말이다. 일반적으로 우리가 용기라고 하는 것이 바로 이것인데 호연지기 또한 이와 같다. 그래서 호연지기를 기르는 사람은 항시 도를 밝히고 의로운 행위를 지속하여 한 가지 일이라도 마음에 불안이 있게 해서는 안 된다. 이것이 바로 "반드시 일삼아 그치지 말고 마음으로 잊지도 말고 조장하지도 말라"의 뜻이다. 본문에서 '필유사이물정'(必有事而勿正)의 정(正)의 뜻은 지(止)와 통하므로 물정(勿正)은 물지(勿止)로

---

44) 朱熹, 《朱子語類》, 권 52, "襲如用兵之襲 有襲奪之義."

해석된다. 이는 또한 잊지 말라는 뜻도 된다. 모름지기 호연지기를 기르려는 사람이 해야 하는 공부는 다만 이와 같을 따름이다. 그가 항시 도를 밝히고 의로운 행위를 지속한다면 호연지기는 저절로 생긴 다. 속히 효과를 얻으려고 다른 짓을 하면 안 된다. 빠른 효과를 구하려고 다른 수단을 찾는 것을 조장(助長)이라 한다. 잊어버리고 내버려 두는 것도 잘못이지만 그렇다고 조장해서도 안 된다. 호연지기를 기르려면 모름지기 명도(明道), 집의(集義), 물망(勿忘), 물조(勿助)하여야 한다. 이 여덟 자야말로 호연지기를 기르는 비결이라 할 수 있다.

호연지기를 지닌 사람의 경계는 천지 경계이다. 맹자는 〈등문공하〉 편에서 다음과 같이 말했다.

> 천하의 넓은 집에 살고, 천하의 바른 자리에 서고, 천하의 큰 길을 걷는다. 뜻을 얻으면 백성과 더불어 함께 하고 뜻을 얻지 못하면 홀로 그 길을 간다. 부귀도 그를 빠뜨리지 못하고 빈천도 그의 뜻을 옮기지 못하며 무력의 위협도 그를 굴복시키지 못한다. 이를 일러 대장부라 한다. [45]

나는 여기서 말한 대장부와 호연지기를 지닌 사람을 비교하고자 한다. 대장부의 경계는 호연지기를 지닌 자의 경계만큼 높지 않음을 알 수 있다. 대장부가 천하의 넓은 집에 살고, 천하의 바른 자리에 서고, 천하의 큰 길을 걸으므로 '크지 않다'고 할 수는 없지만, 그렇다고 '지극히 크다'고는 할 수 없다. 대장부는, 부귀도 그를 타락시키지 못하고, 빈천도 그의 뜻을 옮기지 못하며, 위협도 그를 굴복시키지 못하므로 '굳세지 않다'(不剛)고 할 수는 없지만, 그렇다고 '지극히 굳

---

45) 《孟子》, 〈滕文公下〉, "居天下之廣居 立天下之正位 行天下之大道 得志與民由之 不得志獨行其道 富貴不能淫 貧賤不能移 威武不能屈 此之爲 大丈夫."

제 1 장 공자와 맹자 45

세다'(至剛)고는 할 수 없다. 어째서 '지극히 크다', '지극히 강하다'
고 할 수 없는가? 그것은 대장부의 굳세고 큼은 인간과 사회와의 관
계에서 말하는 것이기 때문이다. 그러나 호연지기를 지닌 사람의 '굳
세고 큼'은 인간과 우주와의 관계에서 말한 것이다. 대장부가 사는
곳은 '천하'의 넓은 집이요, 그가 서는 곳은 '천하'의 바른 자리요, 그
가 가는 길은 '천하'의 바른 길이다. 호연지기를 지닌 자의 호연지기
는 "곧게 길러 해가 없으면 '천지' 사이에 가득 찬다"했으니 천하와
천지는 구별된다. 우리는 치국 평천하라고는 하지만 치국 평천지라고
하지는 않는다. 천하 태평, 천하 대란이라고는 해도 천지 태평이니,
천지 대란이니 하지는 않는다. 천하란 인류 사회의 대전이요, 천지는
우주의 대전이다. 따라서 대장부의 경계는 도덕 경계이고 호연지기를
지닌 사람의 경계는 천지 경계이다. 대장부의 경계는 아직 한계가 있
지만, 호연지기를 지닌 사람은 그가 비록 칠 척의 유한적인 체구를
지니고 있다 하더라도, 그의 경계는 이미 유한을 넘어서 무한계에 진
입하고 있다.

　이러한 경지에 도달한 사람은 자연히 "크게 행하게 되어도 교만하
지 않고, 궁핍하게 산다 해도 위축되거나 비굴해지지 않으며"(雖大行
不加 窮居不損), 자연히 "부귀도 그를 타락시키지 못하고 빈천도 그의
뜻을 옮기지 못하며 어떤 위협도 그를 굴복시키지 못한다." 그러나
호연지기를 지닌 사람의 타락하지 않음(不淫), 뜻을 바꾸지 않음(不
移), 굴복하지 않음(不屈)은 도덕 경계의 그것과는 다르다. 주자는
"호연지기는 기운의 맑고 밝음만으로는 충분한 설명이 안 된다. 호연
이라 말하면 이미 넓고 크고 굳세다는 뜻이 있다. 마치 양자강과 황
하가 유유히 흐르는 것과 같다. 부귀, 빈천, 위협으로도 타락시키거
나 뜻을 빼앗거나 굴복시키지 못한다는 것은 모두 호연지기 상태를
형용한 것이 아니다"[46]라 했는데, 이 말이 바로 내가 하고 싶은 말이

---

46) 朱熹, 《朱子語類》, 권 52, "浩然之氣 淸明不足以言之 纔說浩然便有個

다. 이 경지에 도달한 사람은 이미 '하늘과 같아짐'(同天)의 경지에 이르렀다고 할 수 있다. 맹자가 말한 바 "천지 사이에 가득 찬다"거나 "상하 천지와 더불어 함께 흐른다"[47]는 것은 모두 '하늘과 같아짐'을 표시한 것이다.

이상에서 언급한 것을 나는 다음과 같이 정리할 수 있다. 맹자가 말한 경지는 공자가 말한 경지보다 더 높다. 공자의 천은 주재적 천이며, 종교적 색채를 완전히 배제하지 못했다. 그의 사상은 다소 회화적·도식적이다. 그렇기 때문에 그가 말한 최고의 경지는 단지 '하늘을 섬김'(事天)이나 '하늘을 즐김'(樂天)의 경계와 유사하다고 했다. 그러나 맹자가 말한 경지는 '하늘과 같아짐'(同天)의 경계라 할 수 있다. "할 수 있다"고 말하는 까닭은 맹자가 말한 '천지'가 어느 정도의 추상성을 지니는지 단정할 수 없기 때문이다.

공자와 맹자는 초기 유가를 대표하는 사상가들이다. 유가는 실천 도덕면에서 아주 높은 경지를 추구했다. 이러한 추세는 후에 도학적 경향으로 발전하였다. 그러나 그들이 도덕 경계와 초월 경계와의 구별을 뚜렷이 인식하지 못했던 원인도 여기에 있다. '극고명이도중용'(極高明而道中庸)의 표준으로 말하면 그들은 고명(高明) 방면에서는 최고 경지에 이르지 못했다고 할 수 있다. 향수와 곽상의 표현을 빌리자면, 그들은 아직 "공허한 추상의 영역에 다달아서 밝고 넓은 곳에서 노닐지"(經虛涉曠) 못했다.

廣大剛果意思 長江大河浩浩而來也 富貴貧賤威武 不能淫移屈之類皆低 不可以語此."
47) 《孟子》, 〈盡心上〉, "上下與天地同流."

제 2 장
양주와 묵적

맹자(孟子)의 "나는 사람들이 하는 말의 옳고 그름을 알고(知言) 나의 호연지기를 잘 기른다"(吾善養吾浩然之氣)는 말에 공손추(公孫丑)는 "어떻게 그것을 아느냐"고 묻는다. 맹자는 이렇게 대답한다.

> 치우친 말(詖辭)에서 그 가리운 바를 알며, 방탕한 말(淫辭)에서 그 빠진 것을 알고, 사특한 말(邪辭)에서 그 정도를 벗어났음을 알며, 피하는 말(遁辭)에서 그 논리가 막혔음을 안다. 그 마음에서 일어난 것이 정사(政事)에 해를 끼치며, 그 정사에서 일어난 것이 그 일에 해가 된다. 성인이 다시 일어나더라도 반드시 내 말을 따를 것이다. [1]

맹자의 시대에 가장 세력을 떨치던 피사(詖辭), 음사(淫辭), 사사(邪辭), 둔사(遁辭)는 곧 양주(楊朱)와 묵적(墨翟)의 학설이었다. 맹

---

[1] 《孟子》,〈公孫丑上〉, "詖辭知其所蔽 淫辭知其所陷 邪辭知其所離 遁辭知其所窮 生於其心 害於其政 發於其政 害於其事 聖人復起 必從吾言矣."

자는 다음과 같이 말했다.

> 양주와 묵적의 말이 세상에 가득하니 세상 사람들이 양주에게 돌아가
> 지 않으면 묵적에게로 향한다. 양주의 위아설(爲我說)은 왕의 존재를
> 무시하는 학설이요, 묵적의 겸애설(兼愛說)은 아비의 존재를 무시하는
> 학설이다. 아비도 없고 왕도 없는 것은 금수의 세계이다. … 양주와 묵
> 적의 학설이 끊어지지 않으면 공자의 도가 드러나지 않을 것이니 사설
> (邪說)이 백성을 속이고 인의를 질식시키기 때문이다. …나는 이것을
> 염려하여 옛 성인의 도를 보호하고, 양주와 묵적을 막아 음사와 사설
> 을 추방하여 다시 일어나지 못하게 하겠다.[2]

맹자는 양주·묵적을 배척하는 것으로 자기 일생의 사명을 삼았다.
그리고 양주·묵적에 대한 자신의 배척이 우왕(禹王)이 홍수를 다스
려 천하를 평정한 것, 주공(周公)이 이적을 합병하고 맹수를 쫓아 내
어 백성을 평안하게 한 것, 공자가 《춘추》(春秋)를 지어 난신 적자를
두려워 떨게 한 것과 그 공적이 같다고 여겼다.

양주의 학설이 인의를 질식시킬 수 있다는 맹자의 견해는 전적으로
타당하다. 앞장에서 논한 것과 같이 인의의 내용은 전적으로 '남을
이롭게 함'이다. 그러나 양주는 자기를 이롭게 함을 뜻하는 위아(爲
我)를 주장했다. 맹자는 "양주는 자기를 위하므로 털 하나를 뽑아 천
하를 이롭게 한다 해도 결코 행하지 않는다"[3]고 했고, 한비자도 양주
를 평하여 "물(物)을 가볍게 여기고 생명을 중시한 사람"(輕物重生之
士) 또는 "위험한 성에는 들어가지 않고 군인들 사이에 처하지 않으

---

2) 같은 책, 〈滕文公下〉, "楊朱墨翟之言盈天下 天下之言 不歸楊則歸墨
   楊氏爲我 是無君也 墨氏兼愛 是無父也 無父無君 是禽獸也 … 楊墨之道
   不息 孔子之道不著 是邪說誣民 充塞仁義也 … 吾爲此懼閑先聖之道 距楊
   墨放淫辭邪說者不得作."
3) 같은 책, 〈盡心上〉, "楊子取爲我 拔一毛而利天下不爲也."

며 세상의 큰 이익과 자기 정갱이의 털 하나를 바꾸지 않는다"[4]고 했
다. 여기서의 '경물중생지사'(輕物重生之士)란 양주 혹은 그의 추종자
를 지칭한다. 세상의 큰 이익과 자기 다리의 털 하나를 바꾸지 않는
다는 말에는 두 가지 해석이 있다. 그 하나는 천하로써 자신을 이롭
게 하기 위해 그 한 올의 털을 뽑는 것도 양주는 하지 않는다는 것이
다. 이것은 그의 '경물중생'의 태도를 반영한다. 또 다른 해석은 그
하나의 터럭을 뽑으면 천하를 이롭게 할 수 있다 해도 양주는 하지
않는다는 것이다. 이 해석은 그의 '위아 사상'을 나타낸다. 어떻게 해
석하든지 생명을 중히 여기고 자신을 위한다는 양주의 사상은 유가의
"몸을 죽여 인을 이룬다"(殺身成仁) 또는 "생명을 버리고 의를 취한
다"(捨生取義)는 사상과 완전히 어긋난다.

　양주 일파는 초기 도가이다. 도가 무리는 은자들로부터 나왔다.
《논어》(論語)에서 우리는 공자가 일생 동안 많은 은자들과 우연히 만
났음을 볼 수 있다. 공자는 적극적으로 세상을 불의로부터 건져 보려
하지만 은자의 무리들은 공자의 이런 태도에 찬성하지 않는다. 그들
은 공자에 대하여 불가능한 줄 알면서도 행하는 사람이라고 평했다.[5]
그들은 공자에게 권고한다. "그만 두어라! 그만 두어라! 이제 정치
에 종사하려는 자는 위태로울 것이다."[6] "도도하게 흘러가는 것이 바
로 세상사인데 뉘라서 감히 그 흐름을 바꾼다는 말인가?"[7]

　그들은 자칭 "세상을 피한 자"[8]라 했다. 그들은 '홀로 그 몸을 바
르게 지키고'(獨善其身) 사회에 대해서는 소극적인 태도를 지녔다. 이
들 은자들 가운데 나름대로 이론을 수립하여 자신들의 행위에 대한

---

4)《韓非子》,〈顯學〉, "義不入危城 不處軍旅 不以天下大利 易其脛之一
　毛."
5)《論語》,〈憲問〉, "知其不可而爲之者."
6) 같은 책,〈微子〉, "已而已而 今之從政者 殆而."
7) 같은 책, 같은 곳, "滔滔者 天下皆是也而誰以易之."
8) 같은 책, 같은 곳, "避世之士."

근거로 제시한 자들이 있었으니 이른바 초기 도가들이고, 양주는 이들 가운데 지도자의 위치에 있었다.

양주의 학설은 《노자》(老子), 《장자》(莊子) 및 《여씨춘추》(呂氏春秋) 등에서 그 대략을 알 수 있다. 《노자》에 "이름과 몸 어느 것이 더 친한가? 몸과 재화 어느 것이 더 귀중한가?"[9] 하고 묻는 구절이 있는데, 이는 곧 경물중생의 이론이라 할 수 있다. 《장자》의 〈양생주〉(養生主)에는 "선을 행하되 명예를 가까이 하지 말고, 악을 행하되 형벌을 조심하라. 길의 중앙을 따르는 것을 너의 원리로 삼아라. 그러면 네 몸을 보전할 수 있고, 네 생명을 온전히 할 수 있으며, 부모를 공양할 수 있고, 타고난 수명을 다 누릴 수 있다"[10]고 했는데, 이 역시 경물중생의 취지에서 나온 것이다. 사람이 악을 행함이 지나치면 사회적 제재와 책벌을 받는 데 이르른다. 이것은 결코 생명을 중히 여기는 도리에 부합하지 못한 것이다. 그 반면 사람이 선행을 너무 지나치게 하면 사회적 명성을 얻게 되는데, 이 또한 삶을 중히 여기는 도리가 되지 못한다. "산의 나무는 스스로를 해치고 기름불은 스스로를 태운다. 계수나무는 먹을 수 있기 때문에 베어지고, 옻나무는 도료로 사용할 수 있기 때문에 베어진다."[11] 나무가 크면 바람을 부른다. 이는 모두 재주 있고 이름 있는 것의 폐단들이다. 그래서 양생(養生)을 잘하는 사람은 감히 큰 악을 짓지도 않고 큰 선을 쌓지도 않는다. 그는 선과 불선의 사이에 처한다. 이른바 중간을 따르는 것을 자기 행위의 원칙으로 삼는다. 이것이 몸을 보존하는 도이다. 《여씨춘추》의 〈중기〉(重己), 〈본생〉(本生), 〈귀생〉(貴生) 등의 편들은 모두 위와 같은 내용으로 되어 있다.

---

9) 《老子》, 44장, "名與身孰親 身與貨孰多."
10) 《莊子》, 〈養生主〉, "爲善无近名 爲惡无近刑 緣督以爲經 可以保身 可以全生 可以養親 可以盡年."
11) 같은 책, 〈人間世〉, "山木自寇也 膏火自煎也 桂可食 故伐之 漆可用 故割之."

이 같은 이론들은 도가 학설이 한 걸음 더 나아간 것이다. 사람이 생명을 중히 여긴다면 모름지기 자기 스스로 해쳐서도 안 되고 남이 자기를 해치도록 놔두어서도 안 된다. 어떻게 해야 남으로부터 해를 받지 않을 수 있는가? 이에 대한 양주 일파의 방법은 '피'(避) 한 글자에 그 비결을 둔 것 같다. 그들은 "세상을 피한다"(避世), "이름을 피한다"(避名), "형벌을 피한다"(避刑) 등 모두 피하는 것을 위주로 하고 있다. 그러나 인간사는 변화가 무궁하여 모든 해를 다 피할 수는 없다. 《노자》에는 우주간 사물의 변화를 지배하는 일반 법칙을 밝힌 것이 많이 있는데, 이 변화의 일반 법칙을 아는 자는 이를 응용하여 이익을 얻고 해를 피할 수가 있다. 이것이 도가 학설의 제1단계이다. 그러나 무궁한 변화가 있는 것이 인간사이므로 알 수 없는 요소도 매우 많다. 《노자》에서 제시하고 있는 자연의 변화 법칙과 도리를 탐구하는 것만으로 이익을 얻고 해를 면한다는 보장을 끝내 얻을 수 없다. 이에 《노자》에서 우리는 제2단계의 방식을 발견할 수 있다. "나에게 큰 근심이 있는 것은 무엇보다도 내 몸이 있기 때문이다. 내 몸이 없다면 내가 무엇을 근심하겠는가?"[12] 이 구절은 실로 크게 깨달은 데서 나왔다. 장자는 "남과 내가 같고, 생과 사도 같다"(同人我齊死生)고까지 했다. 이로움과 해로움을 이로움과 해로움으로 여기지 않으면 그것들이 그를 상하게 하지 못한다. 이것이 도가 학설의 제3단계이다.

이상에서 말한 도가 학설의 발전 형태는 《장자》, 〈산목〉(山木) 편에 나오는 이야기를 인용하여 설명할 수 있다. 〈산목〉편에서는 이렇게 말한다.

장자가 산 속을 가다가 가지와 잎이 무성한 큰 나무를 보았다. 그런데 벌목하는 사람이 그 나무 곁에 머물러 쉬면서도 그 나무는 거들떠 보

---

12) 《老子》, 13장, "吾所以有大患者 爲吾有身 及吾無身 吾有何患."

지도 않았다. 그 까닭을 물었더니 쓸모가 없기 때문이라고 했다. 이에 장자는 "이 나무는 재목이 못 되므로 제 수명을 마칠 수가 있게 되었구나"하였다. 장자가 산에서 내려와 친구의 집에 유숙하게 되었다. 친구가 장자를 반기면서 하인에게 거위를 잡아 삶으라고 일렀다. 이에 하인이 주인에게 여쭙기를 "한 마리는 잘 울고 다른 한 놈은 울지 않는데 어느 놈을 잡을까요"하니, 주인은 울지 못하는 놈을 잡으라 했다. 다음날 제자들이 장자에게 물었다. "어제 그 산의 나무는 재목이 되지 못했기 때문에 제 수명을 누릴 수 있었는데, 이제 선생님 친구집의 거위는 재주가 없어 죽게 되었습니다. 선생님께서는 장차 어떻게 처신하시겠습니까?"이에 장자는 웃으면서 "나는 장차 쓸모 있음과 없음의 중간에 처신하겠다. 그러나 쓸모가 있는 것과 없는 것의 사이에 처신하겠다는 것이 옳은 것 같으나 실상 옳지 않다. 그것은 얽매임을 면하지 못한다. 그러나 만약 도덕에 의존하여 노닌다면 그렇지 않다. 만물의 조상이 되는 도덕에 노닐어 대상물을 대상물로 여기고 대상물에 나 또한 대상물이 되지 아니하면 어찌 얽매임이 되겠는가?"[13]

이 이야기의 전반부는 생명을 보전하고 해를 피한다는 양주의 방법을 말한 것이고, 후반부는 그에 대한 장자의 방법을 말한 것이다.

여기서의 쓸모 있음(材)은 〈양생주〉(養生主) 편의 선을 행함에, 쓸모 없음(不材)은 악을 행함에, 그리고 쓸모 있음과 없음의 중간은 '중간을 따르는 것을 원칙으로 삼는다'에 해당한다. 이 이야기가 의도하는 바는 사람이 만일 삶과 죽음을 하나로 삼고 옳음과 옳지 않음을 일관[14]할 수 없다면 세상을 살아감에 있어 적극적으로 추구했든지 피

---

13) 《莊子》, 〈山木〉, "莊子行於山中 見大木 枝葉茂盛 伐木者止其旁而取也 問其故 曰 無所可用 莊子曰此木以不材得終其天年 夫子出於山 舍於故人之家 故人喜 命豎子殺雁而烹之 豎子請曰 其一能鳴 其一不能鳴 請奚殺 主人曰 殺不能鳴者 明日 弟子問於莊子曰 昨日山中之木 以不材得終天年 今主人之雁 以不材死 先生將何處 莊子笑曰 周將處乎材與不材之間 材與不材之間 似之而非也 故未能免乎累 若夫乘道德而浮遊則不然 浮游乎萬物之祖 物物而不物於物 夫胡可得而累耶."

14) 같은 책, 〈德充符〉, "以死生爲一條 以可不可爲一貫."

했든지를 막론하고, 모두다 완전히 얽매임을 면한 경지를 보장할 수 없다는 것이다. 쓸모가 있음과 없음 그리고 그 중간을 막론하고 모두 복을 받고 화를 피할 수 있다는 보장은 없다. 만약 지인(至人)이라면 "죽고 사는 것이 자기에게 있어 아무런 변화가 없는 것이니 하물며 이롭고 해로움의 소소한 것에 있어서랴"[15] 하고 말할 것이다. 이런 경계에 도달한다면 그는 비로소 참으로 얽매임을 면할 수 있게 된다. 이른바 "대상물을 부리되 대상물에 부림을 당하지 않는다"는 것은 이런 경계에 선 사람이 일체의 것에 대하여 능동적이고 주체적이요, 결코 피동적이 아님을 말하는 것이다.

"도덕을 타고 노닐거나"(乘道德而浮遊), "만물의 근원에서 노니는"(浮遊乎萬物之祖) 사람 경계는 천지 경계이다. 쓸모 있음과 쓸모 없음에 연연하여 이로움을 추구하고 해를 피하려는 사람의 경계는 공리 경계이다. 초기 도가는 단지 공리 경계를 말했을 뿐인데, 후기 도가는 천지 경계를 탐구하기에 이르렀다. 공리 경계의 추구에서 천지 경계의 추구로 나아간 데에는 중간에 뚜렷한 구분이 있다. 초기의 도가는 개인주의였다. 개인주의가 극단에 이르자 오히려 개인주의를 극복하려는 운동이 일어났다. 자기를 위하여 다른 자기를 극복한다는 것은 마치 자살하여 다른 자기를 버림과 같다. 불교도가 생사의 고통으로부터 탈출하기 위해 출가를 단행하는데 그 동기 역시 사사로운 것이다. 단 그들이 깨달음을 얻어 성불한 후에 성취한 경계는 역시 천지 경계이다. 이는 스스로 자기의 사사로움을 극복한 것이다.

초기 도가 사상가들에 국한시켜 말한다면 그들은 이기주의자들이다. 그들의 학설은 이기주의의 주창에 지나지 않는다. 그들이 중시한 생명은 곧 그들 자신의 생명이었다. 생명의 중시는 바로 나를 위함이었다. 그들의 경계는 공리 경계이다. 그들이 주창한 학설은 고명(高

---

15) 같은 책, 〈齊物論〉, "死生無變於己 而況利害之端乎."

明)의 표준에는 맞지 않는다. 그들의 학설은 능히 인의를 막아 버릴
수 있다. 공자의 제자인 자로(子路)는 은자들에 대해 "그 몸을 깨끗
이 하고자 하나 대륜(大倫)을 어지럽힌다"[16]고 비판하였다. 맹자도
양주의 위아주의를 사회 제도에 대한 부정 즉 무군(無君)이라고 했
다. '위아'란 자기 몸을 깨끗이 한다는 말을 두고 한 것이고, '무군'이
란 대륜을 어지럽힌다는 것을 나타낸 말이다. 요즈음 말로 표현해서
만약 사람마다 모두 위아주의를 취한다면 사회는 없어진다. 그러나
사회가 없어진다는 것은 불가능한 일이다.

　양주의 위아주의가 인의를 막을 수 있다는 맹자의 우려는 타당한
것이었다. 왜냐하면 유가에서 말하는 인의는 남을 이롭게 함을 그 내
용으로 하고 있기 때문이다. 그러나 묵자가 주창하는 겸애는 전적으
로 남을 이롭게 하고자 함인데 어찌하여 이것도 인의를 막는다고 하
는가? 이 문제에 답하기 위해서는 우선 유가와 묵가 사이에 근본적
차이가 있다는 것을 설명할 필요가 있다.

　유가와 묵가의 차이점은 쉽게 발견된다. 묵가는 유가를 비판하여
다음과 같이 말한다.

> 유가의 학설에 천하를 망치기에 족한 것이 네 가지 있다. 첫째, 유가
> 는 천(天)을 불명(不明)하다고 여기고 귀(鬼)를 불신(不神)하다 여기
> 며 천귀(天鬼)를 기뻐하지 않으니 이것이 족히 천하를 망칠 일이다.
> 둘째, 장례에 재물을 많이 쓰고 또 오랜 기간 복상하여 관을 중히 여
> 기고, 옷과 이불을 넉넉히 하고, 장례 치르는 것을 마치 이사 가는 것
> 처럼 하며, 3년 동안 곡읍하고, 부축한 후에야 일어서고, 지팡이를
> 짚고서야 걷고, 귀로 듣지 않고 눈으로 보지 않으니, 이로써 족히 천
> 하를 잃을 것이다. 셋째, 거문고 뜯고 노래하고 북 치고 춤추며 성악
> (聲樂)을 익히니 이로써 족히 천하를 잃을 것이다. 넷째, 명(命)이 있
> 다고 하고 빈(貧)·부(富), 수(壽)·요(夭), 치(治)·란(亂), 안

---

16) 《論語》, 〈微子〉, "欲潔其身而亂大倫."

(安)·위(危)가 끝이 있어 손익이 불가하다고 한다. 위에 있는 자는 행하여도 그 다스려졌다는 소문을 듣지 못하고, 아랫 사람들은 행함에 이를 좇지 아니한다. 이것이 또한 천하를 잃는 까닭이다.[17]

묵가에서 비난하고 있는 명(命)은 실상 유가에서 말하는 명은 아니다. 그리고 유가는 인간의 빈부 수요, 치란 안위가 정해져 있어 더할 수도 뺄 수도 없는 것이라고 여기지는 않는다. 공자가 말하는 명은 실상 하늘의 명령이다. 맹자나 순자의 명은 인간이 만나는 우주간의 일의 변화이고, 인력의 한계 밖에 있어서 인력으로는 어쩔 수 없는 것이다. 유가는 "인간이 할 수 있는 것을 다하고 나서 천명을 기다린다"(盡人事 待天命)는 입장을 취한다. 사람으로서 할 바를 다하지 않고 명에 의존한다고는 하지 않는다. 묵가에서 비난하고 있는 명은 유가에서 말하는 삶과 죽음에 명이 있다고 할 때의 명에 지나지 않는다. 이 점을 제외하면 유·묵의 차이는 묵자가 말한 대로 분명하다.

이 말은 유가에 대한 묵가의 비판의 정당성 여부를 밝히려 함이 아니고, 그들의 비판이 대체로 이러한 측면에 한정되어 있다는 점을 지적하려는 것이다. 예를 들면 《묵자》(墨子) 가운데 〈비유〉(非儒) 편이 있는데 거기서는 유자를 다음과 같이 기술하고 있다.

예와 악을 번거롭게 꾸며 사람을 옭아매며, 오랜 기간의 복상과 애도로써 오히려 부모를 업신여기며, 운명론을 내세움으로써 사람들로 하여금 빈곤하게 하고, 자신들은 호사스럽게 살면서 근본이 되는 농업을 배반하고, 사업을 버리며 나태하고 오만한 삶에 안주한다. … 오랫동

17)《墨子》,〈公孟〉, "儒之道 足以喪天下者 四政焉 儒以天爲不明 以鬼爲不神 天鬼不悅 此足以喪天下 又厚葬久喪 重爲棺郭 多爲衣衾 途喪若徙 三年哭泣 扶後起 杖後行 耳無聞 目無見 此足以喪天下 又弦歌鼓舞 習爲聲樂 此足以喪天下 又以命爲有 貧富壽夭治亂安危有極矣 不可以損益也 爲上者行之 必不聽治矣 爲下者行之 必不從事矣 此足以喪天下."

56

안 애써도 그들의 학문에서 요구되는 배움을 다 익히지 못하며, 젊음의 열정을 갖고도 그 예를 다 행할 수 없다. 부를 축적한 사람이라 해도 그 음악을 다하지 못하고, 번거로운 수식과 사술(邪術)은 그들의 군주를 탈선시키며, 음악을 성대하게 함은 죄 없는 백성을 타락시킨다. 그 도로써는 결코 태평 성대를 기약할 수 없고, 그 학문으로써는 중생을 제도할 수 없다.[18]

이 같은 비판은 〈공맹〉(公孟) 편에 나오는 것과 내용이 일치한다.
그러나 유가의 중심 사상이라 할 수 있는 인과 의에 대한 비난은 찾아 볼 수가 없다. 본래 묵가는 인의를 밝히려 했다. 유가의 인의에 대한 묵가의 비판은 다음의 세 가지로 추정할 수 있다. 묵자는 다음과 같이 말했다.

자하(子夏)의 무리가 묵자에게 물었다. "군자도 싸움을 하는가?" 묵자는 말한다. "군자에게는 싸움이 없다." 자하의 무리가 다시 묻는다. "개와 돼지조차 싸우는데 어찌 선비에게 싸움이 없을 수 있는가?" 묵자가 말한다. "참으로 안타깝구나! 입으로는 탕왕, 문왕을 뇌이면서 행위로는 개나 돼지에게 비기다니, 안타깝구나!"[19]

이상의 이야기로 미루어 볼 때 묵가는 유가에 대해 "그들은 말과 행실이 일치하지 않는다. 그들이 비록 인의를 말하고 있으나 인의를 실행하지는 않는다"고 비판할 수 있을 것이다.

---

18) 같은 책, 〈非儒〉, "繁飾禮樂以淫人 久喪僞哀以謾親 立命緩貧而高浩居 倍本棄事而安怠傲 累壽不能盡其學 當年不能行其禮 積財不能瞻其樂 繁飾邪術以營世君 盛爲音樂以淫遇民 其道不可以期世 其學不可以導衆."
19) 같은 책, 〈耕柱〉, "子夏之徒問於子墨子曰 君子有鬪乎 子墨子曰 君子無鬪 子夏之徒曰狗狶猶有鬪 惡有士而無鬪矣 子墨子曰 傷矣哉 言則稻於湯文 行則譬於狗狶 傷矣哉."

섭공자고가 공자에게 정치에 대해서 물었다. "정치를 잘하려면 어떻게 해야 합니까?" 공자가 대답했다. "정치를 잘하는 것은 먼 데 있는 자를 가까이 하고 옛것을 새롭게 하는 것이다." 묵자가 듣고 말하기를 "섭공자고는 그 물음을 옳게 묻지 못했고, 공자 또한 그 물음에 대한 대답이 정곡을 찌르지 못했다"고 하였다. [20]

이 예화를 미루어 보면 묵자는 유가가 비록 인의를 말하고 있지만 인의를 실천할 수 있는 구체적인 방법은 알지 못하고 있다고 비판함을 알 수 있을 것이다.

묵자가 유자에게 "무슨 까닭에 음악(樂)을 하는가?" 물으니, 대답하기를 "음악을 위해 음악을 한다"고 했다. 묵자는 말했다. "그대는 나의 물음에 옳게 대답하지 않았다. 이제 내가 그대는 왜 집을 짓는가 하고 물었을 때, '겨울에는 추위를 피하고 여름에는 더위를 피하기 위해서이다. 집이란 남녀의 구별을 위해서 있다'고 대답한다면 그대가 내게 말한 것이 집을 짓는 이유가 될 수 있다. 그런데 '왜 음악을 하느냐'는 물음에 '그것이 음악이기 때문이다'고 대답한다면, 그것은 마치 '왜 집을 짓느냐'는 물음에 '그것이 집이기 때문이다'고 대답하는 것과 다를 바 없다."[21]

이 예화로 미루어 보면 묵자는 "유가는 비록 인의를 말하고는 있으나 인의의 내용이나 그것의 용도를 모르고 있다"고 비판했을 것이다.
이 세 가지는 묵가가 유가의 인의에 대해서 할 수 있는 비판들이

---

20) 같은 책, 같은 곳, "葉公子高 問政於仲尼曰 善爲政者若之何 仲尼對曰 善爲政者遠者近之而舊者新之 子墨子聞之曰 葉公子高未得其聞也 仲尼亦未得其所以對也."
21) 같은 책, 〈公孟〉, "子墨子曰 問於儒者 何故爲樂 曰樂以爲樂也 子墨子曰子未我應也 令問曰何故爲室 曰冬避寒焉 室所以爲男女之別也 則子告我爲室之故矣 今我問曰何故爲樂 曰樂以爲樂也 是猶曰何故爲室 曰室以爲室也."

다. 할 수 있는 비판이라 함은 사실적으로 가능하다는 것이지 이론적으로 가능하다는 것은 아니다. 유가의 인의에 대하여 묵가는 사실 이같은 비판을 할 수 있다고 보지만 기록으로 전하는 것은 없다.

　이상에서 말한 세 가지는 모두 있을 수 있는 비판이지만, 유가의 인의에 대한 직접적 비판은 아니다. '너희들 유가가 비록 인의를 추구하지만, 너희들은 결코 인의를 실행하지 못한다'거나, '너희들이 비록 인의를 말하고 있으나 구체적으로 인의를 어떻게 행할지는 모르고 있다', 또는 '너희들이 인의를 말하고 있기는 하지만 인의의 내용과 용도에 대해서는 모르고 있다'고 하는 것에 지나지 않는다. 결코 '너희들이 말하고 있는 인의가 잘못되었다'라든가, '도덕적 인의가 아니다'라든가, '너희들이 말한 것은 인의가 아니다'라는 이야기는 아니다. 묵가는 유가에서 말하는 인의에 대해 원칙적으로 찬성한다. 인의는 본래 유가에서 말했지만 묵가도 인의를 말한다. 묵가의 '모두가 서로 사랑함'(兼相愛)은 인을 행하는 방법이었고 인의 내용이었으며, 그들의 '서로 서로에게 유익하게 함'(交相利)은 의를 행하는 방법 혹은 의의 내용이었다고 할 수 있다.

　유가에서 인을 사람을 사랑함[22]이라고 하지만 묵가에서 주장하는 겸애에 대해서는 도리어 직접적인 비판을 가한다. 맹자는 "묵자의 겸애는 어버이를 무시하는 것"[23]이라 했다. 묵자에 대한 맹자의 이러한 비난은 대개 묵가가 주장하는 바 "사랑에는 차등이 없다"(愛無差等)는 말에 그 초점이 맞추어진다. 《묵자》, 〈경주〉(耕柱) 편에 무마자(巫馬子)가 묵자에게 이르기를 "나는 당신과 다릅니다. 나는 겸애할 수 없습니다. 나는 월나라 사람보다 추나라 사람을, 추나라 사람보다 노나라 사람을, 노나라 사람보다 내 고향 사람을, 내 고향 사람보다 내 친족을, 내 친족보다 내 부모를, 내 부모보다 내 몸을 더 사랑하니

---

22) 《論語》, 〈顔淵〉.
23) 《孟子》, 〈滕文公下〉, "墨氏兼愛 是無父也."

다"24)는 기록이 나오는데, 무마자는 유가의 한 사람이다. 그는 겸애할 수 없다고 말한다. 무차등으로 사랑할 수는 없기 때문이라는 것이다. 여기서 말하는 무차등의 사랑이란 묵가의 겸애를 지칭하는 것이다. 《맹자》(孟子)에는 묵자를 추종하는 이지(夷之)라는 사람을 이끌어 "사랑은 무차등이지만 그것을 베푸는 것은 부모로부터 비롯된다"25)고 말하게 한다. 요컨대 묵가는 무차등의 사랑을 주장하고 유가는 차등의 사랑을 주장하는데 이것이 유가와 묵가 사이의 최대 차이이다.

무마자는 자기 자신에 대한 사랑이 부모에 대한 사랑보다 더 깊다고 말하는데 이것은 좀 지나친 표현이다. 왜냐하면 무마자의 태도와 유가에서 중시하는 효도는 서로 일치하지 않기 때문이다. 그러나 부모보다 자기 자신을 더 사랑한다는 이 점만 제외하면 유가는 사랑에 차등이 있다는 무마자의 주장을 용인하고 있다. 맹자는 "군자는 사물에 대하여 아끼는 태도를 취하지만 결코 어질게 대하지는 않는다. 사람에 대하여 어질게 대하지만 결코 친애하지는 않는다. 부모에는 친하고 사람에는 어질게 대하며 사물에는 아끼는 태도를 갖는다."26) 인간의 사랑은 본래 차등이 있다. 맹자는 묻는다. "이자(夷子)는 진실로 사람들이 그 형의 자식을 이웃집 사람의 자식과 같이 여긴다고 보는가?"27) 사람은 누구나 형의 자식을 이웃집 사람의 자식보다 더 깊이 사랑하는데, 이것은 매우 자연스러운 현상이다. 인간은 본래 다른

---

24)《墨子》,〈耕柱〉, "巫馬子謂子曰 我與子異 我不能兼愛 我愛鄒人於越人 愛魯人於鄒人 愛我鄕人於魯人 愛我家人於鄕人 愛我親於我家人 愛吾身於吾親."
25)《孟子》,〈滕文公上〉, "愛無差等 施由親始."
26) 같은 책,〈盡心上〉, "君子之於物也 愛之而弗仁 於民也 仁之而弗親 親親而仁民 仁民而愛物."
27) 같은 책,〈滕文公上〉, "夫夷子 信以爲人之子親其兄之子 爲若親其鄰之赤子乎."

60

사람의 부모보다 자기의 부모를 더 사랑하며 이웃의 자녀보다 자기 자녀를 더 깊이 사랑한다. 유가적인 표현을 빌리면 이는 결코 '고칠 수 없는 원리'이다. 사람들이 주의해야 할 점은 바로 이것이다. 즉 네가 네 부모를 사랑하듯 다른 사람도 그들의 부모를 사랑한다는 데 생각이 미쳐야 한다는 것이다. 네가 네 자녀를 사랑하듯 다른 사람도 모두 그들의 자녀를 사랑하고 있다. 이처럼 생각한다면 내가 내 부모나 자식을 사랑하듯 다른 사람들로 하여금 그들의 부모나 자식을 사랑하게 하여야 한다. 조금이라도 다른 사람이 그들의 부모나 자식을 사랑하는 것을 방해해서는 안 된다. 이것이 바로 맹자가 말하고자 하는 "나의 노인을 노인으로 대하는 것을 타인의 노인에게 미치게 하고, 나의 어린애를 어린애로 대하는 마음을 타인의 어린애에게 미치게 함"(老吾老而及人之老 幼吾幼而及人之幼)이며 "그 하는 바를 잘 미루어 감"(善推其所爲)이다. 맹자는 "하늘이 만물을 낳음에 그 근본을 하나로 했는데, 이제 이자(夷子)의 경우는 근본을 둘로 하고 있다"[28]고 비판하였다. 내가 내 부모를 모시는 그 마음을 잘 미루어 가서 다른 사람의 부모에게까지 미치게 하고, 나의 자식을 사랑하는 그 마음을 미루어 다른 사람의 자식에까지가 닿게 하는 것은 하나의 근본에서 나오는 것이요, 충서(忠恕)를 행함이기도 하다. 충서는 곧 인을 행하는 방법이다. 충서의 도를 충분히 행하는 것이 곧 인을 행하는 것이다. 인을 행한다는 것은 결코 억지로 만들어 내는 것이 아니다. 사람에게는 본래 측은지심과 불인인지심(不忍人之心)이 있다. 충서의 도를 행하고 인을 행하는 것은 곧 이 마음을 충분히 확충시킨 것이다. 유가 역시 겸상애(兼相愛)를 주장한다. 그러나 사랑에 차등이 있다는 것을 넘어서지는 않는다.

사랑에는 차등이 있다는 주장이 곧 타인을 사랑하지 말라는 것을

---

28) 같은 책, 같은 곳, "且天之生物也 使之一本 而夷子二本故也."

뜻하지는 않는다. 그 부모를 더욱 사랑하라는 말이다. 공자는 인을 "사람을 사랑하는 것"이라고 했다. 묵가도 이를 찬성한다. 그러나 "인자는 그 부모를 더욱 사랑한다"는 말에는 동의하지 않는다. 묵가의 사랑은 타인보다 제 부모를 더 사랑하거나 제 부모보다 타인을 더 사랑하는 것과 같은 차등적 사랑이 아니다. 묵가의 방식은 결과적으로 타인을 더 사랑하게 되고 부모에 대한 사랑은 점차 줄어들게 된다. 타인에 대한 사랑과 부모에 대한 사랑에 차별이 사라진다. 이렇게 되어 족히 그 부모를 단지 부모로서 섬기지 못한다는 것이 바로 맹자가 묵자의 겸애가 아비의 존재를 부정하는 것임과 근본을 둘로 함임을 지적하게 된 이유이다. 엄격하게 말한다면 사랑에 차등이 없다는 것은 모든 개개인을 고루 같이 사랑하는 것이요, 만약 이와 같다면 개개인의 본관은 하나가 된다. 주자(朱子)가 "사랑에 차등이 없다면 어찌 근본이 두 개일 뿐이겠는가? 천만 개도 넘는다"[29]고 한 것은 바로 이를 두고 한 말이다.

묵가는 이렇게 말할 수 있다. "우리가 비록 사랑에는 차등이 없다고 하지만, 베푸는 것은 바로 부모로부터 말미암는다". 그러면 유가는 물을 것이다. "왜 부모로부터 시작하는가? 만일 그렇다면 원칙상 그들은 본래 그들의 부모를 먼저 사랑한 것이다. 그리고 이것은 바로 그들이 부모를 타인보다 더 중요하게 여긴 것이니, 이는 사랑에 차등이 없는 것이 아니다." 사실 부모가 바로 곁에 있기 때문에 타인에 대한 사랑보다 부모에 대한 사랑이 앞서야만 한다면, 이것은 부수적인 조건을 갖고 있어야만 한다. 만약 부모가 곁에 없다면 "사랑을 베푸는 것은 부모로 말미암아 시작된다"고 할 필요가 없다. 따라서 "사랑을 베푸는 것은 부모로부터 비롯한다"는 말로서는 사랑에 차등이 없다는 주장의 병폐를 결코 구제할 수 없다.

---

29) 朱熹, 《孟子纂疏》에서 인용, "愛無差等 何止二本 蓋千萬本也."

묵가의 겸애설과 유가의 인 사이의 이러한 차이는 이미 맹자가 지적해 낸 것이며 앞사람들이 밝혀 왔던 것이다. 이 밖에 또 하나 중요한 차이가 있는데 이것은 맹자도, 그 이전의 어느 누구도 말하지 않은 것이다.

인은 사람을 사랑하는 것이라고 공자가 말했고 묵가도 이에•찬성한다. 나는 다음과 같이 묻고자 한다. "인이란 무엇을 위해 남을 사랑하는 것인가?" 이 문제에 대한 답은 유가와 묵가가 서로 다르다. 유가의 답은 아마도 "사람에게는 남에게 차마 하지 못하는 마음이 있다. …이제 어린애가 우물 속으로 기어 들어가려 하면 누구나 다 겁이 나고 측은히 여기는 마음이 생긴다. …측은히 여기는 마음은 인의 단서이다."[30] 인의 단서를 확충한 사람이 인인(仁人)이다. 인인은 그 측은지심에 근본하여 한 사람이라도 제 구실을 다하지 못하는 것을 참지 못한다. 따라서 그는 남을 사랑하고 남을 이롭게 한다.

그러나 묵가가 내놓은 답은 다르다. 그들은 분명 겸애의 도는 국가 백성의 이익에 부합된다고 할 것이다. 그들은 다음과 같이 말한다.

> 인인(仁人)의 할 일은 반드시 천하의 이로움을 증진시키는 데 힘쓰고 천하의 해로움을 제거하는 데 힘쓰는 것이다. 그런데 오늘날 천하의 해로움 가운데 가장 큰 것이 무엇인가? 대국이 소국을 공격하고 대가가 소가를 약탈하는 것이다. 강한 자가 약한 자를 겁주고 많이 소유한 자가 적게 지닌 자를 포악하게 대하며, 교활한 자가 우매한 자를 이용하고, 신분이 귀한 자가 천한 자에게 오만하다. 이것이야말로 천하의 큰 폐해이다. …모든 악이 어디서 유래하는지 그 본원을 검토해 보자! 모든 해악이 저절로 생겨난 것인가? …겸애할 것인가 별애(別愛)할 것인가 물으면 반드시 별애라 할 것이다. 그러나 사랑에 차별을 둔다면 그 결과로 천하의 큰 해악이 일어나고 말 것이다. 그렇지 않겠

---

30) 《孟子》, 〈公孫丑上〉, "人皆有不忍人之心… 今人乍見孺子將入井 皆有 怵惕惻隱之心 … 惻隱之心 仁之端也."

는가? 이런 까닭에 차별은 옳지 않다. …어떤 것을 옳지 않다고 하는
자는 반드시 그 대안을 갖고 있는 법이다. 그러므로 묵자는 '겸'(兼)으
로 '별'(別)을 대체한다고 말했다. [31]

이것이 묵자가 겸애를 주장하는 이론적 논거이다. 묵자의 이론은
공리주의라 할 수 있다. 그러나 유가는 공리주의를 반대한다.
묵가 사상의 이론적 근거는 전적으로 공리주의적이다. 예를 들면
묵가는 간소한 장례와 짧은 기간의 복상을 주장하고 있는데 그 이론
적 근거는 다음과 같다. "후장(厚葬)은 많은 재화를 땅 속에 묻는 것
이요, 구상(久喪)은 오랫동안 노동을 막는 일이다. 이미 애써 생산한
재화를 파묻고, 새로운 재화의 생산을 오랫동안 막는 결과를 낳는다.
이렇게 하고서 부를 구한다는 것은 마치 밭갈이를 금하고서 수확을
얻으려는 것과 같으며…또한 칼로 자기 몸을 해치면서 오래 살고자
함과 같다."[32] 이러한 주장은 유가에서 후장을 하는 이유로 제시하는
것과 아주 대조적이다. 맹자는 묵가의 한 사람인 이자(夷子)를 비난
하며 장례의 기원을 밝히고 있다.

상고 시대에는 그 부모를 장례하는 법이 없었다. 부모가 늙어 죽으면
끌어다 구렁텅이에 처박아 두는 것이 고작이었다. 어느 날 우연하게도
부모 시신이 놓인 곳을 지나다가 여우와 승냥이가 시신을 파먹고 개미
와 땅강아지, 파리떼가 들끓는 것을 보고 그 이마에 땀이 흘렀다. 차

---

31) 《墨子》, 〈兼愛下〉, "仁人之事者 必務求興天下之利 除天下之害 然當
今之時 天下之害孰爲大曰 大國之攻小國也 大家之亂小家也 强之刦弱 衆
之暴寡 詐之謀愚 貴之傲賤 此天下之害也…姑嘗本原 若衆害之所自生…
兼與 別與 卽必曰別也 然則之交別者 果生天下之大害者與 係故別非也
…非人者必有以易之…是故子墨子曰 兼以易別."
32) 같은 책, 〈節葬下〉, "計厚葬爲多埋賦財者也 計久喪爲久禁從事者也 財
其成者 狹而埋之 後得生者 而久禁之 以此求富 此譬猶禁耕而求穫也…
以此求衆譬猶使人負劍而求其壽也."

마 그 처참한 정경을 바로 바라볼 수 없었던 것이다. 그가 땀을 흘린
것은 남을 위하여 흘린 것이 아니다. 마음 가운데 있는 것이 얼굴에
나타난 것일 뿐이다. 그는 얼른 되돌아 가서 삽과 삼태기를 가져다가
흙을 파서 덮었다. 흙으로 덮는 것이 옳다고 한다면, 효자와 인인이
그 부모를 매장하는 것은 참으로 옳은 일이다. [33]

후장은 마음의 평안을 구하는 것이며, 구상 역시 마음의 평안을 구
하는 것이다. 결코 후장과 구상이 경제적 이해를 고려해서 행해지는
것은 아니다.

묵가는 국가 사회의 기원 역시 공리주의적으로 설명한다. 그들은
다음과 같이 국가의 기원을 설명한다.

옛날, 사람이 생겨나고 아직 형벌의 제도가 확립되지 않았을 때, 그
사용하는 언어의 의미가 사람에 따라 서로 달랐다. …따라서 각자 자
기의 주장은 옳다 하고, 타인의 주장은 옳지 않다고 하게 되어 서로
비난하게 되었다. 이에 안으로는 부모 형제가 서로 원망하고 미워하게
되어 뿔뿔이 흩어져 화합하지 못했고, 밖으로는 천하의 백성들이 모두
물, 불 또는 독약으로 서로를 해쳤다. 힘이 남아도 남을 위해 쓸 줄
모르게 되었고 재화가 썩어 가도 나누어 가질 줄 모르는 지경이 되었
다. 좋은 사상은 숨기고 남에게 알리지 않았다. 천하의 어지러움이 마
치 금수의 세계 같았다. 천하가 어지럽게 된 것은 분명 정치적 지도자
가 없는 데서 비롯되었다. 그러므로 천하의 어진 인물을 뽑아서 천자
로 세운 것이다. [34]

---

33) 《孟子》, 〈滕文公上〉, "蓋上世嘗有不葬其親者 其親死 則舉而委之於壑
他日過之狐狸食之 蠅蚋姑嘬之 其顙有泚 睨而不視 夫泚也 非爲人泚 中
心達於面目 蓋歸 反虆梩而掩之 掩之誠是也 則孝子仁人之掩其親 亦必有
道矣."
34) 《墨子》, 〈尙同上〉, "古者民始生 未有刑政之時 蓋其語 人異義 … 是以
人是義 以非人之義 故交相非也 是以內者 父子兄弟相怨惡 離散不能相和
合 天下之百姓 皆以水火毒藥相虧 至有餘力不能以相勞 腐朽餘財 不以相

국가 사회의 기원이 이와 같으니 그 존재 근거는 "있으면 유익하고 없으면 해롭다"는 데 있다. 이것은 공리주의적 설명 방식이다.

유가의 견해는 이와 다르다. 맹자는 국가의 기원을 다음과 같이 설명했다.

> 후직(后稷)이 백성들에게 농사법을 가르치니 오곡이 무성하여 백성들의 생활이 넉넉하게 되었다. 사람에게는 도가 있으니 배불리 먹고 따뜻하게 입고 편안히 산다 하더라도 가르침이 없으면 짐승에 가깝다. 성인이 이를 근심하여 설(契)로 하여금 사도(司徒)를 삼아 인륜으로써 가르치니, 곧 부자유친, 군신유의, 부부유별, 장유유서, 붕우유신이다.[35]

인륜이 있다는 것이야말로 사람이 짐승과 구별되는 점이다. 국가 사회의 기원 또한 인륜이 있다는 데서 찾아야 한다. 사람에게 인륜이 필요한 까닭은 이것이 없으면 금수에 가깝기 때문이다.

혹 다음과 같이 물을 수 있다. "묵가가 주장하는 겸애설은 국가 백성의 이익에 부합된다. 국가 백성의 이익은 공리이다. 유가도 공리를 의(義)의 내용으로 삼는다 했으니 묵가가 주장하는 겸애는 바로 사람들에게 의를 행하라고 가르치는 것이 된다. 그렇다면 이것은 유가와 어떤 차이가 있는가?" 이것은 좋은 질문이다. 그런데 이상에서 말한 유가와 묵가의 견해 외에 우리는 다시 하나의 질문을 던질 수가 있는데, 그것은 곧 유가와 묵가의 차이점에 대하여 좀더 신선한 빛을 던져 줄 것이다.

分 隱匿良道 不以相敎 天下之亂 若禽獸然 未明乎天下之所以亂者 生於無政長 是故選天下之賢可者 立以爲天子."

[35] 《孟子》, 〈滕文公上〉, "后稷敎民稼穡 五穀熟而民人育 人之有道也 飽食煖衣逸居而無敎則近於禽獸 聖人有憂之 使契爲司徒 敎以人倫 父子有親 君臣有義 夫婦有別 長幼有序 朋友有信."

유가는 '인은 사람을 사랑하는 것'이라고 했고, 사람에게는 '차마 하지 못하는 마음'이 있는데, 이 차마 하지 못하는 마음을 확충하기에 사람을 사랑할 수 있다고 한다. 이에 우리는 다시 다음과 같은 질문을 던질 수 있다. 즉 "사람은 어째서 그 차마 하지 못하는 마음을 확충해야 하느냐"고. 이 물음에 대한 유가의 답은 다음과 같다. "사람에게는 차마 하지 못하는 마음이 있고, 바로 이것이 사람과 짐승이 구별되는 것이기 때문이다." 맹자는 "사람이 사람되는 바는 매우 미소하다. 일반인은 이를 저버리지만 군자는 이를 보존하여 지킨다"[36]고 했다. 사람이 사람되는 바란 곧 사람이 다른 짐승과 구별되는 바를 말한다. 사람이 이미 사람이라면 그는 그가 사람되는 바의 본질을 구현해야 한다. 사람이 그가 지닌 남에게 차마 하지 못하는 마음을 확충하는 것은 사람이 사람된 바의 본질을 실현하는 것이 된다. 이렇게 한다 해서 그에게 어떤 이익이 생겨나는 것은 아니다.

묵가는 사람은 모름지기 겸애해야 하는데 겸애하면 국가 백성에게 이익이 된다고 주장한다. 이에 대하여 우리는 "왜 국가와 백성의 이익을 추구해야 하느냐?"고 물을 수 있다. 묵가의 답은 다음과 같다. "국가와 백성의 이익을 추구하는 것이야말로 자기 개인의 이익을 얻을 수 있는 최선의 방법이 되기 때문이다." 묵가는 "남을 사랑하면 남들도 반드시 그를 사랑할 것이며, 남을 이롭게 하면 남들도 반드시 그를 좇아 그를 이롭게 하고, 남을 미워하면 남들도 반드시 따라서 미워하며, 남을 해치면 남들도 반드시 따라서 그를 해친다"[37]고 주장한다. 그뿐만 아니라 묵가의 설명 방식에 비추어 보면 겸애를 하는 사람에게 상제는 상을 주며 귀신도 국가도 그에게 상을 준다. 그는 많은 상을 탈 수 있다. 겸애하지 않는 자는 상제가 그를 벌할 것이

---

36) 같은 책, 〈離婁下〉, "人之所以爲人者幾希 庶民去之君子存之."
37) 《墨子》, 〈兼愛中〉, "夫愛人者人必從而愛之 利人者人必從而利之 惡人者人必從而惡之 害人者人必從而害之."

요, 귀신도 벌할 것이요, 국가도 벌할 것이니, 그는 많은 벌을 받을 것이다. 한 개인의 이익으로 말한다면 겸애를 하면 많은 이익이 있고 해는 조금도 없다. 반면 겸애를 하지 않으면 온갖 해가 있을지언정 조금의 이익도 없다.

유가의 의(義)와 이(利)의 분변(分辨)에 비추어 보면, 자기의 이익을 위해 겸애하는 사람은 그 행위가 비록 남을 이롭게 한다 해도 엄격하게 말한다면 그는 이를 좇은 것이지 의를 행한 것이 아니다. 겸애가 그 자신의 이익이 되기 때문에 겸애해야 한다고 말한다면 이는 조건이 있어서 겸애한 것이므로 조건적 행위이지 그 자체를 위한 행위, 즉 무조건적 행위는 아니다. 유가와 묵가의 근본적인 차이점은 바로 여기에 있다. 《맹자》에 다음과 같은 내용이 있다.

송경(宋牼)이 초나라로 가는데 맹자가 석구(石丘)에서 그를 만나 "선생은 장차 어디로 가시렵니까?" 하고 물었다. 송경은 대답하기를 "나는 진과 초가 무력을 증강한다고 들었소. 나는 초왕을 만나서 설득하여 군비 확장을 중지시키겠소. 초나라 왕이 듣지 않는다면 진나라 왕에게 가서 설득하여 그만두게 할 참이오. 나는 두 왕을 만나러 가는 참이오" 하였다. 맹자가 "자세히 묻지는 않겠습니다만 어떻게 그들을 설득하려 하는지 대략만이라도 말씀해 주십시오" 하자, 송경은 "그렇게 하는 것이 결코 이롭지 못하기 때문이라는 것이오" 하였다. 이에 맹자는 "당신의 뜻은 참으로 위대합니다만 당신의 명목은 옳지 않습니다" 하였다.[38]

아마도 맹자는 묵자에 대해서도 이처럼 말했을 것이다.

---

38) 《孟子》, 〈告子下〉, "宋牼將之楚 孟子遇於石丘曰 先生將何之 曰吾聞秦楚構兵 我將見楚王說而罷之 楚王不悅 我將見秦王說而罷之 二王我將有所遇焉 曰軻也請無問其詳願聞其指 說之將何如 曰我將言其不利也 曰先生之志則大矣 先生之號則不可."

  내가 《신원인》(新原人)에서 말한 표준에 비추어 보면, 자기의 이익을 위하여 겸애하는 사람은 그 행위가 비록 도덕적 행위에 부합된다 해도 그것은 결코 도덕적 행위가 아니다. 그의 행위는 비록 도덕에 일치하더라도 그 경계는 공리 경계이다. 나는 묵가를 공리 경계라고 말할 수 있다. '극고명이도중용'(極高明而道中庸)의 표준에 비추어 보면 묵가의 학설은 '고명'의 표준에는 부합하지 못한다. 그렇다고 해서 묵자 본인이나 그의 추종자들이 모두 공리 경계라고 할 수는 없다. 묵자 본인으로 말하면 그는 온 몸이 닳아 없어져도 천하를 이롭게 하는 일이라면 했을 사람이다. 그의 경계는 적어도 도덕 경계이다. 그러나 그의 가르침을 받아 자기 이익을 위해 겸애를 한 사람이 있다면 그들의 경계는 공리 경계이다. 묵자의 학설이 공리 경계라는 말이다. 그러나 이 말이 겸애를 해서는 안 된다는 것을 의미하지는 않는다. 단지 묵가에서 말하는 식의 겸애는 안 된다는 것이지, 어찌 겸애를 하지 말라고 할 수 있는가? 이는 바로 도가가 유가를 비판하면서 인의를 끊어 버리라고 한 것과 맥락을 같이한다. 그들은 결코 불인, 불의를 가르친 것이 아니다. 다만 유가에서 말하는 식의 인의는 오히려 안 되겠다는 것일 뿐이지 어찌 그들이 불인, 불의를 행하라고 하였겠는가?

제 3 장

변론의 철학

1장에서 초기 유가는 추상의 세계에도 초월의 세계에도 도달하지 못했다고 말했다. 경허섭광(經虛涉曠)의 철학은 반드시 형상을 초월해야 한다. 경허섭광한 사람은 형상의 세계 밖(象外)에서 노닌다. 형상을 초월하는 철학이 있은 후에야 비로소 형상의 세계 밖에 자유롭게 노닐 수 있다. 인간은 반드시 경허섭광한 후에야 최고의 경계에 도달할 수 있고, 철학은 반드시 경허섭광한 후에야 비로소 극고명의 표준에 부합할 수가 있다.

이른바 형상 세계의 밖이라 할 때 크다, 작다, 모나다, 둥글다, 길다, 짧다, 검다, 희다 등이 모두 형상에 해당한다. 경험적 대상, 경험 가능한 대상은 모두 형상을 지닌 것이다. 이것들은 모두 '형상 안에 있다'고 할 수 있다. 형상을 지닌 것은 형상 안에 있는 것으로서 모두 경험적 대상이거나 경험 가능한 대상이다. 인간의 감각 능력은 유한하고, 감각 경험의 대상만으로는 '형상을 지닌 것'을 망라할 수 없으므로 경험 가능한 것도 포함시킨 것이다. 또 감각을 신체적 감각

기관의 감각에 국한하지 않고 내심의 감각도 포함한다. 예를 들면 물리학에서 말하는 원자, 전자 등은 모두 직접 경험할 수 있는 것은 아니며, 또 그 밖에 감각적 대상이기는 하나 직접 경험할 수 없는 것도 있다. 아주 예민한 감각 능력이 있다면 우리는 탁자나 의자를 지각하듯 원자와 전자를 경험할 수 있을 것이다. 그래서 원자나 전자는 경험 가능한 대상이라고 했다. 형상을 지닌 것은 이른바 사물들이므로 형상의 세계 밖이라는 말은 곧 '사물의 세계 밖'(物外)이라는 말이 되기도 한다.

형상을 초월한다는 것이 일반적으로 말하는 초자연을 의미하는 것은 아니다. 예를 들어 종교 가운데 초자연적 신을 말하는 경우가 있다.' 그것을 초자연이라 하지만 그 뜻은 자연의 위에 혹은 자연에 앞서서 자연 법칙의 지배를 받지 않는다는 것이다. 그런데 그것은 인격적·의지적·지적·능력적 존재이다. 그것은 허다한 형용사로 수식될 수 있지만 결코 경험적 대상은 아니다. 경험 가능의 대상이다. 그렇다면 그것은 모습을 지닌 것이 되며, 모습을 지녔다면 형상을 초월했다고 할 수 없다.

형상을 초월한다는 것이 《신이학》[1]에서 말하는 '추상'을 뜻하지도 않는다. 《신이학》에서 말하는 추상은 서양 철학의 용어이며 '구체'와 상대되는 말이다. 추상은 형상을 초월하지만 형상을 초월한다고 해서 반드시 추상적인 것은 아니다. 예를 들어 정사각형의 이치는 추상적이고, 말할 것도 없이 형상을 초월한 것이다. 그러나 정사각형의 이치가 정사각형의 모양이라고 생각하는 사람이 있는데, 그렇다면 그들에게 정사각형의 이치는 결코 형상을 초월하는 것이 아니다. 물론 이같은 생각은 잘못이다. 정사각형의 이치는 정사각형이 정사각형으로 되게 하는 까닭에 지나지 않는다. 만약 구체적인 사물이 정사각형인

1) 《신이학》(新理學)은 펑 여우란 박사가 1938년에 출간한 책의 제목이다. 저자는 이 책에서 자기 사상 체계의 형이상학적 견지를 다루었다.

것들이 정사각형으로 되게 하는 까닭과 부합한다면, 그러면 그것은 정사각형의 사물이다. 정사각형의 사물들이 정사각형으로 되게 하는 것은 결코 사물이 아니다. 따라서 그것은 형상이 없으며 있을 수도 없다. 정사각형의 이치는 정사각형이 아니다. 그러므로 이것을 정사각형이다, 정사각형이 아니다 하고 말할 수 없다. 이는 바로 움직임의 이치가 움직이지 않음과 변화의 이치가 변하지 않음과 같다. 그러므로 우리는 이들 원리에 대해 움직인다거나 변한다고 할 수도 없고 움직이지 않는다거나 변하지 않는다고 할 수도 없다.

형상을 초월한다 해서 반드시 추상적인 것은 아니다. 예를 들면 《신이학》에서 말한 기(氣)는 형상을 초월하나 추상적인 것은 아니다. 기는 형상을 초월하기 때문에, 우리는 어떤 형용사로도 기를 형용해 낼 수 없다. 우리는 기에 대해 "그것은 무엇이다" 하고 말할 수 없다. 우리의 지식이 부족해서도 아니고, 그것을 형용해 낼 언어가 빈곤해서도 아니다. 그것이 본래 생각될 수도 표현될 수도 없는 것이기 때문이다. 기는 형상을 초월하는 것이지만, 사물이 사물되는 까닭으로서의 이(理)와 같은 것이 아니기에 추상적인 것이 아니다.

《신이학》에서 말한 우주나 도의 본체(道體)도 형상을 초월하지만 역시 추상적인 것은 아니다. 우주란 존재하는 것의 전체이며 도체란 모든 생성(流行)하는 것의 전체이다. 이들 전체는 전적으로 불가사의한 것이다. 또한 설명할 수도 없다. 만약 이것들이 생각되거나 표현될 수 있다면 이 생각과 표현은 하나의 존재, 하나의 생성에 관한 것일 뿐이다. 이 존재, 이 생성은 생각하거나 말할 수 있는 전체 속에 포괄되는 것이 아니다. 그 생각하거나 말할 수 있는 바의 전체는 곧 전체가 아니다. 그것은 우주도 도체도 아니다. 우주와 도체는 생각될 수도 없고 말로 표현될 수도 경험될 수도 없다. 우주가 되고 도체가 되는 것도 전적으로 형상을 초월한다. 다만 우주는 구체적 세계를 포괄하고 있고, 도체도 모든 생성을 포괄하므로 결코 추상적이지 않다.

우주와 기는 추상적이지 않다. 그렇다고 구체적인 것도 아니다. 기는 구체적이지 않다. 구체적 사물은 반드시 제각기 고유한 성질을 갖는데 기에는 그런 성질이 없다. 우주도 구체적이 아니다. 그것의 전체 속에 추상적인 원리를 포괄하고 있기 때문이다. 도체는 구체적이다. 그러나 그것 역시 형상을 초월한다.

이상에서 형상을 초월한다는 말의 뜻을 풀이하였다. 중국 철학사에서 가장 먼저 진정으로 형상을 초월한 철학은 명가(名家)에 의해 이루어졌다. 중국 고대의 명가는 변자(辯者)로부터 나왔다. 그 가운데 대표적인 인물은 혜시(惠施)와 공손룡(公孫龍)이다. 《장자》(莊子), 〈추수〉(秋水) 편에서 공손룡은 다음과 같이 말한다.

> 나는 동(同)과 이(異)를 합치시키고, 견(堅)과 백(白)을 분리시키며, 옳지 않은 것을 옳게 하고, 불가능한 것을 가능하게 하며, 모든 사람들의 지식을 곤란에 빠뜨리고, 많은 사람들의 논증을 궁지에 몰아 넣는다. [2]

〈추수〉편의 이 기록은 공손룡이 말한 것으로 되어 있지만 실상은 당시 일반인이 변자들에 대해 갖고 있는 인상이었다. 〈천하〉(天下) 편에는 이렇게 기록되어 있다. "환단, 공손룡 등 변자의 무리들은 사람들의 마음에 사기성이 농후한 마술을 걸어 그들의 뜻을 바꾸고 남의 입을 이길 수는 있었으나 그들의 마음을 굴복시킬 수는 없었다. 이것이 변자들의 약점이다. …그러나 혜시는 스스로 자기가 가장 지혜롭다고 여겼다. …그는 남들을 반박하는 것으로써 자기의 일로 삼고, 논변에서 남을 이기는 것으로써 이름을 얻고자 했는데, 이 때문에 그

---

2) 《莊子》, 〈秋水〉, "合同異 離堅白 然不然 可不可 因百家之知 窮衆口之辯."

는 사람들과 잘 어울리지 못했다."[3] 사마담(司馬談)은 《논육가요지》(論六家要指)에서 "명가는 복잡한 명제들에서 사소한 문제들을 철저하게 검토하여 사람들로 하여금 그들의 의사를 반박하지 못하게 했고, 오로지 명칭의 문제를 해결하려다 상식에서 벗어나고 말았다"[4]고 평하였다. 이것은 고대인들의 변자들에 대한 비평을 대표하는 것으로 당시인들의 변자에 대한 인상을 잘 나타내고 있다.

　이 비평은 변자들 일반에 관한 것으로서 과히 틀리지 않는다. 변자들은 대체로 변론을 위한 변론을 했다. 일반인들이 당연시하는 것을 그들은 그렇지 않다고 했고, 일반인들이 옳지 않다고 여기는 것은 오히려 옳다고 우겼다. 그래서 그들은 남을 반박하는 것을 임무로 삼았다. 변론을 위한 변론이었으므로 반드시 이기려 했으며, 남을 이기는 것을 높은 명예로 여겼다는 비난이 나오게 되었다. 이처럼 논변을 위한 논변은 왕왕 그들과 논변하는 자들을 궁지에 몰아넣어 한때 할 말이 없게 만들었다. 그들은 종종 논적들로 하여금 자기 모순에 빠지게 만들었다. 그래서 그들 자신도 확실한 의사가 무엇인지 분명하지 못하게 하고, 그들이 자신들의 논증의 틀린 점과 전후의 모순이 어디에 있는지를 모르게 하였다. 이것이 바로 "남의 마음에 마력을 불어넣어 그들의 의사를 바꾸어 놓았으며, 사소한 것까지 세밀히 검토하여 그들의 의사에 반대하지 못하게 했다"는 평의 내용이다. 그러나 이런 종류의 논변은 단지 한때 답변을 궁하게 했을 뿐이요, 상대로 하여금 진심으로 기쁜 마음으로 굴복하게 하지는 못했다. 이것이 이른바 "남의 입을 이길 수는 있었으나 그들의 마음을 굴복시키지는 못했다"는 것이요, 이것이 바로 변자들의 약점이었다.

---

　3) 같은 책, 〈天下〉, "桓團公孫龍 辯者之徒 飾人之心 易人之意 能勝人之口 不能服人之心 辯者之囿也 … 然惠施之口談 自以爲最良 … 以反人爲實 而欲以勝人爲名 是以與衆不適也."
　4) 司馬談, 《論六家要指》, "名家苛察繳繞 使人不得反其意 專決於名 而失人情."

변자들의 주장은 대개가 파괴적이었다. 남들이 동쪽을 말하면 그들은 서쪽을 말했고, 남쪽을 말하면 북쪽을 이야기했다. 그들의 논증은 남들과 맞지 않았다. 그러나 그것이 바로 그들이 희망했던 바였다. 그들의 의도는 다른 학설을 세우는 것이었다. 그들은 비록 자기 나름의 사물에 대한 체계적 견해를 반드시 가질 수는 없었지만, 논변을 위한 논변으로 일반인들이 사물에 대해 지니고 있는 견해를 논파하고 일시적으로 그들을 침묵시키는 데 그 뜻이 있었다. 그들의 논증은 남을 마음속으로 굴복시킬 필요도 없었고 참일 필요도 없었다. 그들의 변론은 상대로 하여금 자기 견해에 대해 일종의 반성을 하게 하는 데 목적이 있었으며 이것은 그들의 상대에게 참으로 좋은 역할을 했다.

일반인들이 알고 있는 것은 대체로 형상을 지닌 것에 국한된다. 변자들은 일반인들의 견해를 대체로 옳지 않게 여겼다. "옳지 않은 것을 옳다 하고, 불가한 것을 가하다 했다"는 평은 바로 여기에 연유한다. 그들은 사물에 대한 일반적 견해들을 모두 비판했다. 《장자》, 〈천하〉편에 기록된 변자들의 논증의 예가 21개인데, 이는 모두 사물에 대한 일반적인 견해들을 비판한 것이다. 일반적인 견해로는 불은 뜨겁고, 날으는 새의 그림자는 움직이며, 흰 개는 희고, 개는 개이며 양은 양이다. 그러나 변자들은 '불은 뜨겁지 않다', '날으는 새의 그림자는 움직이지 않는다', '흰 개는 검다', '개는 양이 될 수 있다'고 말한다.

이 같은 비판은 형상 세계에 대한 비판이라 할 수 있다. 가령 변자의 손을 잡아 불 속에 집어 넣으면서 그 불이 뜨거운지 그렇지 않은지 시험해 보라고 한다면, 그는 불이 뜨겁다고 느낄지라도 그 불은 뜨겁지 않다고 말할 수 있을 것이다. 똑같은 경우가 그를 밖으로 끌고 나가 흰 개를 보게 했을 때에도 해당된다. 변자는 여전히 그 개가 검다고 말할 것이다. 사물에 대한 상식적 견해에 가한 그들의 비판은 형상 세계에 대한 비판으로 발전할 수 있다. 그들은 교묘하게 일반인과 반대되는 견해를 내세울 뿐만 아니라, 형상 세계에 대해서도 동일한 비판을 가한다. 〈천하〉편에 나열된 21개의 예들은 모두 이런 식으로 해석할 수 있다.

형상 세계에 맞서서 그것을 비판하려면, 또 그것이 논쟁을 위한 논쟁이 아니라면, 그 비판자는 형상을 초월한 세계에 관한 지식을 갖고 있고, 또 비판의 목적을 이루기 위한 기준을 지녀야만 한다. 형상을 초월한 관점에서 비판을 했다는 것은 곧 그들이 그 세계에 대해 알고 있다는 것을 의미한다. 만일 그들이 이러한 지식을 갖고 있다면 그의 논증은 단순히 파괴적인 것만은 아니다. 일반인들이 사물에 대하여 갖고 있는 견해에 가한 변자들의 비판은 대체로 형상 세계에 관한 비판이었고 주로 논증을 위한 논증이었으며, 그래서 단순히 파괴적이었다. 그러나 명가의 중심 인물인 혜시와 공손룡은 이미 형상을 초월한 세계에 도달해 있었고, 그들의 주장은 그저 파괴적인 것만은 아니었다. 도가는 이들을 반대하지만 실제로 이 두 사람은 도가 철학의 구축에 필요한 적지않은 기초를 확립해 놓았다.

《장자》, 〈천하〉편에 기록되어 있는 혜시의 학설은 열 개로, 이른바 혜시의 열 개의 단편이라 불린다. 제1단편은 다음과 같다.

> 지극히 큰 것은 밖이 없다. 이를 태일(太一)이라 한다. 지극히 작은 것은 안이 없다. 이를 소일(小一)이라 한다.[5]

이것은 혜시가 발견한 하나의 기준이요 관점인데, 이를 사용하면 얼마든지 형상 세계나 사물에 대한 일반적 견해를 비판할 수가 있다. 이 두 개의 명제는 이른바 형식 명제로서 실제로는 전혀 긍정할 수가 없는 것이다. 실제에서 어떤 것이 가장 큰 것이며 어떤 것이 가장 작은 것인지 도무지 말할 수 없다. 이 주장은 형상을 초월한 것에 관한

---

5)《莊子》, 〈天下〉, "至大無外 謂之大一 至小無內 謂之小一."

것이다. 이 두 명제의 의미를 충분히 이해하기 위해서 먼저 《장자》,
〈추수〉편을 검토해야만 한다.

〈추수〉편에 다음의 기록이 나온다. 하백(河伯)이 해약(海若)에게
묻는다. "그렇다면 큰 것은 천지요, 작은 것은 털 끝이라 하면 되겠
는가?"[6] 이에 해약은 다음과 같이 대답한다. "사람이 아는 것을 헤
아려 보면 그가 알지 못하는 것에 미치지 못한다. 사람이 이 세상에
서 사는 기간은 태어나기 이전의 유구한 시간에 미치지 못한다. …어
찌 털 끝이 족히 지극하게 작은 것이라고 규정할 수 있으며 천지가
지극히 큰 것이라고 말할 수 있겠는가?"[7] 여기서 말하는 천지는 일
반적으로 말하는 물질적 천지이지, 우주 혹은 태일은 아니다. 천지를
지극히 크다 하고 털 끝을 지극히 작다고 하면, 이는 실제적으로 주
장하는 것이다. 이 두 개의 명제는 실증적 명제이다. 그러나 이 명제
가 옳다고 할 수는 없다. 우리의 경험에 의하면 하늘과 땅이 가장 큰
것이라고 자신있게 완전히 결정지을 수가 없고 털 끝이 가장 작은
것이라고 결론지을 수도 없기 때문이다. 형상 세계에서의 사물들의
크고 작음은 모두 상대적이다. "다른 것에 비해 크기 때문에 크다고
한다면 만물은 크지 않은 것이 없다."[8] 무릇 어떤 사물이든지 작은
것에 비해서는 크고, 큰 것에 비해서는 작다. 따라서 털 끝은 가장
작고 천지는 가장 크다고 말할 수 없다.

형상 세계에서 경험에 의존하여 어떤 것이 가장 크고 어떤 것이 가
장 작다고 단정할 수는 없다. 경험 세계를 떠나서야 무엇이 최대이고
무엇이 최소인지 말할 수 있다. "지극히 커서 밖이 없는 것을 태일이
라 하고, 지극히 작아 안이 없는 것을 소일이라 한다"는 명제는 일종

---

6) 같은 책, 〈秋水〉, "然則吾大天地而小毫末可乎."
7) 같은 책, 같은 곳, "計人之所知 不若其所不知 其生之時 不若未生之時
…又何以知毫末之足以定至細之倪 又何以知天地之足以窮至大之域."
8) 같은 책, 같은 곳, "因其所大而大之 則萬物莫不大 因其所小而小之 則
萬物莫不小."

의 형식 명제일 따름이다. 지극히 커서 밖이 없는 것은 절대적으로 큰 것이요, 지극히 작아 안이 없는 것은 절대적으로 작은 것이므로, 지극히 큰 것만이 지극히 큰 것일 수 있고 지극히 작은 것만이 지극히 작은 것일 수 있다. 절대적이므로 그들의 속성 또한 불변이다. 절대적·불변적 관점에서 절대적·불변적인 표준으로 형상 세계를 보면, 형상 세계에서의 사물들의 성질과 그 차이들은 상대적이고 가변적일 수밖에 없다.

혜시의 열 개의 단편 중 나머지 아홉 개 가운데 "두께가 없는 것은 쌓을 수는 없으나 그 크기는 천 리를 덮는다"[9]는 말이 있다. 이것은 작다, 크다 함이 상대적임을 말하는 것이다. 두께가 없는 것은 쌓을 수가 없다는 것은 '작다'고 할 수 있다. 단 두께가 없는 것은 체적은 없으나 면적은 있는 것인데, 면적은 천 리나 될 수 있으니 '크다' 할 수 있다. "하늘은 땅처럼 낮고 산은 연못처럼 평평하다."[10] 이 말은 높음과 낮음이 상대적임을 말하는 것이다. "태양은 남중(南中)하면서 바로 그 순간 기운다. 만물은 태어나면서 죽는다."[11] 이는 생사가 상대적임을 말하는 것이다. "크게 같은 것은 조금 같은 것과 다르다. 이를 조금 다르다고 한다. 만물은 모두 같고 또 모두 다르다. 이를 크게 다르다고 한다."[12] 이는 같음과 다름이 모두 상대적임을 말하는 것이다. "남쪽은 끝이 없으나 끝이 있다."[13] 이 말은 끝이 있다와 끝이 없다가 모두 상대적임을 말하는 것이다. "오늘 월나라에 갔다가 어제 왔다."[14] 이는 오늘과 어제가 상대적임을 밝히려는 것이다. "연

---

9) 같은 책, 〈天下〉, "物厚不可積也 其大千里."
10) 같은 책, 같은 곳, "天與地比 山與澤平."
11) 같은 책, 같은 곳, "日方中方睨 物方生方死."
12) 같은 책, 같은 곳, "大同而與小同異 此之謂小同異 萬物畢同畢異 此之謂大同異."
13) 같은 책, 같은 곳, "南方無窮而有窮."
14) 같은 책, 같은 곳, "今日適越而昔來."

결된 고리는 풀 수 있다."¹⁵⁾ 이는 만듦과 부서짐이 상대적임을 말한
것이다. "나는 천하의 중앙을 아는데 그곳은 연나라의 북쪽이고 월나
라의 남쪽이다."¹⁶⁾ 이는 중앙과 변방이 상대적임을 말한 것이다. "널
리 만물을 사랑하라. 천지는 일체이다."¹⁷⁾ 이는 사물간의 분별이 상
대적임을 말한 것이다. "만물은 모두 같고 또 모두 다르다." "그 다
른 점에서 보면 간과 쓸개는 마치 초나라와 월나라 사이처럼 멀다.
그 같은 점에서 보면 만물은 한 몸이다"¹⁸⁾라는 말은 장자가 형상 세
계에 대한 비평에서 얻은 결론인데 동시에 혜시가 갖고 있는 견해이
기도 하다.

이런 결론에 도달하면 형상을 초월한 세계에 관한 지식을 향해 커
다란 진보를 이룬 것이다. 여기에 이르면 태일이 어떻게 있는가를 알
뿐만 아니라 태일이 무엇인지도 알게 된다. "널리 만물을 사랑하라.
천지는 일체이다"라고 했을 때의 일체가 곧 태일이다. 이 일체는 천
지 만물을 포괄한다. 어떤 것이 그것의 밖에 있을 수 없다. 태일은
밖이 없다는 말이다. "지극히 큰 것은 밖이 없으니 이를 태일이라 한
다"는 말은 바로 이 뜻이다.

공손룡도 하나의 표준 혹은 관점을 제시했다. 이 표준을 사용하고
이 관점에 따르면 형상 세계나 사물에 대한 일반적 견해를 비판할 수
있다. 그는 서양 철학에서 말하는 보편자를 발견해 냈는데, 그는 이
를 '지'(指)라고 했다. 그가 보편자를 지라 한 것은 두 가지로 해석된
다. 첫째, 지란 명칭(名)이 가리키는 것을 뜻한다. 명칭이 가리키는

15) 같은 책, 같은 곳, "連環可解也."
16) 같은 책, 같은 곳, "我知天下之中央 燕之北 越之南 是也." 연나라는
    북쪽에, 월나라는 남쪽에 있었다.
17) 같은 책, 같은 곳, "汎愛萬物 天地一體也."
18) 같은 책, 〈德充符〉, "自其異者視之肝膽楚越也 自其同者視之萬物皆一
    也."

것은 개체이다. 공손룡은 "명칭은 실제(實)를 가리킨다"[19]고 말했는데, 여기서의 실이란 개체를 뜻한다. 그러나 명칭이 가리키는 것은 보편자이다. 예를 들면 말(馬)이란 명칭은 이 말, 저 말 등 개체를 가리키면서 동시에 말이라는 보편자를 가리킨다.[20] 또 흰색(白)이란 명칭은 하나의 흰 물건, 흰 것 등의 흰색을 나타내는 표현이며 흰색의 보편자를 가리킨다. 공손룡은 "흰 말은 말이 아니다"(白馬非馬)와 "딱딱함과 흰색은 분리되어 있다"(離堅白)를 논하였는데 이는 모두 흰말, 말, 딱딱함, 흰색 등을 보편자로 주장을 편 것이다. 보편자는 명칭이 가리키는 것(指)이므로 '지'(指)라 이름했다.

둘째, 지(指)는 지(旨)와 통한다. 예를 들면 사마담의 《논육가요지》(論六家要指)가 있는데 그것은 곧 육가의 요지(要旨) 혹은 핵심적 주장을 논한 것이다. 이렇게 해석하면, 공손룡이 말하는 지(指)는 서양 철학에서의 관념(concept, idea)에 해당한다. 이 때의 관념은 주관적 관념이 아니고 객관적 관념으로서 플라톤적 이데아이다. 플라톤의 이데아는 보편자이다.

공손룡의 〈백마론〉(白馬論)의 주요 내용은 흰 말은 말이 아니라는 것이다. 그가 변론을 위해 사용한 증명은 세 가지로 나누어 볼 수 있다. 첫째, "말(馬)은 형상을 가리키고, 흰색(白)은 색깔을 가리킨다. 색깔을 가리키는 것은 모양을 가리키지 않는다. 따라서 흰 말은 말이 아니다."[21] 이것은 말이라는 명칭과 흰색이라는 명칭의 내포로 말한 것이다. 말이라는 명칭의 내포는 말의 모양이고, 흰색이라는 명칭의

19) 《公孫龍子》, 〈名實論〉, "名 實謂也."
20) 중국어는 교착어나 굴절어가 아닌 고립어이기 때문에 형용사와 명사가 구별되지 않는다. 즉 보통 명사(common term)와 보편 명사(universal term)는 구별되지 않는다. 펑 여우란의 *A Short History of Chinese Philosophy* (New York: The Free Press, 1966), 90면 참조.
21) 《公孫龍子》, 〈白馬論〉, "馬者 所以命形也 白者 所以命色也 命色者非命形也 故白馬非馬."

내포는 색깔의 일종이다. 흰 말의 개념은 말의 모양에 색깔을 더한
것이다. 말과 흰색 그리고 흰 말 셋은 각각 그 내포가 다르다. 따라
서 흰 말은 말이 아니다.

둘째, "말을 구한다고 하면 황마(黃馬)나 흑마(黑馬)나 모두 가능하
다. 그러나 흰 말을 요구하면 황마나 흑마는 안 된다. 그러므로 황마
나 흑마는 한가지로 말에는 해당하나 흰 말에는 해당하지 않는다. 따
라서 흰 말은 말이 아님이 분명해진다. … 말은 색깔이 포함된 것도
포함되지 않은 것도 아니다. 그러므로 황이나 흑이나 모두 응할 수
있다. 그러나 흰 말이라는 용어는 색깔을 포함하기도 하고 배제하기
도 한다. 황마, 흑마는 모두 색깔 때문에 배제되고 있다. 그러므로
오직 흰 말만이 그 요구에 응할 수 있다. 배제함이 없는 것은 배제함
이 있는 것과는 다르다. 그러므로 흰 말은 말이 아니다."²²⁾ 이는 말
과 흰 말의 외연으로 말한 것이다. 말의 외연은 일체(一切)의 말이
다. 흰 말의 외연은 단지 흰 말만 포괄한다. 만약 어떤 사람이 말을
구한다면 황마나 흑마가 모두 가능하지만 흰 말을 지정하여 구한다면
오직 흰 말만이 그 요구에 응할 수 있다. 말의 외연과 흰 말의 외연
은 서로 같지 않다. 따라서 흰 말은 말이 아니다.

셋째, "말은 확실히 색깔을 갖고 있다. 그러기에 흰 말이 있다. 말
에 색깔이 없다면 단지 말 그 자체일 뿐이니 어찌 흰 말을 얻을 수
있으랴. 그러므로 흰 것은 말이 아니다. 흰 말은 흰색(白)과 말이나,
흰색과 말이 흰 말은 아니다. 그러므로 흰 말은 말이 아니다."²³⁾ 이
는 말의 보편자와 흰색의 보편자, 그리고 흰 말의 보편자로 말하는

22) 같은 책, 같은 곳, "求馬 黃黑馬皆可致 求白馬 黃黑馬不可致 故黃黑
馬一也 而可以應有馬 而不可以應有白馬 是白馬之非審矣 … 馬者無去取
於色 故黃黑皆所以應 白馬者有去取於色黃黑馬皆所以色去 故惟白馬獨可
以應耳 無去者非有去也 故曰白馬非馬."
23) 같은 책, 같은 곳, "馬固有色 故有白馬 使馬無色 有馬如己耳 安取白
馬 故白者 非馬也 白馬者 馬與白也 馬與白非馬也 故曰 白馬非馬也."

것이다. 말의 보편자는 일체의 말이 공유한 성질을 말하는데 그 가운데에는 어떤 색깔도 들어 있지 않다. 단지 그러한 말일 뿐이다. 흰 말의 보편자는 일체 말이 공유한 성질에 흰색의 성질이 덧붙여진 것이다. 따라서 흰 말은 말이 아니다.

흰 말은 말이 아닐 뿐 아니라 희지도 않다. 〈백마론〉에서 말하기를 "흰색은 흰 것을 특별히 지정한 것이 아니다. 그것에 대한 망각은 허용된다. 그러나 흰 말은 흰 것을 가리킨다고 했다. 흰 것으로 특정된 것이 흰색의 보편자는 아니다."[24] 이 흰 물건, 저 흰 물건 등에서 표현된 흰색은 구체적으로 흰 것으로 특정된 것의 흰색이다. 특정된다는 것은 규정되었다는 뜻이 있다. 이 흰 물건에서 보인 흰색은 이 흰 물건에 의하여 결정되었다. 흰색의 보편자는 흰색일 따름이라고 말할 수 있다. 그리고 그것은 흰 어떤 물건에 의해 결정된 것은 아니다. 그것은 특정되지 않은 것의 흰색이다. 이 의미를 일반인들은 고려하지 않는 것이다. 특별히 정하지 않은 흰색에 대해 일반인들이 관심을 갖지 않는 까닭은, 이것이 그들의 일상 생활에 아무런 영향도 주지 않기 때문이다. 그래서 "망각이 허용된다"고 말한 것이다. 그러나 어떤 흰 것에서 특별히 정해진 흰색은 특정되지 않는 흰색은 아니다. 흰 말의 흰색은 규정된 흰 물건의 흰색이다. 구체적으로 흰 물건으로 규정된 것은 흰색 자체는 아니다. 그러므로 흰 말은 말이 아니다.

공손룡에게는 또한 〈견백론〉(堅白論)이 있는데 요지는 "딱딱함(堅)과 흰색(白)은 분리되어 있다"(離堅白)는 것이다. 이 명제를 증명하기 위해 두 가지 방법으로 논증을 하고 있다. 첫째, 〈견백론〉에서 그는 말한다. "딱딱하고 흰색의 돌(堅白石)은 셋이라 할 수 있는가? 그럴 수 없다. 둘이라 할 수 있는가? 그렇다. 왜 그런가? 딱딱함은 흰색

---

24) 같은 책, 같은 곳, "白者 不定所白 忘之而可也 白馬者 言白定所白也 所定白者 非白也."

을 얻을 수 없고 흰색은 딱딱함을 얻을 수 없으므로 둘이 된다. …눈
은 그 딱딱함을 볼 수 없으나 그 흰색은 볼 수 있으니 딱딱함은 없고,
손은 그 흰색은 만질 수 없으나 그 딱딱함은 감지할 수 있으니 흰색
이 없다. …흰색을 얻고 딱딱함을 얻음에 있어 하나를 지각하면 다른
하나는 지각하지 못한다. 보이는 것과 보이지 않는 것은 거리가 멀
다. 하나가 다른 것에 스며들지 못하므로 그들은 서로 완전히 분리된
다. 서로 분리된다는 것은 숨는다는 것과 같다."25) 이는 딱딱함과 흰
색이 서로 분리된다(범주가 다르다)는 것을 인식론적으로 증명한 셈
이다. 하나의 딱딱하고(堅) 흰(白) 돌(石)이 있을 때, 눈으로 보면
그 흰색만 파악된다. 그러므로 그것은 하나의 흰 돌이다. 손으로 만
져 보면 그 딱딱함만 지각된다. 그것은 하나의 딱딱한 돌이다. 흰색
을 감지할 때는 딱딱함은 감지되지 않고, 딱딱함을 감지할 때 흰색은
감지되지 않는다. 이것이 바로 하나만 지각하고 다른 하나는 지각하
지 못한다는 말의 의미이다. 여기서 지각되는 것과 지각되지 못하는
것이 분리됨을 알 수 있다. 인식론적으로 말하면 단지 딱딱한 돌이
있거나 흰 돌이 있을 뿐이지 딱딱하고 흰 돌은 있을 수 없다. 따라서
딱딱함과 흰색과 돌을 셋이라 할 수 없고 둘이라 해야 한다. 딱딱함
과 돌은 둘이며, 흰색과 돌도 둘이다. 하나가 다른 것에 스며들지 못
하므로 분리되었다고 하는 것이다. 서로 스며들지 못한다 함은 딱딱
함 속에 흰색이 없고 흰색 속에 딱딱함이 없다는 말이다.

둘째, 〈견백론〉에서 공손룡은 다음과 같이 말한다.

어떤 것이 희다고 하면 어떤 물건이 흰지에 대한 규정이 없다. 어떤

25) 같은 책, 같은 곳, "堅白石三可乎 曰不可 曰二可乎 曰可 曰何哉 曰無
堅得白 其擧也二 無白得堅 其擧也二…視不得其所堅 而得其所白者 無
堅也 拊不得其所白 而得其所堅 得其堅也 無白也 … 得其白 得其堅 見與
不見 見與不見離 … 不相盈故離 離也者藏也."

것이 딱딱하다고 가정하자. 역시 어떤 물건이 딱딱한지 규정이 없다.
규정되지 않은 것은 모든 흰 것과 딱딱한 것에 공통적이다. 그렇다면
우리는 규정되지 않은 것은 모든 것에 속한 것이니 어찌 돌 속에 있다
고 하겠는가? … 딱딱함은 돌과 결합하지 않은 딱딱함이며, 그것은 모
든 딱딱한 것에 공통적인 것이다. 그것은 딱딱하게 된 것과는 관계가
없다. 딱딱함은 필연적으로 딱딱함이다. 딱딱함은 어떤 돌이나 그 밖
의 사물에서의 딱딱함이 아니다. 그 자체의 딱딱함이다. 감각 경험의
세계에는 그런 종류의 딱딱함은 없다. 그래서 딱딱함 자체는 경험 세
계에서는 숨어 버린다. 만일 흰색이 그 자체 흰색이 아니라면 어떻게
다른 것을 희게 할 수 있겠는가? 흰색 자체는 필연적으로 희다고 한
다면 비록 그것이 대상을 희게 하지 않는다 할지라도 그것은 희다. 황
이나 흑도 마찬가지이다. 돌이 그렇지 않고서 어찌 딱딱하고 흰 돌이
있을 수 있겠는가? 그러므로 이들 성질들은 분리되어 있다.[26)]

이것은 딱딱함과 흰색이 돌(石)로부터 분리되어 있다는 형이상학적
증명이다. 딱딱함의 보편자가 딱딱한 것의 딱딱함을 규정하지 않으
며, 흰색의 경우도 마찬가지이다. 흰 것으로 규정되지 않은 힘과 딱
딱함으로 규정되지 않은 딱딱함은 모두 일체의 흰 것이나 딱딱한 것
들의 공통된 표현이다. 그러나 어떻게 그것이 돌 속에 있다고 하겠는
가? 이것이 "규정되지 않은 것은 모든 것에 속한 것이니 어찌 돌 속
에 있다고 하겠는가" 하는 말이 의미하는 바이다. 딱딱함은 꼭 딱딱
한 돌에 실현될 필요는 없다. 어떠한 딱딱한 것에도 실현될 수 있다.
비록 어떤 딱딱한 것도 없다 할지라도 딱딱함은 딱딱함이다. 그러나
만약 천하에 딱딱한 돌이나 그 밖의 딱딱한 물건이 없다면 딱딱함은
비록 딱딱하게 되려 해도 결코 실현될 수 없다. 이것이 바로 '숨어 버

---

26) 같은 책, 〈堅白論〉, "物白焉 不定其所白 物堅焉 不定其所堅 不定者兼
惡乎其石 …堅未與石爲堅而物兼 未與爲堅而堅必堅 其不堅石物而堅 天
下未有若堅而堅藏 白固不能自白惡能白石物乎 若白者必白 則不白物而白
焉 黃黑與之然 石其無有 惡取堅白石乎 故離也 離也者 固是."

린다'는 말의 뜻이다. 규정되지 않은 흰색은 반드시 그 자체 흰색이
다. 왜냐하면 그 자체 흰색일 수 없는 흰색이 있을 수 있다면 어떻게
그것이 돌이나 그 밖의 대상을 희게 할 수 있겠는가? 만일 흰색이
그 자체 흰색일 수 있다면 그것은 그 밖의 다른 것에 의존할 필요가
없는 그 자체로서의 흰색이다. 돌이 없다면 흰색 자체는 흰색일 뿐이
다. 왜 그것이 딱딱하고 흰 돌에 의존해야 하는가? 결론은 분명하
다. 딱딱함 자체와 흰색 자체는 돌로부터 분리되어 있는 범주에 속
한다.

공손룡에게는 또한 〈지물론〉(指物論)이 있는데 그 요점은 다음과
같다. "물(物)은 지(指, 보편자)를 갖지 않음이 없으나 하나의 지
(指)는 지가 아니다."[27] 사물은 지와는 대립적이다. 공손룡은 말한
다. "천지와 천지가 낳은 것은 물(物)이다. 물은 물일 뿐이다. 그것
은 또한 실제이다. 그것은 위치를 지닌다."[28] 서양 철학의 용어를 빌
리면 물은 시공 속의 위치를 차지하고 있는 개체이다. 지는 보편자이
고 물은 개체이다. 물은 여러 개의 보편자로 분석될 수 있다. 그 물
은 몇 개의 보편자가 연합하여 이루어진다. 그러나 보편자는 다시 분
석되어 보편자들이 될 수는 없다. 그러므로 "물은 지를 갖지 않음이
없으나 하나의 지는 지가 아니다"고 했다. 모든 개개의 보편자는 단
지 하나의 보편자이며, 하나하나가 다른 것으로부터 독립되어 있다.
이것이 이른바 "천하에 모두 홀로 존재하고, 그리고 그것이 진리이
다"[29]는 말의 뜻이다.

공손룡은 여기서 형상을 초월하는 세계를 드러냈다. 무릇 명칭에
의해 지시된 보편자는 모두 초월의 세계에 속한다. 그러나 초월 세계

---

27) 같은 책, 〈指物論〉 "物莫非指 而指非指."
28) 같은 책, 〈名實論〉, "天地與其所產焉 物也 物以物其所物 而不過焉 實
也 實以實其所實 而不曠焉 位也."
29) 같은 책, 〈堅白論〉, "天下皆獨而正."

에 있는 보편자들이 모두 그것을 지시하는 명칭을 가질 필요는 없다.
초월의 세계에 있어서 딱딱함은 딱딱함이고 흰색은 흰색이며, 말은
말이며, 흰 말은 흰 말이다. "모두 홀로 서며 그리고 '참'으로서 서
있다"(皆獨而正). 이런 세계에서의 딱딱함은 구체적인 어떤 딱딱한 사
물의 딱딱함이 아니다. 이런 세계의 흰색은 어떤 흰 물건의 흰색이
아니다. 흰색이 흰 물건의 흰색이 아니고, 딱딱함이 딱딱한 물건의
딱딱함이 아니라면, 딱딱함과 흰색은 현실화된 것이 아니다. 이는 그
것이 형상으로 될 수 없음을 말한다. 〈견백론〉에서 이렇게 말했다.
딱딱함은 어떤 돌이나 그 밖의 사물에서의 딱딱함이 아니라 그 자체
의 딱딱함이다. 감각 경험의 세계에는 그러한 딱딱함은 없다. 그러한
딱딱함은 '숨어 있다'. 돌이나 그 밖의 사물에서의 딱딱함이 아닌 딱딱
함 자체는 규정되지 않는 딱딱함이다. 형상의 세계에 구체적인 딱딱한
것이 없다고 가정할지라도 우리는 딱딱함 자체가 없다고 말할 수는
없다. 이미 말한 바와 같이 딱딱함 그 자체는 숨어 있다. 그 숨은 것
은 스스로 숨은 것이지 그것을 숨게 하는 것이 따로 있는 게 아니다.
〈견백론〉에서도 "스스로 숨은 것이요, 숨겨서 숨은 것이 아니다"[30]고
하였다. 형상을 초월한 세계에는 보편자가 존재한다. 이를 송대의 성
리학자들은 "충막무짐(沖漠無朕)하나 만상이 삼연(森然)하다"고 표현
했다. '충막무짐'은 형상을 초월했음을 말한 것이고, '만상 삼연'은 반
드시 거기 있어야 할 모든 존재가 거기 있음을 언급한 것이다.

　이것이 명가가 중국 철학에 끼친 공헌이다. 그들은 형상 세계를 비
판하여 형상을 초월하는 세계에 도달했다. 혜시는 천지 일체론을 좇
아서 "널리 만물을 사랑하라"[31] 하였고, 공손룡은 "이 변론을 다하여
명칭과 실제의 관계를 바로잡아 세상을 교화하려 한다"[32]고 말했다.

---

30) 같은 책, 같은 곳, "有自藏也 非藏而藏也."
31) 《莊子》, 〈天下〉, "汎愛萬物".
32) 《公孫龍子》, 〈跡府〉, "欲推是辯以正名實 而化天下."

그들은 스스로 내성외왕의 도를 강구했다고 자부했다. 그러나 명가는 그들이 지닌 형상을 초월한 세계에 대한 지식을 실제 생활에 충분히 활용하지는 못했다.

　도가는 명가에 반대한다. 명가에 대한 도가의 비판은 명가를 한 단계 넘어서는 수준이다. 《묵경》(墨經)과 《순자》(荀子)에 나오는 명가에 대한 비판은 명가와 동일 수준에서의 비판이지만 도가는 명가를 넘어선다. 그뿐만 아니라 비판의 정도를 넘어서 일종의 '극고명'의 경지에 이르렀다. 명가의 형상 세계에 대한 비판은 도가에서 통발과 올가미(筌蹄)의 구실을 했다. "고기를 잡았으면 통발을 잊고, 짐승을 얻었으면 그 올가미를 잊어라"(得魚忘筌 得獸忘蹄), "토끼를 다 잡았거든 이제 개를 요리해라. 새를 다 잡았으면 활을 창고에 넣어 두어라"(兎死狗烹 鳥盡弓藏), "강을 건넜으면 다리를 부숴 버려라"(過河折橋). 이것은 매우 부도덕한 일이지만 그러나 철학함에서 이 같은 방법을 쓰지 않으면 현묘하고 또 현묘한 경지에 도달할 수 없다.

제 4 장

노자와 장자

사마담(司馬談)은 "명가는 오로지 이름의 문제를 해결하려다 상식에서 벗어나고 말았다"[1]고 평하였다. 상식을 벗어난다는 점으로만 말한다면 무릇 철학이란 모두 상식에서 벗어나는 것이다. 일반인들이 갖고 있는 지식은 대부분 형상 세계에 관한 것이고, 철학의 최고 목표는 형상을 초월하는 것을 발견함이니, 철학은 모름지기 형상을 초월한 것을 탐구하여야 비로소 '현묘하고 또 현묘하다'(玄之又玄)는 표준에 부합할 것이다. 일반인들과는 달리 철학자는 추상적 사고를 할 줄 안다. 내가 《신이학》(新理學)에서 사용한 개념을 빌리면, 추상적 사고는 사(思)요 비추상적 사고는 상(想)이다. 일반인은 비추상적 사고는 하나 추상적 사고는 하지 못한다. 그들의 사고는 이른바 도식적·회화적이다. 도식적·회화적 사고 방식으로 철학을 보면, 철학은 상식을 벗어난 것이 된다. 《노자》(老子)에 이르기를 "현명한 사람(上士)이 도를 들으면 힘써 행하고, 범인(中士)이 도를 들으면 반신 반

---

1) 司馬談, 〈論六家要指〉, "名家 專決於名 而失人情."

88

의하고, 어리석은 사람(下士)이 도를 들으면 크게 비웃는다. 만약 그
가 비웃지 않는다면 그것은 족히 도가 될 수 없다"[2]고 했는데, 이것
은 철학에도 그대로 적용된다.

　우리는 비록 일반인의 상식에는 걸맞지 않을지라도 명가가 이름과
실제의 관계를 바로잡는 데 종사했다는 주장에 동의할 수 있다. 명가
의 사상이나 변론은 오로지 '이름'에서 출발했다. 공손룡(公孫龍)의
경우는 특히 그렇다. 일반인의 지식은 모두 형상을 지닌 것에 국한되
어 있다. 형상을 지닌 것은 곧 명가에서 말한 바 실(實), 즉 실제 사
물이다. 그것은 모든 사람이 알고 있는 것이다. 일반인이 관심을 쏟
는 것은 그 실제이지 이름이 아니다. 그런데 명가는 이름에 관심을
쏟았다. 그들이 모두 공손룡처럼 이름이 가리키는 것 곧 보편자가 있
음을 알았다고 할 수는 없더라도, 그들이 모두 이름에 주의하고 있었
음은 분명하다. 그들이 탐구한 것은 전적으로 이름이다. 서양 철학사
에서 이른바 유명론(唯名論)이란, 단지 실제만 있다고 생각하기 때문
에 이름은 공허한 것에 지나지 않는다는 이론이다. 이들 유명론자들
의 주장은 상식에 매우 가까우나 일반인의 생각에 비해 한층 높은 것
이다. 대부분의 사람들은 실제를 보면 그것을 표현함에 아무런 불편
을 느끼지 않는다. 그들은 이름이 이름인지 의식하지 못한 채 자기들
이 본 실제에 대한 이름을 사용한다. 이름에 관한 사상은 사상에 대
한 사상에서 나왔거나 그와 같은 사상에 대한 반성에서 나왔다. 유명
론자의 이론이든 공손룡의 이론이든 이름에 관한 그들의 사상은 대부
분의 사람들의 사고보다 한 차원 높은 수준이다.

　앞장에서 나는 도가는 명가를 거쳐 왔고, 또 명가를 초극했다고 하
였다. 도가의 사상은 명가에 비해 한 차원 높다. 명가는 명(名)을 탐
구했지만 도가는 명가의 형상 세계에 대한 비판을 넘어 '이름 붙일 수

2)《老子》, 41장, "上士聞道 勤而行之 中士聞道 若存若亡 下士聞道 大
　笑之 不笑不足以爲道."

있음'(有名)의 바깥에 '이름 붙일 수 없음'(無名)이 있음을 말했는데, 무명은 유명에 대비되는 말이다. 도가의 유명에 대한 입장은 명가를 거쳐 나왔다.

노자(老子)는 말한다. "도라고 말할 수 있는 도는 상도(常道)가 아니요, 이름 붙일 수 있는 이름은 사라지지 않는 이름(常名)이 아니다. 무명은 천지의 시초요, 유명은 만물의 어머니이다."3) "도는 언제나 이름이 없으니 통나무(樸)와 같다. … 만물이 만들어짐으로써 비로소 이름이 있다."4) "도는 숨어서 이름이 없다."5) 《장자》(莊子)에는 "태초에 이름이 없었다"6)고 기록되어 있다. 도가 계통에서 유(有)와 무(無)는 서로 대립적이다. 유명과 무명도 대립적이다. 두 개가 대립되지만 내용에서는 하나의 대립이다. 왜냐하면 유와 무는 유명과 무명의 줄임이기 때문이다. "無名 天地之始 有名 萬物之母"에 대하여 어떤 사람은 "無 名天地之始 有 名萬物之母"(無는 天地之始를 일컫고, 有는 萬物之母를 일컫는다)라고 읽기도 하지만, 어떻게 읽더라도 그 뜻에 차이가 있는 것은 아니다. 도가에서는 도를 무라 칭할 수 있고 천지 만물은 유라 칭할 수 있다. 도를 무라 칭할 수 있다 함은 바로 도가 이름 없는 통나무(樸)와 같다는 뜻이다. "도는 숨어서 이름이 없다"거나 "천지 만물을 유(有)라 칭할 수 있다" 함은 천지 만물은 모두 이름이 있다는 말이다. 하늘은 하늘이라 할 수 있고 땅은 땅이라 할 수 있다. 어떤 것은 그것을 '어떤 것'이라 이름 붙일 수 있다. 하늘이 있으면 하늘이란 이름이 있고, 땅이 있으면 땅의 이름이 있고, 사물마다 사물의 이름이 있다. 이것이 '시제유명'(始制有名)의 뜻이다. 도는 이름이 없지만 유명의 것이 생겨나는 바 원천이 된다. 그래

---

3) 같은 책, 1장, "道可道非常道 名可名非常名 無名天下之始 有名萬物之母."
4) 같은 책, 32장, "道常無名 樸 … 始制有名."
5) 같은 책, 41장, "道隱無名."
6) 《莊子》, 〈天地〉, "泰初有無 無有無名."

서 무명은 천지의 시초요, 유명은 만물의 어머니라고 했던 것이다.

"도는 언제나 이름이 없으니 통나무와 같다." 상도(常道)는 이름 없는 도이다. 상도는 이미 이름이 없으니 도라 할 수 없다. 그러나 이미 도라 했으니 도는 이름 아닌 이름이다. "예부터 지금까지 그 이름이 없어지지 아니했으니 그것은 모든 시작을 보여준다." 어떤 사물이든지 도로 말미암아 생성되므로 도라는 이름은 사라지지 않는다. 사라지지 않는 이름이 상명(常名)이다. 상명은 실제로 이름 없는 이름(無名之名)이다. 도는 이름 붙일 수 없다. 그래서 "이름 붙일 수 있는 이름은 사라지지 않는 이름이 아니다"고 하였다.

"무명은 천지의 시초요, 유명은 만물의 어머니이다"는 두 개의 명제는 실상 형식 명제이지 실증 명제가 아니다. 이 두 명제는 어떤 사실을 증명하는 것이 아니며, 실제에 대해서 긍정하는 것도 없다. 도가는 만물이 존재하는 것은 반드시 그것을 존재하게 하는 것이 있기 때문이라고 여긴다. 만물이 그로 말미암아 생성되는 것에 대하여 이름을 붙일 수 없다. 굳이 붙인다면 도라 할 수 있을 뿐이다. 도 역시 · 하나의 형식적 개념이지 실제적 개념은 아니다. 이 개념은 단지 만물이 그로 말미암아 생성됨을 긍정할 뿐이지, 그것이 무엇인지에 대해 주장하는 바는 없다. '만물을 낳는 그것'은 결코 만물과 같은 종류의 물(物)은 아니다. 만물이란 일체의 사물을 의미하는데 만일 도가 이같은 만물의 일종이라면 그것은 결코 일체 만물을 생성하는 것일 수 없다. 일체의 만물을 자기 속에 포괄하고 있지 못하기 때문이다. 《장자》, 〈재유〉(在宥) 편에 "물(物)을 물되게 함은 물이 아니다"[7]는 말이 나온다. 도란 물을 물되게 하는 것이므로 결코 물이 아니다. 《노자》에 "도라는 것은"(道之爲物)이란 말이 자주 나오는데, 그 내용은 결국 도는 만물과 같은 종류의 물이 아님을 말하는 것이다. 모든 사물은

---

7) 같은 책, 〈在宥〉, "物物者非物."

이름을 갖고 있는데 도는 그런 종류의 사물이 아니다. 그러므로 '이름 없는 통나무'라고 했다. "통나무가 쪼개지면 그릇들이 된다."[8] 그릇에는 이름이 있다. 그래서 유(有)라고 한다. 도는 이름이 없다. 그래서 무(無)라 한다.

만물이 태어남에 반드시 시간적으로가 아니라 논리적으로 가장 먼저 태어나는 것이 있을 것이다. 예를 들면 원숭이가 있은 후 사람이 있었다고 하면 시간적으로 앞선 경우이고, 먼저 동물이 있은 후 사람이 있다고 하면 논리적으로 앞선 것이 된다. 사람이 있다는 것은 동물이 있다는 것을 함축한다. 천지 만물은 모두 있다. 그러므로 천지 만물이 있다는 것은 유(有)가 있음을 함축한다. 따라서 유야말로 가장 먼저 생겨난 것이다. 그래서 《노자》에 "천지 만물은 유에서 나오고 유는 무에서 생긴다"[9]고 했다. 이는 무만 있고 유가 없었으며, 그후에 무로부터 유가 나오게 되었음을 반드시 의미하는 것은 아니다. 이 말은 단지 천지 만물의 존재를 분석하면 반드시 먼저 유가 있었고, 그런 후에야 천지 만물이 있게 되었다는 주장에 지나지 않는다. 논리적으로 가장 먼저 나온 것은 유이다. 유가 제일 먼저 생겼다는 말은 시간상으로 말하는 것이 아니며, 유가 있다는 것은 사실을 갖고 말하는 것도 아니다. 사실상 존재하는 것의 존재는 곧 어떤 사물의 존재이므로 존재라 할 수 없다.

존재자(존재하는 것들)와 구별하여 존재를 말한다면 오직 하나의 존재가 있을 뿐이다. 《노자》에는 "도는 일(一)을 낳고, 일은 이(二)를 낳고, 이는 삼(三)을 낳고, 삼은 만물을 낳는다"[10]고 했다. 도가 낳은 '일'은 존재(有)이다. 도가 있고 유(有)가 있으니 그 수는 둘이

---

8) 《老子》, 28장, "樸散則爲器."
9) 같은 책, 40장, "天地萬物生於有 有生於無."
10) 같은 책, 42장, "道生一 一生二 二生三 三生萬物 萬物負陰而抱陽 冲氣以爲和."

92

다. 하나가 있고 둘이 있으니 그 수는 셋이다. 이것이 이른바 일, 이, 삼으로 모두 형식적 개념이다. 이 개념은 각각 어떤 것을 확정하는 것이 아니다.

이상에서 취급한 도가 사상은 "오로지 명(名)의 문제를 해결하려다 상식에서 벗어나고 말았다"는 평을 들을 수 있다. 도가가 받은 명가의 영향은 이 분야에서 현저하게 드러났다.

'도', '무', '유', '일' 등은 모두 어떤 종류의 사물이 아니다. 이들은 형상을 초월하는 것이다. 《장자》, 〈천하〉(天下) 편에 관윤(關尹), 노담(老聃)에 대해서 말하기를 "그들의 사상 체계는 상(常), 무(無), 유(有)로 수립되었고, 그들의 관념은 태일(太一)로 주도되었다"[11]고 하였는데, 여기서의 '태일'은 곧 도를 가리킨다. 《장자》, 〈천지〉(天地) 편에는 "태초에 무가 있었는데, 무는 이름이 없었으나 하나가 그로 인해 생겼다. 하나가 있기는 했으나 형상은 아직 나타나지 않았다"고 기록되어 있는데 도는 곧 하나가 생겨난 근거이다. 즉 도가 일(一)을 낳았다는 말이다. 도는 태일이다. 태(太)라 한 것은 태상황(太上皇), 황태후(皇太后), 태조(太祖)라 할 때의 태(太)인데 '일'에 비해 한층 높기에 태일이라 했다.

'상'(常)과 '변'(變)은 상대적이다. 사물은 변하나 도는 불변한다. 그래서 도를 상도(常道)라 한다. 사물들의 변화를 따르는 법칙 역시 불변이다. 그래서 《노자》에는 사물의 변화에 따르는 법칙을 '상'(常)이라 일컬었던 것이다. 예를 들면 "천하를 취하려면 항시 무사(無事)로써 해야 한다"[12]거나 "대부분의 사람들은 일을 할 때 언제나 거의 완성 단계에 이르러서 실패한다"[13]든가 "사람을 죽이는 것은 언제나 죽음을 맡은 자(하늘)가 있어서 죽이는 것이다"[14] 혹은 "천도(天道)

11) 《莊子》, 〈天下〉, "建之以常無有 主之以太一."
12) 《老子》, 48장, "取天下常以無事."
13) 같은 책, 64장, "民之從事 常於幾成而敗之."
14) 같은 책, 74장, "常有司殺者殺."

는 사사롭게 친한 자가 없고 언제나 선한 사람과 함께할 뿐이다"[15]라
한 것 등이다. 이들은 모두 불변적인, 이른바 자연의 법칙이다. 그래
서 '변함 없음'(常)이라 칭했던 것이다.

자연 법칙들 가운데 가장 근본적인 것은 곧 "되돌아 옴이 도의 운
동이다"[16]이다. 한 사물의 어떤 성질이 만약 그 극점에 이르도록 발
전한다면 그것은 반드시 그 진행되어 온 반대 방향으로 변하게 되는
데, 이를 일러 '되돌아 옴'(反)이라 한다. 《노자》에서는 다음과 같이
말한다. "크기 때문에 어느 곳에나 미친다. 모든 곳에 미치므로 먼
곳까지 이른다. 먼 곳까지 이르는 것은 곧 되돌아 옴이다."[17]

"되돌아 옴이 도의 운동이다"라는 명제는 노자 철학의 핵심을 드러
낸다. 《노자》 가운데는 쉽게 이해되지 않는 이야기들이 많이 있으나
만약 《노자》 철학의 핵심을 충분히 이해한다면 쉽게 풀릴 것이다. 되
돌아 옴이 도의 운동이므로 "화는 복의 기댄 바요, 복은 화가 잠복한
것이며… 정(正)은 다시 기(奇)가 되고 선(善)은 다시 요(妖)가 된
다."[18] "굽으면 온전하고 구부러지면 곧아지고, 오므라들면 차게 되
고, 해어지면 새것이 되고, 적으면 얻게 되고, 많으면 미혹하게 된
다",[19] "회오리 바람은 아침 내내 부는 법이 없고, 소나기는 하루 종
일 쏟아지지 않는다",[20] "도로써 그 임금을 보좌하려는 사람은 무력
으로 천하에 강해지려 하지 않는다. 왜냐하면 그런 일은 잘 되돌아
오기 때문이다",[21] "하늘의 도는 마치 활시위를 잡아당기는 것과 같
다고나 할까? 높은 것은 누르고 낮은 것은 높인다. 남는 것은 덜어

15) 같은 책, 79장, "天道無親 常與善人."
16) 같은 책, 40장, "反者道之動 弱者道之用."
17) 같은 책, 25장, "大曰逝逝曰遠遠曰反."
18) 같은 책, 58장, "禍兮福之所倚 福兮禍之所伏 正復爲奇 善復爲妖."
19) 같은 책, 22장, "曲則全枉則直."
20) 같은 책, 23장, "飄風不終朝 驟雨不終日."
21) 같은 책, 30장, "以道佐人主者 不以兵强天下 其事好還."

94

내고 부족한 것은 채운다", ²²⁾ "천하의 가장 부드러운 것으로써 천하
의 가장 견고한 것을 대적한다", ²³⁾ "천하에 물보다 더 유약한 것이
없으나 딱딱하고 강한 것을 공격하는 데 부드러운 물보다 더 나은 것
이 없다", ²⁴⁾ "물(物)은 혹 덜어 내면 이익이 되고 덧붙이면 손해가
된다. "²⁵⁾ 이상의 예들은 모두 사물들이 변화하는데 반드시 좇게 되는
통칙들이다. 노자가 발견하여 서술한 것은 고의적으로 기이하게 말한
것이 아니다. 일반인이 본다면 상식에서 벗어난 괴이한 주장이라 여
길 것이다. 그래서 노자는 "바른 말은 거슬리는 것 같다"²⁶⁾거나 "현
덕(玄德)은 심원하여 세속과는 반대이다. 그런 후에야 대순(大順)에
이른다"²⁷⁾고 했고 또 "어리석은 사람(下士)이 도를 들으면 크게 비웃
는다. 만약 그가 비웃지 않는다면 그것은 족히 도가 될 수 없다"고
말하고 있다.

  이상에서 말한 것이 이른바 '상'(常)이다. "상을 아는 것을 총명하
다 한다. 상을 알지 못하면 망령되이 행위하여 흉함을 초래한다. "²⁸⁾
《장자》, 〈천하〉편에서 관윤, 노담에 대해 "유약과 겸하로써 처신하
고, …수컷을 알되 암컷을 지키며…영화를 알되 치욕을 지킨다"²⁹⁾고
했는데, 이렇게 말한 까닭은 위에 말한 '상'에 비추어 볼 때, 암컷을
지키는 것이 수컷을 구하는 방법이고 치욕됨을 지키는 것이 치욕을
피하는 방법이 되기 때문이다. 이것이 바로 노자가 발견한, '삶을 온

---

22) 같은 책, 77장, "天之道其猶張弓歟 高者抑之 下者擧之 有餘者損之 不
    足者補之."
23) 같은 책, 43장, "天下之至柔 馳騁天下之至堅."
24) 같은 책, 78장, "天下莫柔弱於水 而攻堅强者莫之能勝."
25) 같은 책, 42장, "物或損之而益 或益之而損."
26) 같은 책, 78장, "正言若反."
27) 같은 책, 65장, "玄德深矣 與物反矣 然後乃至大順."
28) 같은 책, 16장, "知常曰明 不知常 妄作凶."
29)《莊子》, 〈天下〉, "以濡弱謙下爲表…知其雄 守其雌…知其榮 守其
    辱."

전히 보존하고 해로움을 피하는' 방법이다.

장자가 명가의 영향을 받았다는 것은 분명한 사실이다. 여러 점에서 장자는 혜시의 사상과 접맥되어 있다. 3장에서 혜시의 열 개의 단편에 대한 해석을 한 바 있는데 〈천하〉편의 설명은 너무나 간략하여 혜시의 참뜻이 그 곳에 기술된 바와 전적으로 같다고 할 수는 없다. 그러나 우리는 《장자》, 〈제물론〉(齊物論) 편의 기초가 혜시의 사상과 맥락이 같음을 확신할 수 있다.

〈제물론〉의 기본 사상은 대부분의 사람들이 형상 세계에 대하여 지어 내는 분별은 상대적임을 밝혀 내려는 것이다. 형상 세계에 대한 분별은 곧 그 세계에 대한 견해를 구성하는 것인데, 이 견해란 "만물은 고르지 않다"(不齊)는 것이다. 그것은 마치 〈제물론〉 벽두에 나오는 "바람이 불 때 만 가지 구멍이 사납게 우는 것"[30]과 같다.

전국 시대에 가장 많은 사람들의 관심을 끈 것은 유가와 묵가의 사상이었다. 가장 주목을 끄는 논쟁도 이 두 학파 사이에서 전개되었다. 그런데 〈제물론〉에서는 "도는 어찌 숨겨져서 참과 거짓이 있게 하는가? 말은 무엇에 가리어져 있길래 옳고 그름의 논쟁이 있는가? 도는 어찌 가 버리고 없는가? 말은 어찌 있어서 혼란하게 하는가? 도는 도에 대한 좁은 결론(小成)에 숨고, 말은 화려한 수식에 숨는다. 그 때문에 유가와 묵가 사이에 상호 시시비비가 있는데, 그 그릇되다 한 것을 옳다고 하고, 그 옳다고 하는 것을 그릇되다고 한다"[31] 하였고, 〈제물론〉 하단에서는 "도는 규정할 수 없고 언어는 절대성을 지닐 수 없다"(道未始有封 言未始有常)고 했다. 도는 어느 하나의 사물에 한정되는 것이 아니므로 규정될 수 없으니 진리의 전체는 반드시

---

30) 같은 책, 〈齊物論〉, "萬竅怒呺."
31) 같은 책, 같은 곳, "道惡乎隱而有眞僞 言惡乎隱而有是非 道惡乎往而不存 言惡乎存而不可 道隱於小成 言隱於榮華 故有儒墨之是非 以是其所非 而非其所是."

다방면으로 말해야 한다. 진리의 말을 하기 위해서는 다방면으로 말해야 하기 때문에 절대성이 있을 수 없다. "도는 어찌 가 버리고 없는가? 말은 어찌 있어서 혼란하게 하는가?" 이 말의 뜻을 알면 각 방면의 말이 모두 진리의 한 측면일 수 있음을 알 수 있다. 이런 관점으로부터 우리는 각 방면의 주장에 대하여 서로 시비를 논할 필요가 없다는 것을 알게 된다. 시시비비가 일어나는 것은 각각 자기 나름의 일방적 관점에서 사물을 보며 그 관점이 유한한 것임을 모르고 편견을 갖기 때문이다. 유한한, 일면적 관점에서 내린 결론을 '소성' (小成)이라 한다. 자기의 관점이 유한한 것임을 모르고 일체를 포괄한다고 여기게 되는데, 이렇게 되면 도는 유한한 것에 가리게 되니, 이를 일러 "도는 도에 대한 좁은 결론(小成)에 숨는다"고 한 것이다. 편견이 편견인 줄 알지 못하고 더욱이 문자적 수식을 가하여 그러한 견해가 든든한 근거를 지닌 것으로 보이기를 기대한다. 그렇게 하면 진리를 표현하는 말은 어디서도 찾아볼 수 없다. 이것이 이른바 "말은 화려한 수식에 숨는다"는 말의 뜻이다. 유가와 묵가 사이의 변론은 역시 이런 유형에 속한다.

유가와 묵가는 서로 시비를 논한다. 이쪽에서 옳다 하면 저쪽에서 그릇되다 하고, 저쪽에서 옳다 하는 것은 이쪽에서 그릇되다고 한다. 이러한 변론은 마치 끝없는 고리와 같이 계속되어 종식될 수 없다. 또한 판단할 방법이 없으니, 누가 참으로 옳고 누가 참으로 그릇되었는지를 어떻게 결정할 수 있겠는가? 변자들은 변론으로써 옳고 그름을 정할 수 있다고 생각한다. 그러나 어떤 종류의 변론이 옳고 그름을 결정할 수 있겠는가? 〈제물론〉에서는 다음과 같이 말하고 있다.

내가 그대와 더불어 변론한다고 하자. 만약 그대가 이기고 내가 졌다면, 그렇다고 해서 과연 그대는 옳고 나는 그릇되다고 할 수 있는가? 만약 내가 이기고 그대가 졌다면 나는 옳고 그대는 그릇되다 할 것인

가? 우리들 중 어느 하나가 옳든가 그르든가, 아니면 우리 둘 다 옳
거나 둘 다 그릇된 것인가? 그대와 내가 이를 알 수 없다면 다른 사
람들 역시 전혀 알 수가 없다. 누구에게 옳은 결정을 내려 달라고 하
겠는가? 자네 견해에 찬동하는 사람에게 부탁하면 자네 쪽으로 결론
이 기울 것이고, 내 견해에 찬동하는 사람에게 요청하면 내 쪽으로 결
론이 날 것이다. 그렇다고 우리 둘과 의견이 다르거나 같은 사람에게
결론을 내리라 한다면, 그는 이미 우리 둘과 견해가 다르거나 같으니,
어찌 바로잡을 수 있겠는가? 그러니 또 누구를 기대할 수 있겠는
가?[32]

〈제물론〉의 이 이야기에는 변자의 색채가 다분히 들어 있다. 그런
것을 그렇지 않다 하고, 가능한 것을 불가능하다고 하는 식인 듯하
다. 그러나 변자들은 상식에 반대하기 위하여 이렇게 말하였지만,
〈제물론〉에서는 변자들을 반박하기 위하여 이런 식으로 말하였다.

만일 우리가 시비의 개념이 사물들에 대해서 지니고 있는 각자의
제한된 관점에서 나온 견해들에 기원을 갖고 있음을 알게 된다면, 그
리고 우리가 더욱 고차적 관점을 지니게 된다면, 우리는 형상 세계의
사물들이 〈제물론〉에서 말한 바와 같음을 알게 될 것이다. 즉 "태어
난 것은 죽게 되고 죽는 것은 또 태어나게 된다. 가능한 것은 불가능
하게 되고 불가능한 것은 가능하게 된다. 옳은 것이 있기에 그른 것
이 있고, 그른 것이 있기에 옳은 것이 있다"[33]는 식이다. 사물들은
변하게 되어 있고 이들 변화는 또한 다방면으로 진행된다. 따라서 사

---

32) 같은 책, 같은 곳, "旣使我與若辯矣 若勝我 我不若勝 若果是也 我果
非也耶 我勝若 若不我勝 我果是也 若果非也耶 其或是也 其或非也耶 其
俱非耶也 我與若不能相知也 則人固受其黑甚暗 吾誰使正之 使同乎若者
正之 旣與若同矣 惡能正之 使同乎我者正之 旣同乎我矣 惡能正之 使異
乎我與若者正之 旣異乎我與若矣 惡能正之 使同乎我與若者正之 旣同乎
我與若矣 惡能正之 然則與若與人 俱不相知也 以待彼也耶."
33) 같은 책, 같은 곳, "方生方死 方死方生 方可方不可 方不可方可 因是
因非 因非因是."

물의 다양한 관점에 따르는 설명 방식이 있다. 이런 식으로 문제를 살펴보면 시비의 논변에 대해 결정을 내릴 필요가 없다. 왜냐하면 논변 스스로가 해결해 나가기 때문이다. 이것이 바로 〈제물론〉의 "이런 까닭에 성인은 좇지 않고 하늘에 비추어 본다"(聖人不由 照之於天)는 말의 뜻이다. '좇지 않는다' 함은 일반인과 같이 자기 나름의 유한한 관점으로 사물을 보지 않는다는 뜻이고, '하늘에 비추어 본다'는 것은 하늘의 관점에서 사물을 본다는 말이다. 하늘의 관점이란 고차적 관점이다. 도의 관점 역시 고차적 관점이다. 유한한 관점으로 사물을 보면 이것도 시비가 있고 저것도 시비가 있게 된다. 저것과 이것은 상대에 따라 존재하며 이른바 '쌍'(雙)을 이룬다. 우리가 만일 고차적 관점에 선다면 우리의 위치는 이것 혹은 저것에 상대적이지는 않다. 이것을 〈제물론〉에서는 다음과 같이 묘사하고 있다. "저것과 이것이 서로 상대적이지 않다면 '도의 추'(樞)라 할 수 있다. 추는 회전하는 고리의 한가운데를 얻음으로써 무궁한 작용에 응한다. 옳은 것도 무궁의 일부분이요, 그른 것도 무궁의 일부분이다."[34] 피차 서로 시비하는 것은 마치 고리가 시작과 끝이 없이 회전하는 것과 같다. 도추(道樞)를 얻은 사람은 도의 관점에서 사물을 보고, 피차 상대적이지 않게 된다. 그래서 이를 일러 "회전하는 고리의 한가운데를 얻음으로써 무궁한 작용에 응한다"고 했다. 도추를 얻은 사람의 위치는 마치 사공도(司空圖)의 《시품》(詩品)에 "형상을 초월하여 그 고리의 중(中)을 얻는다"[35]고 묘사한 것과 같다. 오직 형상을 초월해야만 그 후에야 도추를 얻는다.

도의 관점에서 사물을 보는 것을 〈추수〉(秋水)편에서는 "도로써 본다"(以道觀之)고 했다. 도로써 사물을 보면 일체 사물이 모두 긍정

---

34) 같은 책, 같은 곳, "彼是莫得其偶 謂之道樞 樞始得其環中 以應無窮 是亦一無窮 非亦一無窮也."
35) 司空圖, 《詩品》, "越以象外 得其環中."

될 수도 부정될 수도 있다. 〈제물론〉에서는 다음과 같이 말한다.

> 가능한 것은 가능하고, 불가능한 것은 불가능하다. 도가 작용하여 그
> 렇게 되게 만든다. 우리는 사물에 대하여 "그러하다"고 말한다. 하지
> 만 어째서 사물에 대해 "그러하다"고 하는가? 그러하기 때문에 그렇
> 다. 이것은 어째서 그렇지 않은가? 그렇지 않기 때문에 그렇지 않다.
> 사물은 진실로 그러한 바를 갖고 있고, 또 그 가능성을 지닌다. 그러
> 기 때문에 대들보와 기둥, 문둥이와 서시(西施),* 그리고 크게 예사롭
> 지 않은 것과 거짓되고 수상쩍은 것들이 있다. 이 모든 것들을 도는
> 서로 통하여 하나로 만든다.[36]

　사물은 비록 같지는 않으나 다만 모두 무엇이 되기에 충분하고 또
'무엇'이라는 점에서 같다. 그들은 모두 똑같이 도에서 나왔다. 그러
므로 도의 관점에서 보면 상이한 사물들은 관통되어 하나가 된다.
　사람에 의하여 이루어지는 사물들간의 차이점과 구별은 모두 상대
적이다. 〈제물론〉에서는 "구별한다는 것은 무엇인가? 이루는 것이
다. 그 이루는 것은 결국 파괴이다. 무릇 사물의 입장에서 보면 건설
도 파괴도 없고 (다만 도로 되돌아 가고 도를 통해) 하나가 될 뿐이
다"[37]고 한다. 구름은 변하여 비가 된다. 비의 입장에서 보면 이루어
지는 것이고, 구름의 입장에서 보면 파괴되는 것이다. 이룬다거나 파
괴된다 함은 모두 한 측면만 말하는 것이다. 제한된 관점에서 본다면

---

36)《莊子》, 〈齊物論〉, "可乎可 不可乎不可 道行之而成 物謂之而然 惡乎
　然 於惡乎不然 不然於不然 物固有所然 物固有所可 無物不然 無物不可
　故爲是擧莛與楹厲 於西施 恢詭譎怪 道通爲一."
　* 서시는 중국 월나라의 미인으로 월왕 구천(勾踐)이 오나라에게 패한
　뒤 미인계로 서시를 오왕 부차(夫差)에게 보내니 부차는 서시에게
　빠져서 고소대(姑蘇臺)를 짓고 정사를 돌보지 않아 마침내 구천과
　범소백(范少伯)의 침공을 받아 망하였다. 여기서 문둥이는 추(醜)
　를, 서시는 미(美)를 가리킨다.
37) 같은 책, 같은 곳, "其分也 成也 其成也 毁也 凡物無成與毁 復通爲
　一."

이루고 파괴함이 있겠으나, 도의 관점에 서면 이루어짐도 파괴됨도 없다. 그것은 통하여 '하나'이다.

도의 관점에서 보면 대부분의 사람들이 사물에 대해 갖는 구별은 상대적이며, 일체 사물의 속성들도 역시 상대적이다. 나와 다른 사물들간의 분별 역시 상대적이다. 그러나 나도 다른 사물들도 모두 도에서 나왔다. 나와 만물은 도에서 하나가 된다. "천하에 털 끝보다 더 큰 것이 없고 태산보다 작은 것이 없다. 태어나자마자 죽은 어린애보다 더 오래 산 사람이 없고 800년을 산 팽조도 요절했다. 천지와 나는 함께 태어났으며 만물과 나는 하나가 된다."[38] 이 같은 결론은 "널리 만물을 사랑하라. 천지는 한몸이다"고 한 혜시의 결론과 같다.

이상이 〈제물론〉의 제1차적 주제인데 그것은 혜시의 견해와 대체로 같다고 할 수 있다. 왜냐하면 이와 같은 사상은 사람들로 하여금 비교적 고차적 관점에서 사물을 보게 하고, 대부분의 사람들이 지니고 있는 견해들을 비판하고 있기 때문이다. 그렇다고 해서 〈제물론〉의 주제가 혜시에게서 발견되는 것과 완전히 일치한다고 할 수는 없다. 혜시는 대부분의 사람들이 지니고 있는 상식적 견해들을 비판했지만, 〈제물론〉에서는 명가의 비판을 비판했다. 그리고 명가에 대한 비판은 도의 관점에서 이루어졌는데, 이 비판은 명가의 그것보다 한층 차원이 높다.

예를 들면 〈제물론〉에서는 공손룡을 다음과 같이 비판한다. "지(指, 손가락, 보편자)를 들어 지가 아니라고 함은 지가 아닌 다른 것을 갖고 지가 아니라 함만 못하다. 말을 가리키면서 말이 아니라 함은 말이 아닌 다른 동물을 가리켜 말이 아니라 함만 같지 못하다. 천지는 하나의 지요, 만물은 하나의 말이다."[39] 공손룡은 "사물은 지

---

38) 같은 책, 같은 곳, "天下莫大於秋毫之末 而泰山爲小 莫壽於殤子 而彭祖爲夭 天地與我並生 而萬物與我爲一."
39) 같은 책, 같은 곳, "以指喩指之非指 不若以非指喩指之非指也 以馬喩馬之非馬 不若以非馬指."

(指)를 갖지 않음이 없는데 그 지는 지가 아니다"[40]고 하였다. 이는 지를 들어 지가 지가 아님을 설명하는 것이다. 공손룡은 또한 "흰 말은 말이 아니다"(白馬非馬)고 했는데, 이것은 마치 한 마리의 말을 가지고 말들이 말들이 아니라고 함을 증명하는 것과 같다. 그러나 도의 관점에 서면 도는 모든 것을 꿰뚫어 하나로 만든다. 지(指)와 비지(非指)가 한 단위가 되고, 말과 말이 아님이 한 단위가 된다. 그렇기 때문에 "천지가 하나의 지요, 만물이 한 마리의 말이다"[41]고 했다.

명가는 변론을 통해 일반인이 사물에 대해 갖고 있는 견해들을 비판했지만 〈제물론〉에서는 '도'로써 명가의 변론을 비판했다. "변론 속에는 사물의 나타나지 않는 측면이 있다…대변(大辯)은 말로 하지 않는다"[42]고 한다. 말로 하지 않는 변(辯)은 고차원의 변이다. 도가가 변자를 넘어선 비판을 하고 있으며 그들의 비판을 극복하고 있다고 말하는 이유가 바로 여기에 있다.

"만물과 나는 하나가 된다"는 구절 밑에 다시 말을 바꾸어서 "이미 하나가 되었으니 어찌 말이 필요한가? 그런데 이미 하나라 말했으니 또한 말이 필요없다고 할 수 있는가? 하나와 말이 둘이 되고 둘과 하나가 셋이 되니 이런 식으로 나간다면 재주 있는 사람도 셈할 수 없다. 그러니 하물며 일반인에 있어서랴. 무로부터 유로 나아가니 셋에 이른다. 그런데 하물며 유로부터 유로 나아감에 있어서랴. 그러므로 혼란의 세계로 나아가지 말고 여기서 그만 그치는 것이 좋겠다"[43]고 하였다. 이 이야기는 장자가 혜시에 비해 한 걸음 더 나아간 경지에 있음을 보여주는 것이요, 이것이 〈제물론〉의 제 2 의 주제이다.

---

40) 같은 책, 같은 곳, "物莫非指 而指非指."
41) 같은 책, 같은 곳, "天地一指也 萬物一馬也."
42) 같은 책, 같은 곳, "辯也者有不見也…大辯不言."
43) 같은 책, 같은 곳, "旣已爲一矣 且得有言乎 旣已謂之一矣 且得無言乎 一與言爲二 二與一爲三 自此以往 巧歷不能得 而況其凡乎 自無適有 以至於三 而況自有適有乎 无適焉 因是已."

"만물과 나는 하나가 된다"고 할 때의 '하나'는 형상을 초월한 것으로 불가사의한 것이요 언어 문자로 설명이 불가능한 것이다. 말할 수 있고 생각할 수 있는 것이라면 이것은 바로 말하고 생각하는 것의 대상이 된다. 또한 말하고 생각하는 것과 상대되는 위치에 있게 되는 동시에 나와도 상대적이 된다. 이와 같은 '하나'는 만물과 더불어 내가 '하나'가 된다고 할 때의 그 '하나'는 아니다. 장자는 '하나'는 설명될 수 없다고 말한다. 그는 분명 '하나'를 이해하고 있었다. 혜시는 "지극히 큰 것은 밖이 없다. 이를 태일이라 한다"고 하였는데, 그는 태일을 말할 수 있음을 알았으나 태일이 설명될 수 없다는 것은 알지 못했다. 도가는 이 '하나'가 설명될 수 없음을 알았는데, 이것은 형상을 초월한 세계에 관한 지식이 명가보다 진일보했음을 보여주는 것이다.

명가는 일반인의 상식이 잘못된 것이라고 비판했지만 명가의 이러한 태도 역시 잘못된 것이다. "도는 한정되지 않는다", "말은 항상성이 없다", "도는 어찌 가고 없으며 말은 어찌 있어서 혼란을 야기시키는가?" 대부분의 사람들이 사물에 대하여 지니는 견해도 역시 일면적인 진리를 갖고 있다. 명가가 비판할 수 있는 것은 대부분의 사람들이 진리의 한 측면밖에 모르고 있다는 점이다. 대부분의 사람들은 자신들의 견해가 편견인 줄을 모른다. 만약 편견이 편견인 줄 안다면, 그것은 이미 편견이 아니다. 한 걸음 더 나아가 사람들이 서로서로 시시비비하는 것까지도 일종의 대자연의 변화무쌍한 소리이다. 무릇 자기는 옳다 하고 자기와 다른 것은 그릇되다고 하지 않음이 없다. 이 역시 사물의 자연적 본성이다. 도의 관점에서 본다면 이는 불가피하며 그렇게 하도록 내버려 두어야 한다. 그 '도의 지도리'(道樞)를 얻은 사람은 일반인의 견해를 폐하려 하지 않고 옳고 그름을 따지는 일을 그만두려 하지 않는다. 다만 "그들의 견해를 좇지 않고 하늘에 비추어서 판단한다."[44] 이는 폐하는 것이 아니라 초월하는 것이

---

44) 같은 책, 같은 곳, "不由而照之於天."

다. 〈제물론〉에서는 "이러므로 성인은 옳음과 그름이 서로 화합하게 하고 자연의 조화(天鈞)에 맡긴다. 이를 두 개의 길(兩行)이라 한다"[45]고 했다. 옳음과 그름은 상대적이다. 일반인이 지니는 견해들도 상대적이다. 일체 사물의 속성도 상대적이다. 단 "만물과 나는 하나가 된다"고 할 때의 그 '하나'는 절대적이다. 상대적인 것을 폐하지 않고 절대를 획득하는 것, 이것이 두 개의 길(兩行)이다.

이 점이 또한 장자가 혜시보다 진일보한 곳이다. 혜시는 변론은 알았으나 변론하지 않는 변론이 있음을 몰랐다. 그는 말은 알았으나 말하지 않는 말(不言之言)이 있음은 몰랐다. 혜시와 공손룡은 다만 일반인의 견해를 비판할 줄만 알았고 그들이 잘못되었다고 인식하는 데 그쳤을 뿐, 그들의 견해도 잘못이라고 할 까닭이 없다는 것을 알지 못했다. 이 점이 명가가 일반인과 어울리지 못한 이유가 된다. 그러나 도가는 "천지의 정신에 출입하고 만물에 오만하지 않으며 … 시비를 폐하지 않고 세속과 더불어 산다."[46] 도가가 명가를 거쳤고 그들을 초극했다고 말하는 것은 바로 이런 연유에서이다.

한편 도가는 무명(無名)이 형상을 초월한다는 것을 알기는 했어도 유명(有名) 또한 형상을 초월한다는 것은 알지 못했다. 하나의 명칭(名)이 지시하는 바가 하나의 대상이나 사물이라면, 그때의 그 이름 붙일 수 있는 것은 형상 세계에 속한 일일 것이다. 그러나 한편으로 명칭이 가리키는 바가 보편자라면 그것은 형상을 초월한다. 공손룡 등이 말한 견, 백, 마, 백마 등도 역시 유명이지만 형상을 초월한 것이다. 이렇게 본다면 도가가 무명을 말하고 있기는 하나 명가에서 유명이라 부른 것을 완전히 이해한 것은 아니다. 도가는 초월 세계에 이르기는 했어도 추상적인 데까지 미치지는 못했다.

---

45) 같은 책, 같은 곳, "是以聖人和之以是非 而體乎天鈞 此謂之兩行."
46) 같은 책, 〈天下〉, "與天地精神往來 而不傲倪於萬物 … 不譴是非以於世俗處."

〈제물론〉에서 다시 다음과 같이 말한다.

　　옳은 것도 있고 옳지 않은 것도 있다. 그러한 것도 있고 그렇지 않은
　　것도 있다. 만일 옳은 것이 참으로 옳다면, 그것이 옳지 않은 것과 다
　　르다는 것은 두말 할 필요가 없다. 또한 그러한 것이 만일 참으로 그
　　러한 것이라면, 그것이 그렇지 않은 것과 다르다는 것도 변론할 필요
　　가 없다. 대자연의 끊임없는 변화의 소리는 모두에게 상대적이든 그렇
　　지 않든간에 하늘에 화합하여 제각기 제 길로 뻗어 나아가게 한다. 그
　　것이 우리의 수명을 다할 수 있는 길이다. 세월을 잊고, 옳고 그름의
　　분별을 잊어라 ! 무한 경계 속에 뛰어들어 그 속에서 살아라. [47]

　이것이 도의 지도리(道樞)를 얻은 자가 그 속에서 살아가는 경계이
다. 앞에서 말한 것처럼 "도는 모든 것을 관통하여 하나로 만든다."
또한 "천지와 나는 함께 태어났으니 만물과 나는 하나가 된다"고 했
는데, 이것은 도의 지도리를 얻은 사람의 지식을 언급한 것이다. 도
의 지도리를 얻은 사람은 이런 종류의 지식을 지니는 데 그치지 않고
어떤 체험을 갖는데, 그 체험은 내가 《신원인》(新原人)에서 말한 '하
늘과 같아짐'(同天)의 경계이다. 이 경계에 선 사람은 일체의 분별을
잊는다. 그에게는 단지 혼연의 '하나'가 있을 뿐이며, 일체의 세월과
선악을 잊고 있다. 무한 경계에 산다 함은 혼연히 '하나'된 곳에 산다
는 말이다.
　분별을 잊기 위해서는 지식을 버려야 하는데, 지식을 버리는 것은
도가에서 최고 경계에 도달하는 방법으로 사용된다. 여기서 말한 지
식은 사물에 대한 분별을 행하는 것이다. 사물에 대한 분별이 있다면
이미 '혼연'(渾然)이라 할 수 없다. 혼연은 무분별을 뜻한다. 지식을
버린다는 것은 분별을 잊는다는 뜻이다. 일체의 분별을 모두 잊으면

---

47) 같은 책, 〈齊物論〉, "是不是 然不然 是若果是也 則是之異乎不是也亦
　無辯 然若果然也 則然之異乎不然也 亦無辯 化聲之相待 若其不相待 和
　之以天倪 因之以曼衍 所以窮年也 忘年忘義 振於無竟故寓諸無竟."

남는 것은 단지 '혼연의 하나'이다. 노자는 "학(學)을 하면 날로 늘어나고, 도를 하면 날로 줄어든다"[48]고 했는데, 이는 학을 하면 지식이 증가되므로 날로 늘어나게 되고, 도를 하면 지식이 감소하므로 날로 줄어든다는 의미이다.

이른바 도에는 두 가지 의미가 있다. 하나는 도란 일체 사물이 그로 말미암아 생성되는 것을 가리킨다. 다른 하나는 도란 일체 사물이 그로 말미암아 생성되는 바에 대한 지식을 가리킨다. 일체 사물이 그로 인해 생성되는 것은 생각할 수도 없고 말할 수도 없다. 만일 우리가 그것에 대해 생각할 수 있다거나 표현할 수 있다면, 그것은 어떤 유일한 성질을 지닌 것이며, 우리는 그것에 이름을 붙이게 된다. 그러나 그것은 이름 붙일 수 없다. 왜냐하면 그것에 적합한 이름을 찾는다는 것이 불가능하기 때문이다. 그러기 때문에 그것은 지식의 대상이 될 수 없다. 따라서 도에 관한 지식은 지식 아닌 지식이라는 결론이 나오게 된다. 〈제물론〉에서 "그 알지 못하는 곳에서 멈출 줄 아는 것은 지극한 일이다. 누가 말로 하지 않는 변(辯)을 알 것이며, 누가 표현하지 않는 도를 알 것인가?"[49]라 했는데, 실로 알지 못함을 아는 것이야말로 최고의 앎이다. 《장자》〈천지〉편에 다음과 같은 이야기가 있다.

> 황제가 적수의 북쪽에서 노닐다가 곤륜의 언덕에 올라 남쪽을 바라보고 돌아왔는데, 그만 현주(玄珠)를 잃어버렸다. 이에 지(知)를 시켜 찾게 했으나 찾지 못했고, 이주(離珠)를 시켰으나 찾지 못했으며, 끽구(喫詬)를 시켰으나 역시 찾지 못했다. 이에 상망(象罔)을 시켰더니 그가 찾아냈다.[50]

---

48) 《老子》, 48장, "爲學日益 爲道日損."
49) 《莊子》, 〈齊物論〉, "故知止其所不知 至矣 孰知不言之辯 不道之道."
50) 같은 책, 〈天地〉, "黃帝遊乎赤水之北 登乎崑崙之丘 而南望還歸 遺其玄珠 使知索之而不得 使離珠索之而不得 使喫詬索之而不得也 乃使象罔 象罔得之."

여기서의 지는 보통 말하는 지식이고, 이주는 감각이며, 끽구는 언변이다. 이들은 현주를 찾지 못했다. 오직 상망이 찾았는데, 상망은 곧 무상(無象)을 뜻한다. 무상이란 형상을 초월했다는 말이다. 이 이야기는 곧 형상을 초월해야 도추를 얻을 수 있음을 의미한다. 이러한 지식이 바로 '무지의 지'(無知之知)이며, 무지의 지야말로 최고의 지이다.

최고 경계에 이르려면 모름지기 지식을 버려야 하며, 지식을 버린 후에야 '혼연한 하나'에 도달할 수 있다. 최고의 지식을 얻으려면 지식을 버려야 하며, 지식을 버린 후에야 능히 무지의 지를 얻을 수 있다. 요컨대 도를 얻는 방법은 지식을 버리는 데 있다. 《장자》에는 여러 차례 도를 얻는 과정을 언급하고 있다. 〈대종사〉(大宗師) 편에 다음과 같은 이야기가 있다.

> 남백자규가 여우(女偊)에게 물었다. "그대는 나이가 많은데도 얼굴 빛이 마치 어린애와 같으니 무슨 까닭이오?" 여우는 "도를 들었기 때문이오"라고 대답했다. 남백자규가 다시 물었다. "도란 배울 수 있는 것이오?" "안 되오, 그대는 배울 사람이 못 되오. 복량의(卜梁倚)는 성인의 재능을 지녔으나 성인의 도가 없고, 나는 성인의 도는 지녔으나 성인의 재질이 없소. 내가 가르쳤다고 하면 그가 과연 성인이 될 수 있었겠소? 그렇지 않고 성인의 도로 성인의 재질을 지닌 자에게 가르치면 쉬울 것이오. 내가 기다렸다가 도를 알려 주었더니 그는 3일만에 능히 외천하(外天下)했소. 그 뒤에도 계속 지켜보았더니 7일 후에는 능히 외만물(外萬物)했소. 이미 외만물한 후에도 지켜보았더니 9일 후에는 능히 외생(外生)하였소. 외생한 후에는 능히 조철(朝徹)했소. 조철한 후에는 능히 하나를 보았소(見獨). 하나를 본 후에는 고금을 초월했고, 고금을 초월한 후에는 생사가 없는 경계에 들어갔소. 생을 죽이는 자는 죽지 않고, 생을 살리려 하는 자는 살지 못하오. 주변 환경의 요청에 응하여 모두 용납하고 환영하며, 모든 것이 허물어진 듯 모든 것이 완성된 듯 여기는 것을 영녕(攖寧)이라 하오. 영녕은 얽매

인 후에 이룬다는 뜻이오."[51]

여기서 외천하, 외물, 외생이라 할 때의 외(外)는 알지 못한다, 잊
는다는 뜻이다. 즉 '외천하'란 천하가 있음을 모른다, 천하를 잊는다
는 말이다. 천하 역시 하나의 물(物)이다. 하나의 물은 쉽게 잊을 수
있다. 그러나 만물을 잊기는 어렵다. 그러므로 천하를 잊은 후에 다
시 7일이 지난 후 만물을 잊을 수 있었다고 했다. '외물'한다 함은 물
이 있음을 잊었다거나 모른다는 말이다. 사람의 생명은 가장 잊기 어
렵다. 그래서 '외물'한 후 다시 9일이 지난 후에야 능히 '외생'했다고
하였다. 대상 세계를 잊고 나 자신을 잊었으니 나와 대상의 분별, 나
와 나 아닌 것 사이의 깊은 수렁은 지적인 면에서는 이미 존재하지
않는다. 이와 같으니 황연히 만물과 나는 혼연한 '하나'가 된다. 이
황홀한 경지를 '조철'(朝徹)이라 한다. 찬란하게 아침 해가 솟아오르
는 것 같음을 조철이라고 한다. 이는 마치 주자가 말하는 활연관통
(豁然貫通)과 같다. 이때에 보이는 것은 오직 혼연의 '하나'이다. 이를
일러 견독(見獨)이라 한다. 독(獨)은 하나라는 말이다. '하나'는 일체
를 포함한다. 그것은 대전(大全)이다. 대전은 고금이 없다. 고금은
시간적으로 헤아린 것이다. 대전은 시간까지도 포괄하므로 대전 밖에
다른 시간이 있어 고금으로 헤아려지는 것이 아니다. 대전은 사생(死
生)이 없다. 대전은 존재하기를 멈출 수도 없으므로 진정한 죽음이
있을 수 없고, 어느 특정한 때 시작한 것이 아니므로 죽어야 할 생

---

51) 같은 책, 〈大宗師〉, "南伯子葵問乎女偊曰 子之年長矣 而色若孺子 何
也 曰吾聞道矣 南伯子葵曰道可得學耶 曰 惡 惡可 子非其人也 夫卜梁倚
有聖人之才 而無聖人之道 我有聖人之道 而無聖人之才 吾欲以敎之 庶幾
其果爲聖人乎 不然 以聖人之道 告聖人之才 亦易矣 吾猶守而告之 三日
而後能外天下 已外天下矣 吾又守之七日 而後能外物 已外物矣 吾又守之
九日 而後能外生 已外生矣 而後能朝徹 朝徹而後能見獨 見獨而後能無古
今 無古今而後能入於不死不生 殺生者不死 生生者不生 其於物也 無不將
也 無不近也 無不毀也 無不成也 其名爲攖寧 攖寧也者 攖而後成者也."

108

(生)도 없다. 대전이 이와 같으니 대전과 하나된 자에게는 과거도 현재도 없다. 사생이 그에게 아무런 문제도 되지 않는다. 이런 경계에 사는 사람은 대전의 관점을 통해 물질 세계의 모든 사물을 생성으로도 파괴로도 보지 않는다. 동시에 생성되지 않는 것도 파괴되지 않는 것도 없다고 본다. 이를 일러 영녕(攖寧)이라 한다. 영(攖)은 요동한다는 말이요, 녕(寧)은 평안히 고요하다는 말이다. 영녕은 요동을 막지 않으면서 영정(寧靜)을 얻는다는 뜻이다.

〈대종사〉에는 또 다음과 같은 이야기가 있다.

안회가 공자에게 "제가 꽤나 진보한 것 같습니다"고 하자,
공자 무슨 말이냐?
안회 저는 인의를 잊었습니다.
공자 좋은 일이다. 하지만 아직 멀었다.
       (며칠이 지난 후)
안회 저는 전보다 진보했습니다.
공자 무슨 뜻이냐?
안회 저는 예악을 잊었습니다.
공자 좋은 일이다. 그러나 아직 멀었다.
       (또 며칠이 지난 후)
안회 저는 전보다 향상되었습니다.
공자 무슨 말이냐?
안회 저는 좌망(坐忘)의 경지에 도달했습니다.
공자 좌망이라니, 무슨 소린가?
안회 몸에서 벗어나 이목의 감각을 버리고, 형상을 떠나고, 지식을 내버려 크게 통하는 것과 같아졌음을 일컫는 말입니다.
공자 이미 하나가 되었으니 특별히 좋아하는 것이 있을 수 없고 도와 함께 변화하고 무상하게 된다. 그것이 과연 지혜로운 게 아니냐. 내가 너를 좇아가야겠구나. [52]

---

52) 같은 책, 같은 곳, "顏回曰 回益矣 仲尼曰 何謂也 曰 回忘仁義矣 曰

인의와 예악을 잊었다는 안회의 말은 앞서의 외물(外物)에 상당한다. 인의는 추상적인 것이어서 비교적 쉽게 잊을 수 있으나, 예악은 구체적인 것이어서 비교적 잊기가 어렵다. '몸을 잊고, 이목의 감각을 잊고, 형상을 떠나고, 지식을 내버린다'는 것은 앞에서의 외생(外生)에 해당하며, '크게 통하는 것에 같아졌다'는 것은 '조철', '견독'에 해당한다. 공자의 '하나가 되었으니 특별히 좋아하는 것이 있을 수 없다'는 말은 '모두 용납하고 환영한다'에 상당하며, '도와 함께 변화하고 무상하게 된다'는 것은 '모든 것이 허물어진 듯 모든 것이 완성된 듯 여긴다'거나 '크게 통하는 것에 같아짐' 또는 '조철, 견독'에 해당한다. 이것이 좌망 상태에 도달한 사람의 경계이다. '특별히 좋아하는 것이 없다'거나, '변화하고 무상하게 된다'는 것은 좌망한 사람에게서나 있을 수 있는 경지이다.

그러나 이런 질문을 던질 수 있다. 앞서 도가는 시비를 폐한 것이 아니라 초월했다고 하고 이를 양행(兩行)이라 한다고 하였는데, 이제 다시 도를 행하려면 모름지기 지식을 버리고 분별하고자 하는 마음을 잊으라 한다면 이는 곧 폐기하는 것과 무엇이 다르냐고. 그러나 지식을 버리고 분별을 잊으라고 하는 것은 성인의 경계에서 하는 말이다. 이는 내성(內聖)의 방면으로 말한 것이다. 시비를 폐하지 않고 분별을 폐하지 않는다는 것은 사물에 부응하는 것으로 말함이니, 이는 외왕(外王)의 방면에 속한다. 사물에 부응하는 것을 그만둘 수 없다면, 그리고 그런 경계가 있다면, 그것이 바로 영녕이요 양행이다.

성인은 최고 경계에 도달한 사람이며 그는 절대적 소요를 한다. 《장자》가 말하는 소요는 자유의 쾌락이라 할 수 있다. 〈소요유〉(逍遙

可矣 猶未也 他日復見 曰 回益矣 曰 何謂也 曰 回忘禮樂矣 曰 可矣 猶
未也 他日復見 曰 回益矣 曰 何謂也 曰 回坐忘矣 仲尼曰 何謂坐忘 顏
回曰 墮肢體 黜聰明 離形去知 同於大通 是謂坐忘 仲尼曰 同則無好也
化則無常也 而果其賢乎 丘也 請從而後也."

遊) 편 첫머리에 대붕(大鵬)과 소조(小鳥), 소지(小知)와 대지(大知), 소년(少年)과 대년(大年)에 관한 이야기가 나온다. 이들은 모두 대소가 현격하게 다르다. 그러나 그들이 그들의 본성에 따라서 산다면 그들은 모두 소요하는 것이다. 그러나 그들의 소요는 조건적이다. 〈소요유〉편에 이르기를 "열자(列子)는 바람을 타고 다녔다. 시원스레 떠돌아 다녔다. 이는 비록 걸어다니는 것은 면했다고 하겠으나 아직도 의지하는 바가 있어야만 했다. 그러나 만일 천지의 올바름을 타고, 6기의 변화를 몰며, 무궁의 세계에서 노닌다면, 더 이상 그를 제약하는 것이 어디 있겠는가?"[53]라고 하였다. 열자가 바람을 타고 다녔으니 비록 자유로웠다고 하겠으나, 만약 바람이 없었다면 다닐 수 없었을 것이니 그의 소요는 바람에 의존한 것이다. 대붕은 한 번에 구만 리를 날지만 그의 소요는 멀리 나는 것에 의존한다. 대춘(大椿)은 8천 년을 봄으로 하고 또 8천 년을 가을로 했는데, 그의 소요는 오래 사는 것에 의존한다. 이들은 모두 의존하는 바가 있다. 즉 조건적・상대적 소요이다. 그러나 성인은 무궁의 경계에서 노닌다. 즉 〈제물론〉에서 말한 바 "경계 없는 곳에 뛰어들어 경계 없는 곳에서 노닌다"[54]는 것이며 "그 대상 사물에 대하여 보내지 않음도 맞이하지 않음도 없다. 이루지 않음도 허물지 않음도 없다"[55]는 것과 같다. 성인의 소요는 무엇에 의존하는 것이 아니다. 그의 소요는 기대는 바가 없다. 그것은 절대적 소요이다.

초기 도가는 '생명을 보전하고 해악을 피함'(全生避害)을 목적으로 했다. 그러나 만일 최고 경계, 성인의 경지에 도달한다면 그때야 비로소 참으로 해로움이 해로운 것이 아니게 된다. 《장자》의 〈전자방〉

53) 같은 책, 〈逍遙遊〉, "列子御風而行 冷然善也 此雖免乎行 猶有所待者也 若夫乘天地之正 御六氣之辯 以遊無窮者 彼且惡乎待哉."
54) 같은 책, 〈齊物論〉, "振於無竟 故寓諸無竟."
55) 같은 책, 같은 곳, "其於物也 無不將也 無不迎也 無不成也 無不毁也."

(田子房) 편에서는 "무릇 천하는 만물이 하나로 돌아가는 곳이니 그 하나가 되는 까닭을 알아 이에 동조하면 사지백체(四肢百體)는 티끌이 되고 생사종시(生死終始)는 한갓 주야가 바뀌는 것과 같게 되어 그것이 결코 그를 괴롭히지 못할 것이니, 하물며 득실, 화복이 어찌 끼어들겠는가?"56)라 했다. 모름지기 이런 최고의 경계에 도달한 후에야 능히 참으로 생명을 보전하게 된다. 〈대종사〉편에서는 "배를 골짜기에 숨기고 산을 연못 속에 감추어 두고는 안전하다고 한다. 그러나 한밤중에 힘있는 자가 지고서 달아나도 우매한 자는 이를 알지 못한다. 이처럼 작은 것을 큰 것 속에 감추면 마땅하기는 하나 그래도 잃어버릴 위험은 언제나 있다. 만약 천하를 천하에 숨기면 훔쳐갈 수가 없을 것이니 이것이 만물의 변함없는 법칙이다. …그러므로 성인은 만물의 잃어버릴 수 없는 곳에서 노닐고 항시 그것과 함께 있다"57)고 했는데, 이것이야말로 진정한 의미의 생명을 보전하고 해악을 피하는 방법이다. 장자가 초기 도가의 문제를 해결했다 함이 바로 이것을 두고 말한 것이다. 세속적 관점에서 보면, 장자는 어떤 문제도 해결한 바가 없다. 그가 말한 것으로는 장생불사하지도 못할 뿐 아니라 이로움을 얻거나 해로움을 피하지도 못한다. 장자의 방법은 단지 문제를 취소해 버린 것에 지나지 않는다. 장자에 따르면 생명을 보전하고 해악을 피하는 것은 이미 문제가 되지 않는다. 문제를 취소해 버림으로써 해결할 수 없는 문제를 해결한 셈이다.

　도가에 있어 최고의 지식, 최고의 경계에 도달하는 방법은 지식의 포기이다. 지식을 포기한 결과는 무지이다. 이 때의 무지는 지식의

---

56) 같은 책, 〈田子房〉, "夫天下也者 萬物之所一也 得其所一而同焉 則四肢百體將爲塵垢 而死生終始 將爲晝夜 而莫之能滑 而況得喪禍福之所介乎."

57) 같은 책, 〈大宗師〉, "夫藏舟於壑 藏山於澤 謂之固矣 然而夜半有力者負之而走 昧者不知也 藏小有宜 猶有所遯 若乎藏天下於天下 而不得所遯 是恆物之大情也 …故聖人遊於物之所不得遯而皆存."

112

단계를 거친 것으로, 지식이 있기 이전의 원시적 상태의 무지가 아니다. 이를 명확하게 분별하려면 '나중에 얻은(後得) 무지'라고 해야 할 것이다. 본래적 무지 상태에 있는 사람의 경계는 자연 경계이지만, 나중에 얻은 무지 상태에 있는 사람의 경계는 천지 경계이다.

나중에 얻은 무지는 원시적 무지와 비슷하다. 천지 경계도 자연 경계와 비슷하다. 그러나 자연 경계는 일종의 혼돈 상태이다. 천지 경계도 역시 혼돈 상태처럼 보이기도 한다. 자연 경계의 사람은 사물에 대하여 분별력이 없다. 그러나 천지 경계의 사람은 분별을 잊고 산다. 천지 경계에 있는 사람은 지식이 없는 것도 아니며 사물들을 분별하지 않는 것도 아니기에 '망'(忘)이라는 말을 썼다. 분별력은 지녔으나 그것을 잊었다는 말이다. 원시적 무지 상태에 있는 사람은 사물을 분별하지도 못하고 이런 수준에 이르지도 못한다. 그러나 '망'의 경지는 이를 초극한 경지이다. 왕융(王戎, 3세기 후반)은 말한다. "최고 단계인 성인은 감정을 잊는다. 최하의 단계는 감정을 갖지도 못한다."[58] 지식의 측면으로 말해도 마찬가지이다. 원시적 무지 상태는 지식의 상태에 미치지 못한 것이다. 원시적 무지 상태에 있는 사람은 지식에 있어 만물과 혼연일체가 되었다고 하겠으나 그것을 자각하지는 못한다. 자각이 없다는 점에서 그 경계는 자연 경계이다. 나중에 얻은 무지는 이미 지식을 초월한 무지이다. 나중에 얻은 무지를 지닌 사람은 지식상으로 만물과 혼연일체가 되었을 뿐 아니라 그렇게 되었음을 자각하고 있다. 자각이 있기에 그의 경계를 천지 경계라 한다.

이 점을 도가는 분명하게 인식하지 못했다. 그들이 사회를 논할 때는 언제나 원시 사회를 찬미한다. 개인의 수양을 논할 때는 언제나 어린 아이, 핏덩이 갓난애, 어리석은 사람을 찬양한다. 원시 사회의 사람이나 어린애 및 어리석은 사람은 혼돈 무지 상태로서 마치 성인

___
58) 王戎, 《世說新語》, 〈傷逝〉, "聖人忘情 最下不及情."

과 비슷하다. 그러나 실상 이러한 유사점은 표면적인 데 불과하고 그 경계의 차이는 현격하다. 도가에서 말하는 성인의 경지는 천지 경계이다. 그러나 그들이 찬미한 것은 단지 무의식적인 자연 경계에 속하는 것일 때가 있다.

도가는 유가에서 말하는 인의에 반대한다. 그렇다고 해서 그들이 불인, 불의를 주장하는 것은 아니다. 인의만으로는 부족하다는 뜻이다. 인의를 행하는 사람의 경계는 도덕 경계이다. 천지 경계의 관점에서 도덕 경계를 본다면 도덕 경계나 도덕을 행하는 사람은 사회 내적인 것에 구애된다. 도가는 이를 '방내'(方內)와 '방외'(方外)로 구분한다. 즉 사회 내적인 것에 구애된 사람은 방내인이요 사회적인 것을 초월한 사람은 방외인이다. "방외에 노니는 사람은 조물주와 더불어 짝을 이루고 천지의 근원적인 하나의 기에 노닌다. 생명을 마치 큰 혹처럼 보며 죽음을 마치 종기가 터진 듯이 여긴다. 그는 그의 육체를 마치 여러 종류의 물질을 빌려다가 일시적으로 형체를 만들어 그에게 맡겨 놓은 것처럼 여기며, 간이 어디 있고 쓸개가 어디 있는지를 아는 일도 없고 이목이 있다는 것조차 모른다. 종시를 반복하고 어디가 끝이고 어디가 시작인지 모른다. 정처없이 속세의 밖에서 방황하고 무위 자연의 활동 속에 소요한다."[59] 방내에 노니는 사람은 호들갑스럽게 세속의 예의를 차리거나 뭇사람의 이목을 의식한다. 도가는 공자나 맹자를 이 같은 방내인으로 보았다. 그들이 참으로 이와 같았다면 공자와 맹자의 경계는 아주 낮은 것이다.

그러나 공자와 맹자는 이와 같은 방내인은 아니다. 그들도 최고의 경계를 추구했다. 그 방법이 도가들과 달랐을 뿐이다. 도가의 방법은 지식을 버리는 것이다. 그럼으로써 나를 잊고 만물과 더불어 혼연일

---

59) 《莊子》, 〈大宗師〉, "造物者爲人(偶也) 而遊乎天地之一氣 以生無附贅懸疣以死決疣潰癰 假於異物託於同體 忘其肝膽遺其耳目 反覆終始 不知端倪 芒然彷徨乎塵垢之外 消遙乎無爲之業."

114

체가 되는 경계를 얻는 것이었다. 그러나 공자와 맹자의 방법은 '집의'(集義), 즉 의로운 행위를 쌓는 것이었다. 의로운 행위를 많이 함으로써 자기의 사욕을 초극하여 만물과 더불어 혼연일체가 되는 경계에 도달하려 한다. 유가의 '집의'의 방법은 그 도달하는 바가 정감상에 있어 만물과 하나되는 것이라면, 도가의 대상 세계에 대한 지식의 제거라는 방법은 지적으로 만물과 하나가 되는 것이다. 유가의 성인은 언제나 모든 인류는 나의 동포요 만물은 나의 친구들이라는 마음을 갖고 있고, 도가의 성인은 언제나 이른바 "세상을 버리고 홀로 독립하여 산다"는 기개를 지니고 있다. 유가의 성인의 마음은 열렬하고, 도가의 성인의 마음은 지극히 냉정하다.

집의의 방법을 쓰면 방내와 방외의 구별이 있을 수 없다. 지식의 제거 방법을 쓰면 방내와 방외의 구별이 있게 된다. 도가는 방내외를 구별하고, 방외에 노니는 사람을 기형적인 사람(畸人)이라 불렀다. "기형적인 사람은 사람의 눈에는 이상하고 하늘과는 친구이다. … 하늘의 소인은 사람의 군자이고, 사람의 군자는 하늘의 소인이다."60) 도가의 철학 속에는 이 같은 대립이 있다. 그것은 극고명하지만 '극고명이도중용'의 표준에 일치하지는 못한다.

그러나 실로 도가는 또한 양행(兩行)을 주장한다. "그 하나라 함은 하늘과 함께함이요, 하나가 아니라 함은 사람과 함께하는 것이다. 하늘과 사람은 서로 이기려 하지 않는다. 이런 사람을 진인(眞人)이라 한다."61) 이것이 하늘과 사람의 양행이다. "홀로 천지 정신과 왕래하며 … 시비의 분별을 포기하지 않으며 세속과 더불어 산다."62) 이것이

---

60) 같은 책, 같은 곳, "畸人若畸於人而侔於天 … 天之小人 人之君子 人之君子 天之小人也."
61) 같은 책, 같은 곳, "其一與天爲徒 其不一與人爲徒 天與人不相勝也 是之謂眞人."
62) 같은 책, 〈天下〉, "獨與天地精神往來 … 不譴是非 以與世俗處."

방외 방내의 양행이다. '극고명이도중용'의 표준으로 양행을 비판한다
면, 그 비판은 '둘'(兩)이라는 데 있다. 고명과 중용은 결코 양행이
아니라 일행(一行)이기 때문이다.

제 5 장

《역전》과 《중용》[1]

　1장에서 우리는 유가가 비록 인의로 유명해졌지만 그들의 가르침이 결코 인의에 국한된 것은 아니라고 했다. 그들이 추구한 인생의 경계 또한 도덕 경계만이 아니다. '극고명이도중용'(極高明而道中庸)의 표준을 적용한다면 그들의 가르침은 고명하다고 할 수는 있으나 '극고명'이라고 할 수는 없다.

　맹자(孟子) 이후, 즉 전국 말기의 유가들은 대체로 도가의 영향을 받았다. 당시의 유가 사상가들 가운데 순자(荀子)가 가장 유명했는데, 그는 도가적 자연주의에 도달했다. 이전의 유가 중에서 공자는 주재적 천(天)을, 맹자는 의리 혹은 운명의 천을 말했으나, 순자가 말한 천은 자연의 천이었다. 이 한 가지 사실로도 그가 도가의 영향

---

1) 《역전》(易傳)은 십익(十翼: 단전상하, 상전상하, 계사전상하, 문언전, 설괘전, 서괘전, 잡괘전)을 말하며 공자가 지었다고 하나 이견이 많다. 《중용》(中庸)은 《논어》, 《맹자》, 《대학》과 더불어 사서의 하나이며, 본래는 《예기》 중의 한 편이다.

을 받았음을 알 수 있다. 그는 비록 도가의 영향을 받았지만, 유가 철학에 극고명 쪽의 어떤 진보를 가져오지는 못했다. 그 역시 유가의 전통을 대표하며, 예악 전적에 대한 전문가이다. 그가 설파한 인생의 경계 역시 도덕 경계에 한정된다.

순자는 당대의 다른 학파의 학설에 대하여 어느 정도의 명확한 인식을 갖고 있었고 신랄한 비판을 가하기도 했다. "노자(老子)는 굽히는 방법은 알았으나 펴나가는 방법은 알지 못했다. 묵자(墨子)는 제일(齊一)의 원리는 깨달았으나 개별성의 원리는 알지 못했다."[2] "묵자는 실용에 눈이 가려서 문화를 알지 못했다. … 혜시(惠施)는 논리에 매여서 실제를 알지 못했다. 장자(莊子)는 자연에 가려서 인간을 알지 못했다. … 효용의 관점으로 말하면 도는 이로움을 극대화하는 것이고…변론의 관점에서는 논증의 정합성 이상이 아니며…자연의 관점에서는 도는 방임, 내버려 둠 이상이 아니다. 이 몇 가지는 모두 도의 한 모퉁이이다. 무릇 도라는 것은 변하지 않음을 그 바탕으로 하여 변화를 다하는 것이므로 한 면만 가지고는 그것을 적절하게 나타낼 수 없다. 어느 한 방면에 대한 지식을 지닌 사람이 도의 한 면만 보았다면 도를 알 수가 없다. 그가 도에 대해서 완전하게 이해했다고 생각한다면, 그 결과는 한편으로는 그의 마음을 혼란 속에 던져 넣는 것이 되고, 다른 한편으로는 타인을 오도하게 된다. 그리하여 상하가 서로 혼란에 빠지게 되는데 이를 폐색(蔽塞)의 화라 한다."[3] 이처럼 순자는 당시 여러 사상가의 학설을 비판했는데, 그 주요 입장

---

2)《荀子》, 〈天論〉, "老子有見於詘 無見於信(伸) 墨子有見於齊 無見於畸."
3) 같은 책, 〈解蔽〉, "墨子蔽於用而不知文 … 惠子蔽於辭而不知實 莊子蔽於天而不知人 … 故由用謂之道盡利矣 … 由辭謂之 道盡論矣 … 由天謂之道盡因矣 此數見者 皆道之一隅也 夫道者 體常而盡變 一隅不足以舉之 曲知之人 觀於道之一隅而未之能識也 故以爲足而識之 內以自亂外以惑人 上以蔽下 下以蔽上 此蔽塞之禍也."

은《장자》(莊子), 〈천하〉(天下) 편과 비슷한 점이 많다. 그의 비판은
매우 극단적이다. 그러나 그는 도덕 경계에 관심을 갖고 있었으므로
도가의 천지 경계에 대해서는 옳게 인식하지도 또 비판하지도 못했
다. "노자는 굽히는 방법은 알았으나 펴나가는 방법은 알지 못했다"
거나 "장자는 자연에 가려서 인간을 알지 못했다"는 것은 노자와 장
자 철학의 일면을 말한 것으로 이 비판 또한 극단적이다. 노장 철학
의 핵심은 여기에 있지 않다. 그러나 노장 철학 이외의 다른 제자백
가 학설에 대해서는 분명한 인식을 가졌고 철저한 비판을 가했다.

　도가의 영향을 받아 유가의 철학을 한층 고명하게 발전시킨 것은
《역전》(易傳)과《중용》(中庸)의 저작자들이다. 전통적 견해에 따르면
《역전》은 공자가 지었다고 한다. 그러나 현대 문헌 사학자들의 연구
결과는 이미 그것이 확실한 것이 아님을 증명하고 있다.《중용》역시
공자의 손자인 자사(子思)의 저술이라고 알려져 오고 있으나 대체로
그 중의 일부가 자사의 저술이고 나머지는 자사의 문인들의 저술임이
분명하다.《역전》도《중용》도 결코 한 사람의 손으로 씌어진 것이 아
니며, 또 저자들은 대부분 도가의 영향을 받았음이 분명하다.《노자》
(老子)에 "도는 언제나 이름이 없으니 마치 통나무(樸)와 같다", 4) "통
나무가 나누어지면 여러 가지 그릇(器)이 된다"5)고 하였는데, 도(道)
와 기(器)는 대대(對待)의 관계이다. 〈계사전〉(繫辭傳)에는 "형이상자
는 도라 하고, 형이하자는 기라 한다"6)고 했는데 여기서의 도와 기
역시 상대적이다. 〈계사전〉에서는 "오직 신(神)이기에 달리지 않아도
빠르고, 가지 않아도 도달한다"7)고 했고,《중용》에서는 "이와 같으
니 보이지 않아도 빛나고, 움직이지 않아도 변하며, 하지 않아도 이

---

4)《老子》, 32 장, "道常無名 樸."
5) 같은 책, 28 장, "樸散則爲器."
6)《周易》, 〈繫辭傳〉, "形而上者謂之道 形而下者謂之器."
7) 같은 책, 같은 곳, "唯神也 故不疾而速 不行而至."

120

루어진다"8)고 하였는데, 이것은 모두《노자》의 "어리석은 자가 도를 들으면 크게 비웃는다"는 식의 표현을 본뜬 것이다. 〈계사전〉의 "형이상자를 도라 한다"라 한 것과《중용》의 "《시경》(詩經)에서 이르기를 '덕이 가볍기가 마치 터럭과도 같다 하는데 털도 오히려 경중을 헤아릴 수 있거니와 상천(上天)의 일은 소리도 없고 냄새도 없다' 하니 지극하도다"라 한 것은 모두 형상을 초월한 것에 대하여 한 말이다. 맹자는 호연지기를 설명하여 "천지 사이에 가득 찬다"고 했고, 또 "상하 천지로 더불어 함께 흐른다"고 했는데, 그가 말한 천지 역시 형상을 초월한 것이다. 그럼에도 불구하고 맹자는 그것이 뜻하는 바를 충분히 인식하고 있지는 못했다. 그러나《역전》과《중용》의 저자들은 형상을 초월한 곳에 도달할 것을 가르쳤고, 또한 자신들도 초월의 세계를 잘 인식하고 있었다. 이런 점에서 그들은 다시 고명의 경지로 나아가고 있었다.

《역전》과《중용》의 저자들이 비록 도가의 영향을 받았지만 도가와는 달리 그들은 유가의 전통을 계승하여 '도중용'(道中庸)을 강조한다. 차이점은 이에 그치지 않는다. 4장에서 말했듯이 도가는 무명(無名)이 형상을 초월하는 것임을 알았으나 유명(有名) 또한 형상을 초월하는 것임은 알지 못했다. 도가는 형상을 초월한다고 할 때는 반드시 '무'를 말했다.《역전》과《중용》의 저자도 "상천의 일은 소리도 없고 냄새도 없다"9)거나 "신은 일정한 장소가 없고, 역은 일정한 성질이 없다"10)고 했다. 단《중용》에서의 "상천의 일은 소리도 없고 냄새도 없다"는 말은 곧 상천의 일은 감각할 수 없다는 뜻이고,《역전》의 "신은 일정한 장소가 없고 역은 일정한 성질이 없다"라 할 때의 '신'은 변화를 예측할 수 없다는 뜻이고 '역'은 일정한 본보기가 될 수 없

8)《中庸》, "如此者不見而章 不動而變無爲而成."
9) 같은 책, "上天之載無聲無臭."
10)《易傳》,〈繫辭傳上〉, 4장, "神無方而易無體."

다는 뜻이다. 여기에 '없다'는 말이 있기는 하지만 '이름이 없다'고 할 때의 없음과는 다르다.

무(無)를 말하지 않고도 형상을 초월한 것에 대하여 말할 수 있다. 이 점이 《역전》, 《중용》의 저자들과 도가와의 차이점이다. 남북조 시대의 현학가들이 《주역》과 《노자》, 《장자》를 나란히 놓아 3현(三玄)이라 한 까닭이 여기 있다. 그 당시 사람들 가운데 《중용》을 가르치거나 해설서를 지은 자들이 있었지만, 그들 또한 《역》과 《노자》, 《장자》가 확실히 다르다는 것을 깨닫기는 힘들었다. 이들 현학가들도 아직 알아내지 못한 것들은 송명 시대의 도학가들의 출현으로 비로소 밝혀졌다.

도가는 단지 무명이 형상을 초월한다는 것을 알았을 뿐 유명도 형상을 초월할 수 있음은 알지 못했다. 어떤 명칭(名)이 가리키는 것이 만약 사물이라면 이는 형상 세계 안에 존재한다. 그러나 그 명칭이 가리키는 것이 공상(共相)이라면 이것은 형상을 초월한다. 예를 들면 공손룡(公孫龍)이 말한 견(堅), 백(白), 마(馬), 백마(白馬) 등은 모두 형상을 초월하는 것이다. 그런데 이들은 모두 진정으로 이름을 가질 수 있다. 흰색(白)의 공상은 흰색이 흰색 되는 까닭이니 이를 흰색의 도(白道)라 할 수 있다. 여기서의 도(道)는 이른바 군도(君道), 신도(臣道), 부도(父道), 자도(子道)라 할 때의 도이다.[11] 또한 《신이학》(新理學)에서 말한 이(理)와도 같다. 이(理)는 형상을 초월하며 이름 붙여질 수 있고, 또 진정한 의미의 이름을 가질 수 있는 것이다.

《역전》에서 말한 것을 종합해 보면, 《역》은 '이'(理)를 밝히는 책이다. 〈계사전〉에 "건(乾)은 이지(易知)요, 곤(坤)은 간능(簡能)이다. 쉽기 때문에 알기 쉽고 간편하기에 행할 수 있다. 쉽고 간단하기

---

11) 이런 의미의 도(道)는 성리학자들에게서 보는 이(理)와 같다.

에 천하의 이치를 얻을 수 있다"¹²⁾고 했고, 〈설괘전〉(說卦傳)에서는 "옛날 성인이 역을 지음에 이치를 탐구하고 본성을 다하여 그로써 천명에 도달했다"¹³⁾고 하고, 또 "옛날에 성인이 역을 지음에 이로써 장차 성명(性命)의 이치를 좇으려 했다. 이러므로 천도(天道)를 세워 음과 양이라 하고, 지도(地道)를 세워 유(柔)와 강(剛)이라 하고, 인도(人道)를 세워 인(仁)과 의(義)라 했다"¹⁴⁾고 하였다. 〈계사전〉과 〈설괘전〉에 비록 《역》이 이를 밝히는 책임을 분명히 하고 있지만 무엇이 이인지에 대해서는 설명이 없다. 글자만 갖고서는 그들이 말한 이와 《신이학》에서 말한 이가 다른 것이라고 단정할 수가 없다. 〈설괘전〉의 "이로써 장차 성명의 이(理)를 좇으려 했다"는 구절 바로 밑에 "이러므로 천도를 세워 음과 양…"이라 했는데, 이로써 그들이 말한 도(道)와 이(理)가 같은 것임을 알 수 있다. 《역전》에서의 도는 이른바 아내의 도리, 신하의 도리와 같은 도리이며, 이것은 《신이학》에서 말한 이와 같다. 그들이 말한 도는 '일음일양지위도'(一陰一陽之謂道)의 도와 같이 《신이학》에서 말한 이(理)와 비슷한 점이 있다.

그러나 도가에서 말한 도는 《신이학》에서 말하는 기(氣)와 비슷한 점이 있다. 《역전》에서의 도는 《신이학》의 이(理)와 비슷하다. 이 두 가지는 결코 서로 같지 않다. 위진 현학가들은 《역》과 《노자》와 《장자》를 3현(玄)이라고 하는데, 그들은 언제나 《노자》, 《장자》에서의 도로 《역전》의 도를 해석하였다. 예를 들면 〈계사전〉의 '일음일양지위도'를 한강백(韓康伯)은 다음과 같이 주석하였다.

여기서의 도란 무엇이냐? 무(無)를 일컫는다. 만물은 도를 통하지 않

12)《易傳》,〈繫辭傳〉, "乾以易知坤以簡能 … 易簡而天下之理得矣."
13) 같은 책,〈說卦〉, "昔者聖人之作易也 窮理盡性以至於命."
14) 같은 책, 같은 곳, "昔者聖人之作易也 將以順性命之理 是以立天之道曰 陰與陽 立地之道曰 柔與剛 立人之道曰 仁與義."

음이 없고 도로 말미암지 않음이 없다. 하물며 도라 했으니 적연하여
일정한 성질이 없고 형상이 없다. 그 존재의 작용이 극치에 있을 때
무(無)의 공은 나타난다. 그러므로 신(神)은 일정한 장소가 없고 역
(易)은 일정한 성질이 없다는 것을 알아야 비로소 도를 볼 수 있다. [15)]

이러한 해석은, 역사적 관점에 따른다면 전적으로 착오이다.

　도가에서 말하는 도는 《신이학》에서의 기(氣)와 유사하다고 했다.
유사하다고 한 것은 《신이학》에서의 기를 떠나서 사물이 존재할 수
없듯이 도가에서 말하는 도는 능히 물(物)을 낳는다는 점에서 그렇게
말한 것이다. 《역전》에서 말한 도가 《신이학》에서의 이(理)와 비슷
하다는 것은, 사물은 이(理)와 독립하여 존재할 수 없고 도는 만물을
산출할 수 있기 때문이다. 도가에서 말하는 도와 《역전》의 도는 각각
《신이학》에서의 기(氣)와 이(理)에 대한 아직 명확하지 못한 관념
이다.

　《역》은 본래 점치는 책으로 그 본래의 성격은 오늘날의 《아패신수》
(牙牌神數) 등과 같다. 이러한 책은 그 속의 글자 하나 구절 하나하나
를 모두 전후 문맥을 살펴 그 정확한 뜻을 얻어야 한다. 예를 들면
《아패신수》를 써서 그 점이 "下下下下上上"을 얻게 되면 그 점사(占
辭)는 이렇다. "세 번 싸우면 세 번 다 패한다. 부끄러워할 이유가
없다. 한 번 천하를 바로잡아 제후들을 다스릴 것이다." 글자 그대로
해석하면 이 점사는 군인이 전쟁에서 먼저 패한 후 승리한다는 것이
다. 그러나 실상 이것은 처음에는 흉하고 나중에는 길하다는 것을 모
두 포괄하고 있다. 이 점사는 상투적인 것이다. 무릇 처음에는 흉하
나 나중에는 길한 일 등은 모두 이런 식으로 표현되어 있다. 《역》의

---

15) 韓康伯, 《周易》 註, "道者何 无之稱也 无不通也 无不由也 況之曰道
　　寂然无體 不可爲象 必有之用極 而无之功顯 故至神无方而易无體 而道可
　　見矣."

124

괘효사도 본래 이와 같다. 후세에 《역》을 가르치는 사람들이 이런 식의 점사로 인해 공식을 발견하게 되었다. 그들에 따르면 《역》에는 많은 공식이 포함되어 있어 각각의 공식들은 하나의 도 혹은 많은 도를 표시한다. 《역》에 있는 많은 공식을 총괄하면 지닌 바 도를 완전히 나타낼 수 있다. 《역전》은 이것을 주장하고 있다.

〈계사전〉에서 역은 상(象)이라고 했다. [16] 64괘 384효는 모두 상이다. 상은 기호 논리학에서의 변항(變項)과 같다. 하나의 변항은 다른 하나의 혹은 허다한 종류의 사물로써 대입할 수 있다. 그것이 어떤 종류의 사물인지 따질 필요도 없이 단지 어떤 조건에 일치하기만 하면 모두 하나의 변항으로 대입할 수 있다. 〈계사전〉에서 "방향과 위치는 같은 종류끼리 모이고 사물은 무리지어 나뉜다"[17]고 했다. 사물은 모두 나름의 어떤 종류에 속한다. 어떤 종류 혹은 어떠어떠한 종류의 사물은 다만 어떤 조건에 일치하기만 하면 모두 어느 하나의 괘나 효로 대치할 수가 있다. 어느 한 괘사나 효사는 모두 공식이며 이들 종류의 사물을 표시한다. 각각의 사정하에서 행하여야 할 도를 나타낸다. 그 도를 지켜 행하면 길하고 지켜 행하지 않으면 흉하다. 〈계사전〉에서 다음과 같이 말한다.

무릇 역은 지나간 것을 밝히고 오는 것을 살피며, 은미(隱微)한 것을 나타내고 어두운 것을 밝힌다. 뜻을 열어서(開而) 괘의 이름에 마땅하게 하고(當名) 사물을 분별하여(辨物) 말을 바르게 한다(正言). 괘사와 효사를 판단하면(斷辭) 그 속에 갖추어진다. 그 이름을 일컫는 것은 작으나 그 종류를 취함은 크다. 그 뜻은 원대하고 그 말은 문채가 있다. 그 말은 간곡하며 잘 들어맞고 그 일은 벌려 있어도 뜻은 은밀하다. 이 두 가지로써 백성의 행동을 구제하고, 얻고 잃음의 보응을

16) 같은 책, 〈繫辭傳〉, "易者象也."
17) 같은 책, 같은 곳, "方以類聚 物以群分."

밝혀 준다.[18]

 이 글은 혹 오자와 탈자가 있기는 하지만 그 큰 뜻은 앞서 말한 것과 같다. 《역》의 괘효사는 모두 공식이다. 과거에도 미래에도 모두 응용할 수 있다. 그러므로 역은 "과거를 밝히고 미래를 살핀다"고 말하게 된다. 공식을 내놓는 것이 현(顯)이고, 나타날 바의 도가 미(微)요, 유(幽)다. 공식을 내어 유미(幽微)한 도를 표시한다. 그래서 은미한 것을 나타내고 어두운 것을 밝힌다. 그 공식은 어떤 종류의 사물과 관계를 갖는다. 생각건대 유(幽)의 이름으로 사물을 분별하는 것을 '당명'(當名), '변물'(辨物)이라 했다. 원문에 '개이당명'(開而當名)이라 했는데, '개이'(開而)라는 글자는 잘못인 듯하다. 그 뜻이 분명하지 않다. 어떤 공식으로 어떤 사물에 적용하는 것을 '정언'(正言), '단사'(斷辭)라 한다. 하나의 괘나 효는 한 종류 이상의 사물을 대신할 수 있다. 이들 유(類)의 한 이름은 그것이 실현되었을 때 특별히 중요한 것은 아니다. 다른 것이 더 중요할 수도 있다. 그래서 그 이름 붙인 것은 적으나 그 유를 취함은 크다고 했다. 이 유는 혹 매우 가까이 있어 알기 쉽기도 하고 혹 멀리 있어 알기 어렵기도 하다. 그래서 "그 뜻이 멀다"고 했다. 괘사나 효사 등 《역》에 나오는 길흉을 판단하는 글들 가운데에는 혹 직접적으로 어떤 종류를 지칭하지 않고 이것을 유추해서 저것을 알아야 하는 경우도 있다. "그 말은 문채가 있다. 그 말이 간곡하며 잘 들어맞는다" 함은 이런 뜻에서 했다. 괘사나 효사에서 말한 것이 이 사물일 수도 있다. 그러나 그 표시하는 것은 도이다. 그래서 "그 일은 벌려 있어도 뜻은 은밀하다"고 했다. 《역》은 도를 나타내어 사람의 행위를 지도한다. 그래서 "두 개

---

18) 같은 책, 같은 곳, "夫易 彰往而察來 而微顯闡幽 開而當名 辨物正言 斷辭則備矣 其稱名也小 其取類也大 其旨遠其辭文 其言曲而中 其事肆而 隱 因貳以濟民行 以明失得之報."

로 인하여(因貳는 잘못된 글자인 듯하다. 뜻이 분명하지 않다) 백성의 행위를 구제한다"고 했다. 사람이 이 도를 지키면 얻을 것이요 지키지 않으면 잃게 된다. 그래서 "얻음과 잃음의 보응을 밝혔다"고 했다. 얻음이란 길이요 잃음은 흉이다. 〈계사전〉에서 "길흉은 얻음과 잃음을 말한다"[19]고 했기 때문이다.

모든 괘효는 하나 혹은 그 이상의 많은 대상들로 대입이 가능하다. 〈계사전〉에서 "이끌고 펼쳐서 유사한 것에 촉발시켜 키운다면 천하의 가능한 일이 모두 거기에 있다"[20]고 했는데, 왕필(王弼)은 그의 《주역약례》(周易略例)에서 "뜻이 진실로 씩씩함에 있다면 하필 말인가? 온순한 것을 가정한다면 하필 소라 하는가? 이 효가 진실로 온순한 것에 합치한다면 하필 곤괘를 소라 하는가? 뜻이 실로 씩씩함에 있다면 하필 건괘가 말이 되는가?"[21]라고 했다. 〈설괘전〉에서는 건(乾)은 말이요, 곤(坤)은 소라 했다. 말과 소는 건·곤괘에 대입된다. 단 건·곤괘는 말과 소에 한하여 대입되는 것은 아니다. 강건한 성질을 지닌 사물이 있다면 모두 건괘에 대입될 수 있고, 온순한 성질을 지닌 사물이 있다면 모두 곤괘에 대입할 수 있다. 곤괘 〈문언〉(文言)에 이르기를 "음(陰)에 비록 아름다움이 있지만 머금고 있고, 왕의 일을 수행함에 있어 그 성질들을 쓰면 감히 이루는 것은 없으나 끝은 있게 되니 이것은 땅의 도요, 아내의 도요, 신하의 도이다"[22]고 했다. 땅이나 아내나 신하는 모두 순종을 그 미덕으로 삼기에 모두 곤괘에 해당한다. 곤괘는 땅, 아내, 신하의 상(象)이다. 곤괘의 괘사나 효사는 모두 땅의 도요 아내의 도요 신하의 도이다. 곤괘와 상대

19) 같은 책, 같은 곳, "吉凶者 言乎其失得也."
20) 같은 책, 같은 곳, "引而伸之 觸類以長之 則天下之能事 畢矣."
21) 王弼, 《周易略例》, "義苟在健 何必馬乎 類苟在順 何必牛乎 爻苟合順 何必坤乃爲牛 義苟在健 何必乾乃爲馬."
22) 《易傳》, 〈坤卦〉, "陰雖有美 含之以從王事 弗敢成也 地道也 妻道也 臣道也."

적인 괘는 건괘이다. 건(乾)은 하늘, 남편, 군왕의 상이다. 건괘의
괘사나 효사는 모두 하늘의 도, 남편의 도, 군왕의 도에 관한 것이
다.《역》의 괘가 모두 어떤 일정한 종류의 사물을 표시하는 것은 아
니다. 그 괘사나 효사 역시 일정한 사물의 도를 말하는 것이 아니다.
그래서 〈계사전〉에서 "신은 일정한 장소가 없고 역은 일정한 성질이
없다"고 했고, "《역》이란 책은 멀리할 수 없으니 그 도가 끊임없이
바뀌는 것에 근거하고 있기 때문이다", "역은 고착된 해석이 없다.
그 해석은 상황에 따라 달라진다"고 했다. 23)

　《역》은 모두 상징의 체계로 되어 있다. 〈계사전〉에서 "역은 상(象)
이다. 상이란 본뜬다는 것이다. 성인은 천하의 모든 복잡한 현상을
관찰하고 그 나름의 형식을 참작하여 그 사물의 마땅한 바를 형상화
했으므로 상이라 한다. 성인이 천하의 운동들을 관찰하여 그들 사이
에서 일어나는 회통 현상에 관심을 기울여 그 바른 예를 행하게 했고
말을 맺어 그 길흉을 판단하였다. 그래서 효(爻)라 한다. 천하의 지
극히 복잡한 현상을 다루나 그것에 대한 적대 감정이 없게 되고, 지
극히 상호 유동적인 사물을 다루지만 혼란이 없다"24)고 하였다. 우주
간의 사물은 매우 번잡하다. 그리고 끊임없이 변동한다. 상(象)과 사
(辭)가 표시하는 바 도가 있으므로 그 번잡한 가운데서도 간략함을
볼 수 있고 그 변동 속에서도 불변의 것을 본다. 간편함을 알게 되므
로 천하의 복잡한 것이라도 미워하지 않게 되고, 그 불변의 것을 알
게 되므로 천하의 지극한 변동 속에서도 혼란을 일으키지 않는다.

　《역위건착도》(易緯乾鑿度)와 정현(鄭玄)의 《역찬》(易贊) 및 《역론》

---

23) 같은 책, 〈繫辭傳〉, "神無方而易無體 … 易之爲書也不可遠 其爲道也屢
　　遷…不可爲典要 惟變所適."
24) 같은 책, 같은 곳, "聖人有以見天下之賾 而擬諸其形容 象其物宜 是故
　　謂之象 聖人有以見天下之動而觀其會通以行其典禮 辭繫焉以斷其吉凶 是
　　故謂之爻 言天下之賾而不可惡也 言天下之至動 而不可亂也."

(易論)에 따르면 "역의 이름은 하나이지만 뜻은 세 가지이니 이간(易簡)이 그 하나요, 변역(變易)이 그 둘째이며, 불역(不易)이 그 셋째이다."25) 역의 그 번잡한 가운데서 이·간을 발견할 수 있다. 〈계사전〉에 "건(乾)은 용이함으로써 알 수가 있고 간략하기에 좇기가 쉽다. 용이·간략하므로 천하의 모든 원리를 얻을 수 있다"26)고 했다. 이것이 《역》의 이간의 뜻이다. 《역》은 또한 다변성 가운데서 항상성을 찾을 수 있다. 〈계사전〉에는 "동정에 상(常)이 있으니 강유에 뚜렷한 구별이 있다", 27) "천하의 운동은 오직 곧음 하나일 뿐이다"28)라 했다. 이것은 역의 불변의 뜻을 나타낸다. 간(簡)과 상(常)은 역의 상(象)과 공식이다. 단 상(象)과 공식은 어떤 종류의 사물로 대입할 수 있으므로 역은 또한 고착된 해석에 구속당하지 않고 상황에 따라서 그 해석도 달라진다. 이것이 역의 변역의 뜻이다.

〈계사전〉의 설명 방식에 따르면, 역은 비록 64괘 384효로 되어 있으나 이끌어 펼치고 유사한 것에 접촉시켜 키워 갈 수 있으므로(引而伸之 觸類而長之), 역의 상과 공식은 존재하는 모든 도를 포괄한다. 〈계사전〉에서 "역은 천지와 더불어 준(準)한다. 그래서 능히 천지의 도를 미륜(彌綸)한다"29)고 했는데, 천지와 더불어 준한다는 것은 천지와 같아진다는 뜻이고, 천지의 도를 미륜한다 함은 천지의 도를 두루 포함한다는 말이다. "무릇 역은 무엇을 하는가? 역은 만물의 뜻에 통하고 세상의 일을 이루게 하니 천하의 도를 두루 포함한다. 이

---

25) 鄭玄, 《易論》, "易一名而含三義 易簡一也 變易二也 不易三也." 역위(易緯), 역찬(易贊), 역론(易論)이 모두 인멸되었다. 孔穎達, 《周易正義》에서 인용.
26) 《易傳》, 〈繫辭傳〉, "乾以易知 坤以簡能 易則易知 簡則易從 … 易簡而天下之理得矣."
27) 같은 책, 같은 곳, "動靜有常 剛柔斷矣."
28) 같은 책, 같은 곳, "天下之動 貞夫一者也."
29) 같은 책, 같은 곳, "易與天地準 故能彌綸天地之道."

같을 따름이다.”³⁰⁾ 천하의 도는 천지의 도와 구별된다. 천하의 도는
인간 세상 속에 있는 도이고, 천지의 도는 일체 사물이 마땅히 지켜
따라야 할 도이다. 예를 들어 군도(君道)·신도(臣道)·부도(夫道)·
처도(妻道)는 천하의 도이고, ‘일음일양지위도’(一陰一陽之謂道), 즉
한 번은 음이 되고 한 번은 양이 되는 도는 천지의 도이다.

존재하는 일체의 사물은 도에서 떠날 수도 도를 위배할 수도 없다.
구체적 사물에는 결함이 있으나 도에는 결함이 있을 수 없다. 역의
상(象)은 존재하는 모든 도를 포괄한다. 역의 상과 그 속의 공식 역
시 사물들이 그것을 떠날 수 없고 위배할 수 없으며 지나침이나 어긋
남이 있을 수 없다. 〈계사전〉에서 다음과 같이 말하고 있다.

> 천지와 같으므로 거스릴 수 없고 역의 주재함이 만물에 두루 미치므로
> 그 도가 천하를 건질 수 있어서 지나침이나 어긋남이 없다. 역은 천지
> 안의 모든 것을 변화시키되 아무런 결함이 없고, 만물을 곡진하게 완
> 성시키되 빠뜨림이 없다. 무릇 역은 넓고 크다! 그 먼 뜻으로 말하면
> 한계가 없고 그 가까운 의미로 말하면 모두 제나름의 자리에 위치한
> 다. 천지 사이에 있는 것들의 관계로써 말한다면 완벽하게 그 설명이
> 갖추어져 있다. 역이라는 책은 넓고 커서 다 갖추었다. 그 도는 심히
> 커서 온갖 사물을 하나도 빠뜨리지 않았다.³¹⁾

이것은 모두 역의 상과 그 속의 공식들이 존재하는 바 어떤 도이든
나타낸다는 것을 의미한다.

〈계사전〉에는 두 개의 상투적인 용어가 있다. 하나는 ‘도’이고 다

---

30) 같은 책, 같은 곳, “夫易何爲者也　夫易開物成務冒天下之道　如斯而已
　　者也.”
31) 같은 책, 같은 곳, “與天地相似故不違　知周乎萬物而道濟天下　故不過
　　… 範圍天地之化而不過　曲成萬物而不遺 … 夫易廣矣大矣　以言乎遠則靜
　　而正　以言乎天地之間則備矣 … 易之爲書也廣大悉備 … 其道甚大百物不
　　癈.”

른 하나는 역 속의 '상'(象)인데 그 속의 공식들은 도와 서로 짝을 이
룬다. 예를 들면 "역에는 태극이 있는데 이것이 양의를 낳고 양의는
사상을 낳고 사상은 팔괘를 낳는다. 팔괘는 길흉을 판정하고 길흉은
대업을 낳는다"[32]고 했는데 이것은 《역》 중의 상을 갖고 말한 것이
며, "일음일양하는 것을 도라 한다. 그것을 잇는(繼之) 것이 선(善)
이요, 완성함(成之)이 성(性)이다. 어진 자는 그것을 보고 인(仁)이
라 말하고 지혜로운 자는 그것을 보고 지(智)라 한다. 그러나 일반인
은 그 도를 일상적으로 쓰면서도 알지 못한다. 그러므로 군자의 도가
드물다. 인에 나타나지만 그것의 기능은 비밀에 싸여 있다. 만물에
자극을 주어 북돋우나 성인들은 더불어 근심하지 않는다. 그 성덕(盛
德)과 대업(大業)은 지극하다. 그것을 풍부하게 지니는 것을 대업이
라 하고 나날이 새로워지는 것을 성덕이라 한다"[33]고 한 것은 천지의
도에 관한 이야기이다. 두 경우에 모두 '대업'을 말하고 있지만 그 의
미는 같지 않다. 전자의 대업은 64괘 384효가 표시하는 상과 공식을
뜻하고, 후자의 대업은 우주 안에 존재하는 사물을 뜻한다. 이처럼
각각의 경우 뜻하는 바가 다르다. 그러나 뜻이 이렇게 다르지만 또한
이 둘은 완전히 일치하기도 한다. 〈계사전〉에서 "넓고 큰 것은 천지
에 짝하고, 변통은 사시에 짝하고, 음양의 뜻은 일월에 짝하고, 쉽고
간단함의 좋음은 지덕에 짝한다"[34]고 했는데, 짝한다(配)는 이른바
준(準)의 뜻이다.

"풍부하게 지니는 것을 대업이라 하고 나날이 새로워짐을 성덕이라

32) 같은 책, 같은 곳, "易有太極 是生兩儀 兩儀生四象 四象生八卦 八卦
定吉凶 吉凶生大業."
33) 같은 책, 같은 곳, "一陰一陽之謂道 繼之者善也 成之者性也 仁者見之
謂之仁 智者見之謂之智 百姓日用而不知 故君子之道鮮矣 顯諸仁藏諸用
鼓萬物而不與聖人同憂 盛德大業至矣哉 富有之謂大業 日新之謂盛德."
34) 같은 책, 같은 곳, "廣大配天地 變通配四時 陰陽之義配日月 易簡之善
配至德."

한다" 했는데 실상 대업은 나날이 새로워지는 가운데서 성취된다.
"해가 지면 달이 돋는다. 달이 지면 해가 뜬다. 해와 달이 번갈아 밀
어 내어 밝음이 생긴다. 추위가 가면 더위가 온다. 더위가 가면 추위
가 온다. 추위와 더위가 서로 밀어 내어 한 해가 이루어진다. 가는
것은 굽힘이고 오는 것은 폄이다. 굽히고 폄이 서로 영향을 주어 이
로움이 생긴다"[35]고 했는데 이것이 이른바 "공업(功業)이 변화에서
나타난다"[36]는 말이다. 또 "천지의 대업을 생(生)이라 한다"[37]고 했
는데, 생이란 날로 새로워짐을 뜻한다. 변화의 모든 것을 신이라 한
다. "음양의 헤아릴 수 없음을 신이라고 한다"[38] 하였고, "변화의 도
를 아는 자 그 신이 하는 일을 아는 자인가"[39]라 했는데, 〈계사전〉에
서의 신은 《신이학》에서 말하는 도체와 유사한 바가 있다.

　우주간의 사물은 정지해 있는 것이 없다. 그것들은 모두 "천하의
끊임없는 운동 과정 속에 있다."[40] 역의 상과 그 속의 공식들은 대부
분 변동에 관계하고 있다. 〈계사전〉의 "천지가 지닌 위대한 힘을 생
이라 한다"와 "생생(生生)을 역이라 한다"[41]는 구절은 역이 능히 생생
한다는 것을 말함이 아니라 역 속에 생생하는 것에 관계하는 상(象)
들과, 계속해서 생생하는 것과 일치하는 많은 공식들이 있음을 말하
는 것이다. 또 "효라는 것은 천하의 움직임을 본받는다는 것이다"[42]
라 했는데, 이는 효가 능히 운동한다거나 효가 운동하는 것이라는 말

---

35) 같은 책, 같은 곳, "日往則月來 月往則日來 日月相推而明生焉 寒往則
　　暑來 暑往則寒來 寒暑相推而歲成焉 往者屈也來者信也 屈信相感而利生
　　焉."
36) 같은 책, 같은 곳, "功業見乎變."
37) 같은 책, 같은 곳, "天地之大德曰生."
38) 같은 책, 같은 곳, "陰陽不測之謂神."
39) 같은 책, 같은 곳, "知變化之道者 是知神之所爲乎."
40) 같은 책, 같은 곳, "天下之至動."
41) 같은 책, 같은 곳, "生生之謂易."
42) 같은 책, 같은 곳, "爻也者效天下之動者也."

이 아니라 효는 어떤 움직임의 상이라는 말이다. 효가 어떤 움직임의
상이라면 효사는 그 운동의 공식이다.

'한 번은 음이 되고 한 번은 양이 되는 것을 도라고 한다'는 사물의
나날이 새로워짐의 공식이다. "평평한 것 치고 기울지 않는 것이
없고 가서 되돌아 오지 않는 것이 없다"[43]는 변화의 도를 나타낸다.
이것은 사물이 변동하면서 의존하는 바 공식을 말한 것이다. 하나의
사물이 생겨남에 반드시 능히 그 사물을 생기게 하는 것이 있고, 또
한 능히 생기게 하는 데 필요한 재료가 있다. 전자는 능동적이고 후
자는 피동적이다. 《역전》에서의 설명 방식에 따르면 전자는 강건한
것이고, 후자는 유순한 것이다. 전자를 '양'이라 하고 후자는 '음'이라
한다. 《역전》에서의 상으로 말하면 양의 상은 건(乾)이고 음의 상은
곤(坤)이다. 〈계사전〉에서 "건은 양물(陽物)이고 곤은 음물(陰物)이
다"[44]고 했고, 또 "건지대시(乾知大始)요 곤작성물(坤作成物)"라 했는
데, 주희(朱熹)의 《본의》(本義)에 의하면 건지대시(乾知大始)의 지
(知)는 주재한다는 뜻이다. 건이 주재하는 것은 시작이고, 곤이 하는
일은 완성이다. 건은 능동적인 영도자의 상이고, 곤은 피동적으로 순
종하여 완성하는 자의 상이다. 〈계사전〉에서 "건은, 그 정(靜)은 전
일하고 그 동(動)은 직(直)하니 이러므로 대(大)가 생긴다. 곤은, 그
정(靜)은 닫힘이고 그 동(動)은 열림이니 이러므로 광(廣)이 생긴
다"[45]고 하였다. 건과 곤을 상대적으로 말하면 건은 동적이요 곤은
정적이다. 건·곤 자신으로 말하면 건·곤에 각각 동·정이 있다. 건
은 동을 주로 하나 실제에서 주동적(主動的)이지 않을 때는 정이고 이
미 능동적 활동을 하고 있는 상태는 동이다. 곤은 피동적이나 실제에

---

43) 같은 책, 같은 곳, "无平不陂 无往不復."
44) 같은 책, 같은 곳, "乾陽物也 坤陰物也."
45) 같은 책, 같은 곳, "夫乾其靜也專 其動也直 是以大生焉 夫坤其靜也翕
其動也闢 是以廣生焉."

서 피동적이지 않을 때가 곧 정이고 실제로 피동 상태에 있으면 그것은 동이다. 전(專)과 직(直)은 건이 주동적임을 형용한 것이고, 흡벽(翕闢)은 곤이 피동적임을 형용한 것이다. 흡(翕)은 받아들일 준비 상태요, 벽(闢)은 받아들이기 위해 열어 놓은 상태이다. 무릇 사물은 주동적일 때는 모두 양이요, 피동적일 때는 모두 음이다. 이 양의 범주에 드는 사물은 모두 건괘에 대입할 수 있다. 건괘의 6효는 주동적 사물의 운동을 나타내는 공식이다. 무릇 음의 범주에 드는 사물들은 모두 곤괘로 대치할 수 있다. 곤괘의 6효는 모두 피동적 사물의 운동을 나타내는 공식이다.

사물들은 모두 양이 될 수도 음이 될 수도 있다. 다만 일체 사물의 기원이 되는 양은 오직 양이고, 일체 사물이 좇아서 생겨나는 음은 오로지 음이다. 건·곤 두 괘는 비록 강건과 유순의 성질을 갖는 사물들로 대입할 수 있지만, 《역전》에서의 해석은 모든 사물이 생겨나게 된 바의 음과 양을 상징하는 것으로 보는 것이 지배적이다. 〈계사전〉에서 "무릇 건은 천하의 지건(至健)이요, 곤은 천하의 지순(至順)이다"[46]고 했다. 이는 일체 사물의 생성되는 바의 음·양으로 말한 것이다. 이때의 음은 오직 음이므로 지순이라 했고, 이때의 양은 오직 양이므로 지건이라 했다. 이 일음 일양은 일체 사물을 낳는다. '일음일양지위도'를 일반적인 의미로 해석하면 사물 중의 음양을 가리킨다고 하겠고, 전문적인 의미로 말하면 오직 만물을 생성하는 음양이 된다.

어떤 사물이 만약 성취한 바가 있다 하면 이 사물은 반드시 그 자리를 얻게 되고, 그 중(中)을 얻게 되고, 그 적절한 때를 얻게 된다. 그 자리를 얻는다는 것은 마땅히 있어야 할 자리에 있게 된다는 뜻이고, 그 중을 얻게 된다 함은 발전하는 것이 마땅히 있어야 할 한계에

---

46) 같은 책, 같은 곳, "夫乾天下之至健也 夫坤天下之至順也."

합한다는 것이며, 그 때를 얻게 된다는 것은 그 필요한 바 환경을 얻는다는 뜻이다.《역전》의 해석에 따르면, 6효 중의 2효와 4효는 음의 자리이고, 3효와 5효는 양의 자리이다. 초(初)효와 상(上)효는 위치로 계산하지 않는다. 〈계사전〉에서 "2효와 4효는 다같이 음이면서 자리를 달리한다. 그것들이 나타내는 선(善)은 다르다. 2효는 명예가 많고 4효는 근심이 많다. 왜냐하면 4효는 너무나 높은 자리(5효)에 가까이 있기 때문이다. 유순(柔順)의 도는 초효에서 너무 멀면 이롭지 못하다. 그러나 본질에서는 허물이 없으니, 왜냐하면 그 유(柔)를 씀이 중(中)이기 때문이다. 3효나 5효는 같은 양이면서 자리가 다르다. 3효는 흉함이 많고 5효는 공이 많은 까닭은 귀천의 등급이 있기 때문이다. 이 경우의 유순은 위태로움을, 강건은 승리를 나타낸다." 음은 "앞서면 혼미하여 길을 잃고 뒤좇아 가면 순탄하며 정상을 얻는다(先迷失道 後順得常)." 4효는 5효에 가까우므로 앞서 나가 영도하지나 않을까 하는 혐의가 있으므로 조심이 많다고 했다. 그러나 그 효는 초효에서 멀지 않고 또 그 중을 얻었으므로 명예가 많다. 양은 앞서 나가 영도해야 한다. 따라서 5효는 귀하고 공(功)이 많으며 3효는 천하고 흉(凶)이 많다.《역》의 괘 중의 양효가 음의 자리에 있다거나 음효가 양의 자리에 있는 것, 예를 들면 양효가 2효나 4효 자리에 있거나 음효가 3효나 5효 자리에 있을 때를 부당위(不當位)라 한다. 특별한 경우가 아닌 한 부당위는 대체로 불길하다. 양효가 양의 자리에 있고 음효가 음의 자리에 있다면 이를 당위(當位) 혹은 정위(正位)라 하는데 역시 특별한 경우가 아닌 한 정위는 모두 길하다. 그래서 그 자리를 얻었으면 그 바름을 얻었다고 말할 수 있다. 가인괘(䷤) 단사는 정위에 대해서 말하고 있다. "가인은, 여자는 안에서 그 자리를 바로 하고, 남자는 밖에서 그 자리를 바로 한다. 남녀가 바른 것이 천지의 큰 의리이다. 가인(家人)에 엄하게 다스리는 사람이 있으니 곧 부모를 말한다. 아버지는 아버지답고 자식은 자식다우며 남편은 남편답고 아내는 아내답다면 가도(家道)가 바르게 된다. 집을 바르게 해야 천하가 안정된다."[47] 아버지는 아버지답고, 자식은 자식답고, 남편은 남편답고, 아내는 아내답다는 말은 모두 아버지, 자식, 남편, 아내의 각기 그 바른 자리에 서는 것을 말한다.

《역전》의 해석에 따르면, 괘의 2효와 5효는 그 중을 얻은 것이다. 2효는 하괘의 중의 위치에 있고 5효는 상괘의 중의 위치에 있다. 모두 크게 지나치지도 않고 못 미치지도 않았다. 그래서 득중(得中)이라 한다. 특별한 사정이 없는 한 득중한 것은 대체로 길하다. 즉 그 자리를 얻지 못한 효라도 그 중을 얻음으로 인해 길하다. 예를 들면 미제괘(未濟卦, ䷿) 구이(九二) 상사(象辭)에 이르기를 "구이(九二)는 정(貞)하면 길하니 중(中)을 얻어 정도(正道)를 행하기 때문이다"[48]고 했다. 구이는 양효인데 음의 자리에 있다. 따라서 그 자리는 바르지 못하다. 그러나 그 중을 얻었으므로 길하다. 왕필의 주석에는 "자리가 비록 바르지 못하나 중으로써 정(正)을 행한다"[49]고 하였다. 만약 양의 효가 5위에 있고 음의 효가 2위에 있다면 이를 중정(中正)했다고 한다. 특별한 사정이 없는 한 중정한 효는 대체로 길하다.

사물은 발전에 있어 그 '때'를 위반할 수 없다. 그 때란 그것이 어느 한때 지니는 환경을 말한다. 풍괘(豐卦, ䷶) 상사에 "해가 남중하면 기울기 시작하고, 달이 차면 이지러진다. 천지는 영허(盈虛)하고 때와 함께 소식(消息)한다. 하물며 사람에 있어서며, 귀신에 있어서랴"[50] 하였다. 천지는 언제나 그 때를 위반할 수가 없다. 하물며 천

47) 같은 책, 〈家人〉, "家人女正位乎內 男正位乎外 男女正天地之大義也 家人有嚴君焉 父母之謂也 父父 子子 夫夫 婦婦而家道正 正家而天下定矣."
48) 같은 책, 〈未濟〉, "九二貞吉 中以行正也."
49) 王弼, 주 44)에 대한 주석, "位雖不正 中以行也."
50) 《주역》, 〈豐〉, 象辭, "日中則昃 月盈則食 天地盈虛 與時消息 而況於

136

지 속의 하나의 사물에 있어서랴! 〈계사전〉에 따르면 괘의 효는 때
를 얻으면 길하고 때를 잃으면 흉하다. 절괘(節卦, ䷻) 구이(九二)
효사에 "문 안의 뜰에 나가지 않는다. 흉하다"[51] 했는데 그 상사는
"문 안의 뜰에 나가지 않는다. 흉하다 하는 것은 그 때를 잃어 버림
이 극치에 이르렀기 때문이다"[52]고 했다. 기제괘(旣濟卦, ䷾) 구오
(九五) 효사에 "동쪽 이웃에서 소를 잡는 것이 서쪽 이웃에서 약제(禴
祭)를 지내 실제로 그 복을 받는 것만 못하다"[53] 하였는데, 그 상사
에서 "동쪽 이웃에서 소를 잡는 것이 서쪽 이웃에서 때를 맞춘 것만
못하다"[54]고 했다. 소를 잡는다는 것은 성대한 제사를 뜻하고 약제
(禴祭)란 검소한 제사를 가리킨다. 성대한 제사가 오히려 검소한 제
사보다 받는 복이 적은 이유는 바로 때를 맞추지 못했다는 데 있다.
《역전》에서는 항시 "때에 맞추어 행한다"(與時偕行)를 강조하고 있
다. 때에 맞추어 행한다 함은 "멈출 때는 멈추고, 갈 때는 가서 동
(動)과 정(靜)이 그 때를 잃지 않으면 그 도가 빛나고 밝다"[55]는 것이
다. 〈계사전〉에 "강유(剛柔)는 본(本)을 세우는 것이요, 변통(變通)
은 때에 나아가는 것이다"[56]라 했다. 《역전》에는 때에 대하여 언급한
곳이 많다. 하나의 괘가 그 자체로서 하나의 때를 나타내기도 하고
하나의 효가 하나의 때를 나타내기도 한다.

64괘 가운데 6효가 모두 그 위(位)에 당(當)한 것은 기제괘(䷾)이
다. 기제괘는 이미 성공했음을 뜻한다. 하나의 사물을 낳는 음·양이
각각 그 마땅히 있어야 할 자리에 있다면, 음양은 자기의 도를 다했

人乎 況於鬼神乎."
51) 같은 책, 〈節〉, 爻辭, "不出門庭凶."
52) 같은 책, 같은 곳, 象辭, "不出門凶 失時極也."
53) 같은 책, 〈旣濟〉, 爻辭, "東鄰殺牛 不如西鄰之禴祭 實受其福."
54) 같은 책, 같은 곳, 象辭, "東鄰殺牛 不如西鄰之時也."
55) 같은 책, 〈艮〉, "時止則止 時行則行 動靜不失其時 其道光明."
56) 같은 책, 〈繫辭傳〉, "剛柔者 立本者也 變通者 趣時者也."

다고 말할 수 있다. 그리고 이 사물의 생성 역시 성공적이라 할 수
있다. 기제괘의 상사에 "군자는 이로써 환란을 생각하고 미리 방지한
다"[57]고 했다. 성공의 때라면 어찌 환란을 생각하고 미리 방지할 것
인가? 이에 우리는 다시 《역전》에서 말하고 있는 변화의 도를 살피
지 않을 수 없다.

　나는 "평형을 이룬 것 치고 치우치지 않음이 없고, 가서 돌아오지
않는 것이 없다"(无平不陂 无往不復)는 말이 변화의 도라고 말하고 싶
다. '간다'(往)의 상대는 '온다'(來)이다. 〈계사전〉에서 "문을 닫는 것
을 곤(坤)이라 하고, 문을 여는 것을 건(乾)이라 한다. 한 번 닫히고
한 번 열리는 것을 변(變)이라 하고, 가고 오는 것이 막히지 않음을
일러 통(通)이라 한다"[58]고 하였으며, 또한 "왕(往)은 굴(屈)이요,
래(來)는 신(信, 伸)이다. 굴신이 서로 영향을 주어 이로움이 생긴
다"[59]고 했다. 우주간의 변화 내용은 곧 사물의 생성과 소멸이다. 사
물의 생성과 소멸은 곧 건과 곤의 열리고 닫힘이다. 사물의 생성은
옴(來)이요 그것의 소멸은 감(往)이다. 한 번 오고 한 번 감(一來一
往)은 변(變)이다. 이 같은 오고감은 무궁하다. 무궁하므로 세계는
다함이 없다. 이것이 이른바 "가고 오고 하여 다함이 없는 것을 통
(通)이라 한다"의 뜻이다. 가고 오고 하여 다함이 없다는 말은 오는
것은 가고 가는 것은 다시 온다는 뜻이고, 다시 되돌아 옴은 복(復)
이라 한다. "평형을 이룬 것 치고 치우치지 않음이 없다"는 것은 오
는 것이 가지 않음이 없다는 말이고, "가서 되돌아 오지 않음이 없
다"는 것은 가는 것이 다시 오지 않음이 없다는 말이다.

　〈계사전〉에 "역은 궁(窮)하면 변(變)하고 변하면 통(通)하고 통하

---

57) 같은 책, 〈旣濟〉, 象辭, "君子以思患而豫防之."
58) 같은 책, 〈繫辭傳〉, "闔戶謂之坤 闢戶謂之乾 一闔一闢謂之變 往來不
　　窮謂之通."
59) 같은 책, 같은 곳, "往者屈也 來者信(伸)也 屈信相感而利生焉."

면 오래 간다(久)"고 했다. 역은 '오고 가고 하여 막히지 않는 통
(通)'을 중요시한다. '회복'을 중시하는 까닭은 복괘(復卦, ䷗) 상사에
"복(復)에서 그 천지의 마음을 볼 수 있다"[60]고 했기 때문이다. 사물
의 변화라는 큰 흐름은 어느 곳을 절단해 보아도 모두 '복'(復)임을
알 수 있다. 그러기에 최초의 '옴'(來)이라는 것은 없다. 노자도 "만
물이 함께 생성되지만 나는 그것들이 근원으로 복귀함을 본다"[61]고
했다. 노자가 말한 복(復)은 곧 귀근복명(歸根復命)의 뜻이다. 노자는
"만물은 화려하게 뻗어나오지만 각기 그 뿌리로 돌아간다. 뿌리로 돌
아감을 이른바 정(靜)이라 한다. 이것이 이른바 복명(復命)이다"[62]라
했다. 이 말은 만물이 모두 도에서 나왔고 다시 도로 복귀한다는 뜻
이다. "근원으로 복귀함을 본다"는 구절에 대한 왕필의 주석에 "유
(有)는 허(虛)에서 일어나고 동(動)은 정(靜)에서 일어난다. 그러므로
만물이 비록 함께 동작하지만 끝내 허정(虛靜)으로 복귀한다"[63]고 했
고, "복(復)에서 그 천지의 마음을 본다"에 대한 주석에서는 "복이란
근본에 되돌아 간다는 것을 말한다. 천지는 근본으로 그 마음을 삼는
다. 무릇 동이 그치면 정이지만 정은 동의 상대가 아니다. 말을 그치
면 침묵인데 침묵은 말의 상대가 아니다. 그러므로 천지가 비록 크
고, 만물을 갖고 있고, 우뢰가 진동하고, 바람이 불고, 운동과 변화
가 만변하지만 적연 지무(寂然至無)가 그 근본이다"[64]고 했다. 이는
노자의 사상으로 역을 해석한 것이지만 《역전》의 본래 뜻에는 어긋난

60) 같은 책, 〈復〉, 彖辭, "復其見天地之心乎."
61) 《老子》, 16장, "萬物並作 吾以觀復."
62) 같은 책, 같은 곳, "夫物芸芸 各歸其根 歸根曰靜 是謂復命."
63) 王弼, 《老子注》, 16장, "凡有起於虛 動起於靜 故萬物雖並動作 卒復
歸於虛靜."
64) 王弼, 《周易注》, 〈復卦〉, "復者 反本之謂也 天地以本爲心者也 凡動
息則靜 靜非對動者也 語息則默 默非對語者也 然則天地雖大 富有萬物
雷動風行 運化萬變 寂然至無 是其本矣."

다. 《노자》에서 말하는 복(復)은 곧 귀근복명이다. 그가 중시하는 것은 '무'(無)이다. 《역전》에서의 복은 왕래불궁(往來不窮)이다. 여기서 중시하는 것은 '유'이다. 이 점이 유가와 도가의 근본적인 차이이다.

《노자》와 《역전》은 서로 유사하다는 선을 넘지 않는다. 옛 사람들이 《주역》과 《노자》가 서로 통한다고 한 것은 대체로 위와 같은 것을 두고 말한 데 지나지 않는다. 《역전》과 《노자》는 모두 "사물이 그 극단에 이르면 되돌아 온다"(物極必反)를 사물 변화에 있어 필연의 일반 법칙이라고 여긴다. 〈서괘전〉의 설명에 비추어 보면 64괘의 차례는 이러한 통칙을 나타낸다. 64괘 가운데 서로 상반되는 괘는 언제나 하나의 쌍으로 나온다. 〈서괘전〉에서 "태(泰, ䷊)는 통한다. 사물은 끝까지 통할 수는 없다. 그래서 비(否, ䷋)로 받는다"[65]고 했고, "박(剝, ䷖)은 벗기는 것이다. 사물은 끝까지 다 없어질 수는 없다. 벗기는 것이 위에서 다하면 아래로 내려온다. 그래서 복(復, ䷗)으로 받는다."[66] 진(震, ䷲)은 움직인다는 것이다. 사물은 끝까지 움직일 수는 없다. 그래서 간(艮, ䷳)으로 받는다. 간은 그친다는 것이다.[67] 기제(䷾) 다음에는 다시 미제(䷿)가 온다. 〈서괘전〉에서는 "사물은 끝까지 막힐 수는 없다. 그래서 미제로 끝맺는다"[68]고 했다.

《역전》과 《노자》는 모두 사물을 보전하려면 반드시 그 발전이 극단에 이르게 하지 말고 항시 그 반대 측면을 받아들일 준비를 해야 한다고 말한다. 그렇게 하면 변하여 그 반대에 이르게 되지 않을 수 있다. 기제괘 상사에 "군자는 이에 환란을 생각하여 미리 방지한다"고 했다. 군자가 능히 이와 같이 하면 그는 그의 '기제'(成功)를 보전할 수 있다. 〈계사전〉에서 "위태롭다는 생각을 가지면 그 자리에 편안하

---

65) 《역전》, 〈序卦傳〉, "泰者通也 物不可以終通 故受之以否."
66) 같은 책, 같은 곳, "剝者 剝也 物不可以終盡 剝窮上反下 故受之以復."
67) 같은 책, 같은 곳, "震者 動也 物不可以終動 故受之以艮 艮者止也."
68) 같은 책, 같은 곳, "物不可以終窮也 故受之以未濟終焉."

게 되고, 잃어 버릴지도 모른다는 생각을 지니게 되면 그 지닌 것을
보호하게 되며, 어지럽다는 생각을 지니면 그 다스림을 두게 된다.
이러므로 군자는 편안할 때 그 위태로움을 잊지 않고, 가졌을 때 그
잃어 버릴 것을 잊지 않고, 다스려졌을 때 그 어지러워질 것을 잊지
않는다. 이러하므로 몸은 편안하고 나라는 보존된다"69)고 하였다.
《역》에 "그것을 잃을까 잃을까 염려되어 뽕나무 뿌리에 매어 놓는
다"70) 했고, "편안함에 그 위태로움을 잊지 않는다"71) 했으며, "환란
을 생각하여 예방한다"72) 했는데, 이는 모두 기미(幾)를 아는 것이
다. 〈계사전〉에서 "기미를 아는 자, 그는 신(神)이 아닌가? 군자는
이에 윗사람과 교제함에 아첨하지 않고, 아랫사람을 상대함에 그를
모독하지 않는다. 그 기미를 알기 때문인가? 기미라는 것은 움직임
의 은미한 것이니 길흉이 먼저 나타난 것이다"73)라 했다. 《역》은 우
리에게 기미를 알라고 가르친다. 〈계사전〉에서 "무릇 역은 성인이 사
람들에게 깊이를 다하고 그 기미를 알 것을 가르치려 한 것이다"74)고
했다. 기미를 아는 사람은 그 몸이 편안할 때 위태로울 것을 잊지 않
아 그 편안함을 보전할 수 있으며, 안전할 때 그 멸망할 것을 잊지
않아 그 안전을 지킬 수 있고, 다스려졌을 때 혼란을 잊지 않아 그
다스림을 지킬 수 있다.

능히 이렇게 할 수 있는 사람이 지니는 태도가 겸(謙)이다. 겸괘
(䷠) 단사(彖辭)에 "천도(天道)는 가득 찬 것을 덜어 빈 곳에 보태준

---

69) 같은 책, 〈繫辭傳〉, "危者安其位者也 亡者保其存者也 亂者有其治者也
足以君子安而不忘危 存而不忘亡 治而不忘亂 是以身安而國家可保也."
70) 같은 책, 같은 곳, "易曰其亡其亡繫于苞桑."
71) 같은 책, 같은 곳, "安不忘亡."
72) 같은 책, 같은 곳, "思患豫防."
73) 같은 책, 같은 곳, "知幾其神乎 君子以上交不諂 下交不瀆 其知幾乎
幾者動之微 吉之先見者也."
74) 같은 책, 같은 곳, "夫易 聖人所以敎人極深而硏幾也."

다. 지도(地道)는 가득 찬 것을 변형시켜 낮은 데로 보낸다. 귀신은 꽉 찬 것에 화를 주고 낮은 곳에 복을 준다. 인도(人道)는 꽉 찬 것을 미워하고 겸손한 것을 좋아한다. 겸손의 도리를 지닌 자가 존귀한 자리에 있으면 광채가 나고, 낮은 자리에 있어도 경멸당하지 않는다. 그러므로 군자는 유종(有終)의 미(美)가 있다"[75]고 했다. 《역전》의 겸(謙)과 《노자》의 "유약겸하(濡弱謙下)로써 행위한다"는 말은 같은 뜻이다. 그러나 겸도(謙道)를 지닌 사람의 경계는 최고 경계가 아니다. 《역전》에서 최고 경계에 도달한 사람은 성인이나 대인으로 일컫는다. 건괘 〈문언〉(文言)에 다음과 같이 말했다.

> 대인은 천지와 더불어 그 덕을 합하고, 일월과 더불어 그 밝음을 합하고, 사시와 더불어 그 질서를 합하고, 귀신과 더불어 그 길흉을 합한다. 하늘에 앞서 가도 하늘이 결코 그를 거스리지 않고 하늘에 뒤따라 갈 때는 하늘의 때를 받든다. 하늘도 그를 어기지 않으니 하물며 사람이 어기겠는가? 귀신이 어기겠는가?[76]

이것은 성인의 경계를 말한 것으로서 내가 《신원인》(新原人)에서 말한 하늘과 같아짐(同天)의 경계와 같다. 그의 마음과 도는 합일되어 있다. 도는 사물에 앞서 있고, 사물은 이 도를 거스릴 수 없다. 성인이 하늘에 앞서 가도 하늘이 어기지 않는 이유가 여기에 있다. 그러나 그의 몸은 역시 하나의 사물이다. 사물은 마땅히 사물이 따라야 할 통칙을 준수해야 한다. 그래서 "하늘에 뒤따라 갈 때는 하늘의 때를 받든다"고 했다. 이러한 최고 경계 속에서 그는 군자로서 행하

---

75) 《周易》, 〈謙卦〉, 彖辭, "天道虧盈而益謙 地道變盈而流謙 鬼神害盈而福謙 人道惡盈而好謙 謙尊而光卑而不踰 君子之終也."
76) 같은 책, 〈乾卦〉, 文言, "夫大人者 與天地合其德 與日月合其明 與四時合其序 與鬼神合其吉凶 先天而天弗違後天而奉天時 天且弗違 而況於人乎 況於鬼神乎."

142

여야 할 바를 행한다. 건괘의 상구(上九) 효사인 "항룡유회"(亢龍有悔)를 〈문언〉에서 풀이하기를 "항(亢)이란 나아갈 줄만 알고 물러설 줄은 모르며, 안전한 줄만 알고 망할 줄은 모르며, 얻을 줄만 알고 잃어버릴 줄은 모르는 것이다. 오직 성인뿐이란 말인가? 진·퇴, 존·망을 알아서 그 바름을 잃지 않는 자는 오직 성인뿐이런가?"라 했다. 성인은 자연스럽게 진·퇴와 존·망을 알아 처신하게 되므로 특별히 이로움을 추구하고 해를 피하려는 의욕을 갖지 않는다. 그의 목적은 이익을 추구하고 해를 피하는 데 있지 않다. 다만 그 바름을 잃지 않을 뿐이다.

성인이 최고 경계에 도달할 수 있는 것은 바로 그가 최고의 지식을 지녔기 때문이다. 《역전》의 설명에 따르면 역은 사람들로 하여금 이런 종류의 지혜를 얻는 학문을 하게 하려 한다. 〈계사전〉에서 "역은 지극하구나! 역은 성인이 덕을 높이고 그 사업을 넓게 하려는 것이다. 지혜는 높고 예(禮)는 낮은데, 높은 것은 하늘을 본받음이요, 낮은 것은 땅을 본받음이다"[77]고 했다. 역이 아는 바는 지극히 넓다. 〈계사전〉에 다음과 같이 말했다.

역은 천지와 더불어 준(準)한다. 그러므로 능히 천지의 도를 망라한다. 우러러 천문(天文)을 보고, 굽혀서 지리를 살핀다. 그러므로 유명(幽明)의 까닭을 안다. 처음을 탐구하고 끝으로 되돌아 온다. 그러므로 사(死)·생(生)의 이치를 안다. 지(知)가 만물에 두루 미친다. 낮과 밤의 도에 통하여 안다. 신(神)을 다하고 변화를 아는 것은 덕의 성함이다.[78]

---

77) 같은 책, 같은 곳, "易其至矣乎 夫易聖人所以崇德而廣業也 知崇禮卑 崇效天卑法地."
78) 같은 책, 〈繫辭傳〉, "易與天地準 故能彌綸天地之道 仰以觀於天文 俯以察於地理 是故知幽明之故 原始反終 故知死生之說 知周乎萬物 通乎晝夜之道而知 窮神知化德之盛也."

   《신원인》과《신이학》에서 말한 것에 비추어 보면, "지(知)가 만물에 두루 비친다"고 할 때의 지는 단지 형식적인 지식이다. 사람으로 하여금 높은 경계에 이르게 하려면 이러한 형식적 지식이 필요하다. 단《역전》에서는 이 점에 대하여 역이 사람들로 하여금 적극적 지식을 갖게 할 수 있다고 여긴 것 같다. 즉 우러러 보고 굽혀 살펴는 방법으로 천문과 지리를 연구하여 적극적으로 만물에 두루 미치는 지식을 갖게 하려 한 듯하다. 그러나 이것은 불가능하다.《역전》이 '극고명'의 표준에 완전히 일치하지 못하는 이유가 바로 이것이다.

   성인은 최고의 지식을 갖고 있다. 그는 "일음(一陰)하고 일양(一陽)하는 것이 도"임을 안다. 이 도는 백성들이 나날이 쓰는 도이다. 그들은 다만 날로 쓰면서도 알지 못하고 있을 뿐이다. 성인은 이 도를 잘 알고 있다 하더라도 이 도는 그저 일용의 도일 뿐이다. 그가 비록 하늘에 앞서 가도 하늘이 그를 어기지 않으며, 그가 하늘을 뒤따라 갈지라도 하늘의 때(天時)에 봉사할 것이다. 그러므로 그의 지식이 만물에 두루 미칠지라도 그의 행위는 단지 일상의 언어를 미덥게 하고, 일상의 행위를 삼가는 것일 뿐이며 "윗자리에 있어도 교만하지 않고 아랫자리에 있어도 근심하지 않는다."[79] 그가 하는 일은 오히려 일반인의 하는 일과 다를 바 없다. 즉 그의 경계는 천지 경계이다.

   《중용》과《역전》의 핵심 사상은 서로 일치하는 점이 많다. 예를 들면《중용》에서 '중'(中)을 말하는데《역전》도 '중'을 말한다.《중용》이 '시중'(時中)을 강조하는데《역전》 역시 '시중'을 강조한다. 그뿐 아니라《중용》과《역전》의 자구에도 비슷한 것이 많다. 건괘〈문언〉에 "시대의 변천에 따라 지조를 바꾸지 않으며 이름을 이루려고도 하지 않는다. 세상에 숨어 살아도 근심이 없고, 자신의 옳음이 인정받지 못한다 해서 근심하지 않는다"[80]고 했는데,《중용》에서는 "군자는

---

79) 같은 책,〈乾卦〉, 文言, "居上位而不驕 在下位而不憂."
80) 같은 책,〈乾卦〉, 文言, "不易乎世 不成乎名 遯世無悶 不見是而無悶."

일용 평상한 일에 의존하며 세상에 숨어서 남이 알아 주지 않아도 고민하지 않는다"[81] 했다. 〈문언〉에서 "일상적인 말을 미덥게 하고 평상시의 행동을 삼가한다"(庸言之信 庸行之謹) 했는데, 《중용》에서는 "평상의 덕을 힘써 행함과 평상의 말을 삼가함"(庸德之行 庸言之謹)을 말하고 있으며, 〈문언〉에서 "무릇 대인은 천지와 그 덕을 합하고, 일월과 그 밝음을 합하고, 사시와 그 질서를 합하고, 귀신과 그 길흉을 합한다"고 했는데, 《중용》에서는 공자의 인격을 "비유하자면, 천지가 붙들어 주고 실어 주지 않음이 없고 덮어 주고 감싸 주지 않음이 없는 것과 같고, 사계절이 번갈아 운행하는 것과 같으며, 해와 달이 교대로 밝혀 주는 것과 같다"[82]고 했다. 이들 구절들은 대체로 같은 뜻이다. 《역전》의 작자는 한 사람이 아니며, 《중용》의 작자도 한 사람이 아니다. 《역전》의 저자가 《중용》의 저자일 수도 있다. 적어도 그들 사이에 매우 밀접한 관계가 있다고 할 수 있다.

《중용》의 첫머리에 "하늘이 명(命)한 것을 성(性)이라 하며, 성을 따르는 것을 도(道)라 하고, 도를 닦는 것을 교(敎)라 한다"[83]고 했는데, 여기서 말하는 도는 인도(人道)이다. 이것은 〈계사전〉에서의 "한 번은 음이 되고 한 번은 양이 되는 것을 도라고 한다"라 할 때의 도와는 다르다. 〈계사전〉에서의 도는 천도(天道)이다. 《중용》에서는 "하늘이 명한 것을 성이라 한다"고 했고, 〈계사전〉에서는 "한 번은 음이 되고 한 번은 양이 되는 것을 도라고 한다. 이를 계승한 것이 선(善)이요, 이를 완성한 것이 성(性)이다"라 했다. 이는 모두 인성의 내원을 설명하려는 것이요, 인성과 하늘과의 관계를 밝히려는 것이다. 맹자는 "마음의 맡은 일(心之官)은 생각하는 것

---

81) 《中庸》, "君子 依乎中庸 遯世不見知而不悔."
82) 같은 책, "辟如天地之無不持載無不覆幬 辟如四時之錯行 如日月之代明."
83) 같은 책, "天命之謂性 率性之謂道 修道之謂敎."

이다. 생각하면 얻고 생각하지 않으면 얻지 못한다. 이것이 하늘이
내게 준 것이다"[84]고 했는데, 마음은 바로 하늘이 내게 준 것이다. 본
성 역시 하늘이 내려 준 것이다. 심성과 하늘의 관계는 이와 같다. 그
래서 맹자는 "그 마음을 다하면 그 본성을 알고, 그 본성을 알면 하
늘을 안다"[85]고 했다. 《역전》과 《중용》에서 말한 것과 맹자가 한 말
은 서로 그 뜻이 같다. '솔성'(率性)이란 곧 본성을 좇는 것이며, 본
성을 좇아 행하는 것이 바로 인도이다. 본성은 하늘이 명한 것이요,
도는 이 본성을 좇는 것이다. 이렇게 말하면 사람의 도는 곧 하늘의
도이다. 사람의 덕(人德)도 하늘의 덕(德天)이다. 《중용》에서는 '하
늘의 덕에 도달한다'고 말한다. 사람의 덕이 단지 사람의 덕인 줄만
아는 사람은 그 경계가 도덕 경계라 할 수 있지만, 사람의 덕이 곧
하늘의 덕임을 아는 사람은 그 경계가 바로 천지 경계라고 할 수
있다.

'수도지위교'(修道之謂敎)라 할 때의 수(修)는 방을 수리한다거나 도
로를 수리한다고 할 때의 수이다. 도를 닦을 수 있는 것이 곧 교(敎)
이다. 《중용》에서 "도라는 것은 잠깐이라도 떠날 수가 없다. 떠날
수 있다면 도가 아니다"[86]라 했다. 도는 이미 잠깐 동안이라도 떠날
수 없는 것인데 왜 또 하필 닦아야 하는가? 이것은 두 가지로 나누
어 그 까닭을 설명할 수 있다.

첫째, 일반인은 잠깐이라도 도를 떠날 수 없다. 그들은 항시 도를
행하고 있다. 다만 그들은 자신들이 도를 행하고 있다는 것을 자각하
지 못한다. 곧 "나날이 쓰고 있으면서도 알지 못한다." 그들은 "종신
토록 쓰면서도 그 도를 알지 못한다."《중용》에서 "먹고 마시지 않는

84) 《孟子》, 〈告子下〉, "心之官則思 思則得之 不思則不得之 此天之所與
我者."
85) 같은 책, 〈盡心上〉, "盡其心者 知其性也 知其性則知天矣."
86) 《中庸》, "道也者不可須臾離也 可離非道也."

사람이 없지만 능히 그 맛을 아는 자는 드물다"[87]고 한다. '교'(教)의 효용은 사람들로 하여금 도가 사람들이 거기서 잠깐이라도 떠날 수가 없는 것임을 알게 하고, 또 항시 도를 행하고 있음을 알게 하는 데 있다. 즉 사람들로 하여금 맛을 알게 하는 데 있다. 도는 본래 사람이 거기서 잠깐이라도 떠날 수 없는 것이다. 사람은 본래 언제나 도를 행하고 있다. 이렇게 말하면 도는 닦을 필요가 없다. 그러나 지식 면에서 말하면 도는 반드시 닦아야만 한다.

둘째, 사람이면 누구든지 언제나 도를 행하고 있지만 단 그들이 모두 그 도를 다하는 것은 아니다. '솔성지위도'(率性之謂道)라 했으니 도를 다하는 것은 곧 본성을 다하는 것이 된다. 《중용》에서 "오직 천하의 지성(至誠)이라야 능히 그 본성을 다할 수 있다"고 했는데 이것은 배우지 않고서도 가능한 것은 결코 아니다. 교(教)의 역할은 사람으로 하여금 그 본성을 다 구현하게 하는 데 있다. 자기의 본성을 다 구현하면 도를 다 실현하게 된다. 《중용》에서 "진실로 지덕(至德)이 아니면 지도(至道)가 엉기지 않는다"[88]고 하였다. 본성을 다하는 사람은 지극한 덕을 지닌다. 지극한 덕이 있으면 지극한 도가 있다. 일반적 의미의 도는 어떤 사람의 경우에는 닦을 필요가 없다. 그러나 지극한 도를 지니려면 모름지기 닦아야 한다.

성인의 도 역시 일반인이 거기서 잠시라도 떠날 수 없는 바로 그 도이다. 다만 일반인은 그것을 행하면서도 자각하지 못하고 있을 뿐이다. 성인이 얻는 바 지극한 도는 일반인이 거기서 잠깐이라도 떠날 수가 없는 도이지만, 그 차이점은 성인은 그 지극한 요구를 충족시킨다는 점이다. 《중용》에서 "군자의 도는 쓰임은 넓고 그 본체는 은미하다. 필부필부(匹夫匹婦)의 어리석음으로라도 능히 알 수가 있지만 그 지극함에 이르러서는 비록 성인이라도 알지 못하는 바가 있다. 필

---

87) 같은 책, "人莫不飮食也 鮮能知味也."
88) 같은 책, "苟不至德 至道不凝焉."

부필부의 불초로도 능히 행할 수 있지만 그 지극함에 이르러서는 비록 성인이라도 역시 불가능한 바가 있다"[89]고 하였고, 또한 "군자의 도는 부부 사이에서 시작되지만 그 지극함에 이르러서는 천지 사이에서 드러난다"[90]고 했다. '부부 사이에서 시작된다' 했으니, 그 도는 이미 일반인이 본래 행하고 있는 것으로서 닦을 필요도 없이 도달한다. 그러나 '천지 사이에 드러남'은 반드시 닦은 연후에야 가능하다.

성인의 지극한 도는 일반인이 언제나 행하고 있는 도이기에 '용'(庸)이라 부른다. 주희는 "용(庸)은 평상(平常)이라"고 주석했고, 또 정자의 "바뀌지 않는 것을 용(庸)이라 한다"를 인용하고 있다. 일반인이 본래 행하고 있는 것이기에 '평상하다'고 했고, 사람이 거기서 잠깐이라도 떠날 수 없는 것이기에 '바뀔 수 없다'고 하였다. 성인도 이 도를 행한다. 그러나 성인은 그 지극한 데 이른다. 그 행함이 가장 좋은 정도까지 이른다는 말이다. 가장 알맞게 좋은 곳을 이른바 '중'(中)이라고 한다. 주자는 "중은 치우치지도 않고 기대지도 않으며 지나치거나 모자람이 없는 것의 이름이다"[91]고 풀이하였다. 이것은 흡족하게 좋은 것, 곧 지선(至善)이다. 이는 지극히 실현하기 어렵다. 《중용》에서 "중용은 참으로 지극하구나!"[92]라 했고, 또 "천하 국가라도 다스릴 수 있고, 높은 벼슬과 많은 봉록도 사양할 수 있고, 시퍼런 칼날도 밟을 수 있으나 중용은 실천할 수가 없다"[93]고 했다. 천하 국가를 다스리는 것, 작록을 사양하는 것, 날카로운 칼날 위에 올라서는 것 등은 진실로 어려운 일이다. 그러나 그 다스림은 반드시 중용에 의한 다스림이어야 하고, 그 사양함도 반드시 중용에 의한 사

---

89) 같은 책, "君子之道費而隱 夫婦之愚可以與知焉 及其至也 雖聖人亦有所不知焉 夫婦之不肖可以能行焉 及其至也 雖聖人亦有所不能言."
90) 같은 책, "君子之道 造端乎夫婦 及其至也 察乎天地."
91) 朱子, 《中庸章句》, "中者不偏不倚 無過不及之名."
92) 《中庸》, "中庸其至矣乎."
93) 같은 책, "天下國家可均也 爵祿可辭也 白刃可蹈也 中庸不可能也."

148

양이어야 하며, 그 칼날을 밟는 용기도 또한 중용에 합치되는 것이어야 한다. 반드시 이같이 중용에 합치하여야 하기에 어렵다고 말하는 것이다.

《중용》에서 "희로애락의 아직 피어나지 않음을 일러 중(中)이라 하고, 피어나 모두 절도에 맞는 것을 화(和)라고 한다. 중은 천하의 대본(大本)이요, 화는 천하의 모든 사람이 다 걸어야 할 길(達道)이다. 중·화를 다 이루면 천지가 제자리에 안정되고, 그 사이의 만물은 모두 육성된다"[94]고 했다. 희로애락의 감정이 아직 피어나지 않았을 때, 마음은 치우치거나 무엇에 의지하는 바가 없고 지나침도 모자람도 없다. 그래서 '중'이라고 한다. 이는 하나의 상태를 가리켜서 중의 예증으로 삼은 것이므로 이것만이 '중'이라고 할 필요는 없다. "피어나 모두 절도에 맞는 것" 역시 중이다. '화'라고 한 것은 화(和)가 중(中)의 공용이기 때문이다. 그런데 화와 동(同)은 구별된다. 《국어》(國語), 〈정어〉(鄭語)에 사백(史伯)의 말을 이끌어 이르기를 "실로 만물을 생성하는 것은 화이다. 동은 후계가 없다. 다른 것을 가해 더욱 향상시키는 것을 화라 한다. 그러므로 능히 풍성하고 성장하게 하여 사물이 생겨난다. 만약 같은 것으로 같은 것에 덧붙이면 새로운 것은 아무것도 산출되지 않는다"[95]고 하였다. 《좌전》(左傳)의 소공(昭公) 20년조에서도 "화와 동은 다르다"고 했다. 안자(晏子)의 말을 빌리면 "화는 마치 국(羹)과 같다. 물, 초, 소금, 산을 넣고 땔나무로써 생선이나 고기를 삶는다. 이것을 화하게 한다고 한다. 만약 물에 물을 탄다면 누가 능히 그것을 먹겠는가? 만약 거문고와 비파가 같은 소리를 내는 악기라면 누가 능히 듣겠는가?" 이처럼 같은 것에 같은

94) 같은 책, "喜怒哀樂之未發謂之中 發而皆中節謂之和 中也者 天下之大本也 和也者 天下之達道也 致中和 天地位焉 萬物育焉."
95)《國語》,〈鄭語〉, "夫和實生物 同則不繼 以他平他謂之和 故能豐長而物生之 若以同裨同 盡乃棄矣."

것을 더함은 아무 소용이 없다. "다른 것을 가해 더욱 향상시킴을 조
화라 한다"는 말은 마치 신 맛에 짠 맛을 가해 새로운 맛을 내는 것
과 같은 경우를 가리킨다. 신 맛은 짠 맛에 대해 다른 것이 된다. 짠
맛은 신 맛에 대해 다른 것이 된다. 그래서 다른 것으로써 다른 것을
더욱 향상시켜 다른 맛을 낸다. 이것이 이른바 "조화는 사물을 낳는
다"는 뜻이다. 만약 물에 물을 탄다면 이것은 그대로 물 맛일 뿐이
다. 이것이 이른바 "같은 것으로 같은 것에 덧붙인다"는 것이요, "새
로운 것이 아무 것도 산출되지 않는다"는 의미이다. 같은 것과 다른
것은 서로 반대이다. 그러나 조화는 이질적인 다른 것을 포함한다.
여러 이질적인 것을 합하여 조화를 이룬다. 여러 이질적인 것이 조화
를 이룬다면, 반드시 이질적인 많은 것들은 일정한 양과 정도가 있어
각각 그것에 알맞아야 한다. 그래서 지나치거나 모자람이 없어야 한
다. 이를 일러 '중을 얻는다'(得中), 혹은 '중절(中節)한다'고 한다.
많은 상이한 것들이 각기 중을 얻은 연후에야 조화가 이루어진다. 그
래서 "피어나 모두 절도에 맞은 후에야 조화라 한다"고 했다. 이 역
시 특수한 경우를 들어 조화를 예증한 것이므로 이것만이 조화라고
할 필요는 없다.

　우주 안에는 "만물이 다 같이 자라되 서로 해치지 않고, 도가 함께
행하여도 서로 어긋나지 않는다."[96] 이것도 하나의 조화이다. 중화를
이루면 천지가 제자리에 안정되고 만물이 모두 생육한다고 했는데,
여기서의 조화는 보통 사회에서의 인간과 인간 사이의 조화는 아니
다. 그래서《역전》에서는 이를 '태화'(太和)라 했으니 곧 건괘 상사에
"크도다, 건원(乾元)이여! 보합태화(保合太和)하니 이(利)하고 정
(貞)하다"는 말이 그것이다.

　《중용》에서 "성(誠)은 하늘의 도요 성지(誠之)는 사람의 도이다"고

---

96) 같은 책, "萬物並育而不相害 道並行而不相悖."

150

했고, 또 성(誠)은 곧 "내외를 합하는 도이다"라 했다. 천은 본래 일체를 포괄한다. 그리고 본래 내외의 구분이 없다. 사람은 나와 남, 곧 내외의 구분이 있다. 내외의 구분은 그가 그의 본성이나 다른 사람의 본성 및 사물의 본성이 모두 다 같이 천이 명한 성(性)으로서 같은 기원을 가졌음을 알지 못하는 데 기인한다. 이런 원리를 모르는 것을 《중용》에서는 '불명'(不明)이라고 한다. 《중용》은 "성(誠)을 통해 밝아지는 것을 성(性)이라 하고, 명(明)을 통해 성(誠)하여지는 것을 교(敎)라 한다"고 하였다. "성(誠)을 통하여 밝아지는 것을 성(性)이라 한다"는 곧 "天命之謂性 率性之謂道"를 말함이고, "명을 통해 성(誠)하여지는 것을 교라 한다"는 곧 "修道之謂敎"를 말함이니 이것은 곧 성지(誠之)의 사람의 도이다.

명(明)으로써 성(誠)을 얻는 것은 《신원인》의 표현을 빌리면 '충분한 이해와 자각을 통하여 최고 경계에 도달함'이다. 철저한 이해와 자각이 있는 것을 명(明)이라 하고, 그것이 없는 것을 무명(無明)이라 한다. 성(誠)은 내외를 합일시키는 도이다. 참으로 내외를 합일시키는 자는 《신원인》에서 말한 '하늘과 같아짐'의 경계에 오른 자이다. 이런 경계를 《중용》에서는 '지성'(至誠)이라고 했다.

《중용》에서는 말한다.

오직 천하의 지성(至誠)이라야 자기의 본성을 다 구현할 수 있고, 자기의 본성을 다 구현하여야 남의 본성을 다 구현할 수 있으며, 남의 본성을 다 구현할 수 있어야 능히 만물의 본성을 다 구현할 수 있고, 만물의 본성을 다 구현해야만 천지의 화육을 도울 수 있고, 천지의 화육을 도울 수 있어야 천지와 더불어 삼재(三才)가 된다.[97]

---

97) 같은 책, "惟天下至誠 爲能盡其性 能盡其性 則能盡人之性 能盡人之性 則能盡物之性 能盡物之性 則可以贊天地之化育 可以贊天地之化育 則可與天地參矣."

이 구절의 전반부는 일종의 논리적 방법으로 해석할 수 있다. 천하의 지성(至誠)은 일개인 혹은 일개물이라고 할 수 있다. 그것의 본성은 다른 사람이나 사물의 본성을 포함하고 있으므로 천하의 지성을 지닌 자가 그 본성을 다하기만 하면 당연히 타인과 사물의 본성도 다하는 것이 된다. 그러나 이런 식의 설명은《중용》의 본래 뜻과 거리가 멀다.《중용》의 본뜻은, 대체로 한 개인의 성(性)과 다른 사람의 성 및 사물의 성은 모두 같은 하나의 근원에서 나왔으므로 한 개인이 자기의 본성을 다 구현하면 역시 다른 사람의 본성이나 사물의 본성도 다 구현하게 된다는 것이다.

지성은 어떻게 천지의 화육에 참여하는가?《중용》에서 "오직 천하의 지성이라야 능히 천하의 대사를 경륜하고, 천하의 대본을 세우며, 천지의 화육을 안다"[98]고 했다. 또 "천하 국가를 다스림에 구경(九經)이 있다"거나 "중은 천하의 대본이다"라 했는데, 여기서의 대경(大經)과 대본(大本)은 모두 이를 가리킨다. 천지의 화육을 안다는 것은 곧 천지의 화육을 돕는다는 것이다. "소리개는 날아 하늘에 이르고 물고기는 연못 속에서 뛰논다"[99]는 것은 천지의 화육을 묘사한 것이다. 사람의 일상 생활 속의 일거 일동이 역시 천지의 화육이다. 만일 그의 일거 일동이 모두 천지의 화육임을 충분히 이해한다면, 그의 일거 일동은 모두 천지의 화육을 돕는 것이 된다. 능히 천지의 화육을 도울 수 있다면 그는 곧 천지와 더불어 삼재(三才)가 된다. 만약 그가 자신의 일거 일동이 천지의 화육임을 충분히 이해하지 못한다면, 그의 일거 일동은 모두 천지의 화육하는 대상이 된다. 천지의 화육하는 대상이 되면 곧 천지 가운데의 하나의 사물이 되고 말아 천지와 더불어 삼재가 될 수는 없다. 도가에서는 언제나 "물(物)을 물

---

98) 같은 책, "唯天下至誠 爲能經綸天下之大經 立天下之大本 知天地之化育."
99) 같은 책, "鳶飛戾天 魚躍于淵."

로 만들고, 물에 물 되지 않는다"[100)고 말한다. 천지의 화육하는 대상이 됨은 곧 물에 물 되는 것이요, 천지의 화육을 돕는 것은 물을 물 되게 하고 물에 물 되지는 않는 것이다. 이 두 가지에 대한 분별의 관건이 곧 명(明)과 무명(無明)에 있다.

지성의 사람이라 해서 일반인과 다른 일을 할 필요는 없다. 그의 행위로 말하면, 그는 "평상의 덕을 행하고 평상의 말을 삼가"할 뿐이다. 그러나 그의 경계로써 말하면 우주처럼 광대하고 유구하다. 《중용》의 표현에 따르면 "넓고 두텁기는 땅과 같고, 높고 밝기는 하늘과 같으며, 아득하고 멀기는 끝이 없다."[101)

《역전》과 《중용》에서의 성인은 모두 평상의 덕을 행하고 일상의 언어를 삼가한다. 그들이 최고 경계에 도달하는 방법은 모두 맹자가 말한 '도의를 짝하는'(配義與道) 방법이다. 도덕 경계는 집의(集義)의 방법만으로도 가능하다. 천지 경계 역시 집의로써 도달할 수 있다. 도덕 경계와 천지 경계가 모두 집의의 방법을 쓰지만 그 얻는 경계에 차이가 나는 것은 그 짝한 도의 높고 낮음 때문이다. 집의를 통하여 사욕을 제거할 수 있다. 사욕의 제거는 곧 극기이다. 도덕 경계에 있는 사람은 사욕이 없다. 천지 경계에 있는 사람도 역시 사욕이 없다. 집의의 방법은 사욕을 없앨 수 있다. 능히 사욕을 없애면 그 짝한 도의 높고 낮음에 의해 도덕 경계가 되기도 하고 천지 경계가 되기도 한다. 이 같은 방법을 쓰면 도가에서 말하는 방내(方內)와 방외(方外)의 구분이 사라진다. 방내와 방외는 일행(一行)이지 양행(兩行)이 아니다.

《역전》과 《중용》의 저자는 분명 '유명'(有名)이 형상을 초월할 수 있음을 알았다. 다만 그들은 형상을 초월하는 것에 대하여 완전한 설명을 하려면 '무명'(無名)이 먼저 고려되어야 함을 깨닫지 못했다. 형

---

100) 《莊子》, 〈山木〉, "物物而不物於物."
101) 《中庸》, "博厚配地 高明配天 悠久無疆."

상을 초월하는 것이 모두 무명인 것은 아니지만, 그렇다고 유명으로 형상을 초월하는 것을 제약할 수는 없다. 이러므로《역전》및《중용》의 철학은 '도중용'의 표준에는 일치되지만 '극고명'의 표준에는 미치지 못했다고 할 수 있다. 따라서《중용》과《역전》의 철학을 통한 생활은 충분히 초월의 세계로 들어간 것이라고 할 수는 없다.

제 6 장

한대 철학

고대의 철학 저작들 중에는 그 저작 연대가 선진 시대인지 진·한 시대인지 확정하기 어려운 것들이 많이 있다. 그러나 한대의 저작으로 확정할 수 있는 것들은 한 가지 공통된 특성이 있다. 즉 한대의 저작 중에 표현된 사상은 모두 형상을 초월하지 못한다는 점이다. 이미 말한 바와 같이 도가 철학은 형상의 초월에 중점을 두었다. 그러나 한대의 도가들은 형상을 지닌 것들에 국한시켰다.

회남왕 유안(劉安)과 그의 빈객들이 저술한 《회남홍렬》(淮南鴻烈)의 취지는 《노자》(老子)의 담박무위(踏泊無爲)와 도허수정(踏虛守靜)에 가깝다고 여겨져 왔다. 이 책의 〈요약〉(要略) 1편은 책의 저술 동기를 자술하고 있는데, 역시 "그러므로 도를 말하고 일을 말하지 않으면 세상과 더불어 부침하지 못하며, 일을 말하고 도를 말하지 않으면 천지 조화와 더불어 놀고 쉴 수가 없다"[1]고 하였다. 이 책에는 적어

---

1)《淮南子》,〈要略〉, "故言道而不言事　則無以與世浮沈　言事而不言道 則無以與化遊息."

도 한대 도가인의 저작도 포함되어 있는데 그들은 노자와 장자를 말하고 있고 그들의 용어와 이야기를 인용하고 있다. 노자와 장자 철학에서의 용어는 본래 형식적 관념을 나타내는 것이었고 그 속의 이야기는 형식 명제를 표시하는 것이었다. 그런데 《회남홍렬》 속의 도가 철학자들은 이를 모두 적극적인 것으로 해석하고 있다. 즉 그들은 표면상으로만 선진 시대의 도가를 계승하고 있을 뿐이다. 그들이 말하려는 것은 형상을 지닌 것들이고, 노자와 장자가 말하려 한 것은 형상을 초월한 것이었다.

　노자와 장자의 철학에서 도(道), 태일(太一), 무(無), 유(有) 등은 모두 형식적 관념이다. 그러나 《회남홍렬》에서의 도가인은 이를 모두 적극적인 것으로 해석한다. 《회남자》의 〈천문훈〉(天文訓)에 "천지가 형상을 갖기 이전에는 형체가 없는 혼돈이었고 진공 상태였다. 그래서 태조(太照)라 한다. 도는 허확(虛霩)에서 비롯했고, 허확은 우주를 낳았으며, 우주는 기(氣)를 낳았다. 기는 끝이 있다. 이 기 가운데 맑고 밝은 것은 얇게 퍼져 하늘이 되었고, 무겁고 혼탁한 것은 엉기고 맺혀서 땅이 되었다. 맑고 밝은 것이 합쳐 천체가 됨은 쉬운 일이고, 무겁고 혼탁한 것의 엉김은 어려운 일이다. 그러므로 하늘이 먼저 생기고 땅이 나중에 이루어졌다. 천지의 습정(襲精)이 음양이고, 음양의 특수한 형태가 사시이며, 사시의 흩어진 정기가 만물이다"고 했는데 이것이 한대인이 상상하고 있었던 우주 발생의 과정과 순서이다. 여기서의 도는 천지에 앞서 존재한 일종의 원질과 같다. 이렇게 말하면 도는 곧 하나의 물(物)이다. 도라는 관념이 하나의 적극적 관념이 되며 '도가 있다'는 적극 명제가 성립된다. 여기서의 천지는 아직 형체를 갖지 않았지만 실상 하나의 형상이며, 그것은 감각으로 파악이 가능한 대상이다. 비록 형상이 없다고 말했지만 형상을 초월한 것은 아니다.

　《장자》(莊子)의 〈제물론〉(齊物論)에 다음과 같은 말이 있다.

시초가 있다면 시초 이전의 아직 시초가 없었던 때가 있을 것이다. 그
리고 그 아직 시초가 없었던 때조차 없었던 때가 있을 것이다. 또 있
음이 있으므로 아직 있음이 없었던 때가 있을 것이다. 또 있음이 있으
므로 아직 있음이 없었던 상태, 즉 없음이 있을 것이다. 다시 그 이전
에 아직 없음이 없었던 상태가 있었을 것이다. 그리고 또 아직 없음이
없었던 상태조차도 없었던 상태가 있을 것이다.[2]

이 같은 형식 명제는 모두 실제상의 시초가 있다거나 시초 이전의
시초가 없었던 때 등을 긍정하는 것이 아니며, 또한 어떤 것이 시초
이고 어떤 것이 시초 이전의 때라고 부정하는 것도 아니다. 말하자면
실제로 아무런 내용도 없다.

《회남자》의 〈숙진훈〉(俶眞訓)에도 같은 이야기가 있는데 여기서는
적극적인 해석을 한다. '시초가 있다'는 것은 번식이 있기 전의, 싹이
터 나오기 전의, 장차 생명이 되어 물류(物類)를 이루기 전의 상태를
가리킨다고 하고, '시초가 있기 이전의, 시초도 아직 없었던 때'는 곧
천기(天氣)가 내려오기 시작하고 지기(地氣)가 상승하기 시작하여
음·양이 섞여 합하는 때요, 물(物)과 접촉하고자 하나 아직 조짐을
이루지는 못한 때라고 했다. '시초도 없었던 이전의 시간'은 곧 천
(天)은 화(和)를 머금고 있으나 아직 내려오지 않고, 지(地)는 기
(氣)를 품고 있으나 아직 올라가지 않은, 허무 적막의 상태요 대통명
명(大通冥冥)의 상태이며, '유'(有)에 대하여는 모든 만물이 함께 혼합
되어 있어 분류·파악하거나 수나 양(量)으로 구별할 수 있는 때이
며, '무'(無)에 대해서는 보아도 그 모습을 보지 못하고 들어도 듣지
못하는, 모양도 없고 측정도 할 수 없는, 호호한한(浩浩瀚瀚)하지만
광명이 뚫고 들어가는 상태라고 했고, 유무도 없었던 때에 대해서는

2)《莊子》,〈齊物論〉,"有始也者 有未始有始也者 有未始有夫未始有始也者 有有也者 有無也者 有未始有無也者 有未始有夫未始有無也者."

158

"천지를 속에 싸 안아 만물을 도야하여 혼명(混冥)을 대통(大通)하고 심홍광대(深洪廣大)하여 이것의 밖에 아무것도 있을 수 없고, 호망(毫芒)을 쪼갠 것보다 더 작은 공간도 없어 마치 울타리도 없는 집과 같으나 유무의 뿌리를 낳는 때"라고 설명한다. '유무의 구분도 아직 없었던 상태 이전의 상태'에 대해서는 "천지가 아직 분화되지 않고 음·양도 분리되지 않았으며 사계절도 구별되지 않고 만물이 아직 태어나지 않아 마치 거대한 호수처럼 잔잔하고 고요하며 맑아서 그 형상을 보지 못할 때"라고 하였다.

이것은 모두 한대 사람들의 우주 발생 과정과 차례에 대한 이론화 작업의 일종이다. 그들의 표현 속에 "소리와 냄새가 없다"는 구절이 있기는 하나 형상을 초월한 것은 아니다.《장자》에서의 형식 개념은 적극적 개념으로, 형식 명제는 적극적 명제로 전환되었다.

《회남자》의 〈전언훈〉(詮言訓)에 다음과 같은 말이 있다.

천지가 아직 혼돈의 덩어리로 있었을 때는 아직 만물이 창조되기 이전인데 이를 태일(太一)이라 한다. 만물이 이 하나(一)로부터 나와 각기 그 성질에 따라 새, 짐승, 물고기 등이 있게 되었는데 이를 사물의 분류라 한다. 만물은 종류에 따라 집단을 이루고 유(類)에 따라 구분된다. 본성은 비록 같지 않으나 모두 존재의 형태를 갖는다. 만물은 서로 뚜렷하게 나누어져 결코 본질로 되돌아갈 수 없는 것이 된다. 그러므로 활동하는 존재를 살아 있는 존재라 하고, 그것들이 죽었을 때는 끝에 이르렀다고 한다. 이 모든 것은 사물들로서 그들 가운데 어떤 것도 물(物)을 낳을 수 있는 물은 못 된다. 사물을 사물 되게 하는 것은 만물 속에 있지 않다. 피조물이 조물주가 될 수는 없다. 3)

3)《淮南子》,〈詮言訓〉, "洞同天地 渾沌爲樸 未造而成物 謂之太一 同出於一 所爲各異 有鳥有魚有獸 謂之分物 方以類別 物以群分 性命不同 皆形於有 隔而不通 分爲萬物 莫能反宗 故動而謂之生 死而謂之窮 皆爲物矣 非不物而物物者也 物物者亡乎萬物之中."

윗글의 요지는 노자, 장자의 사상과 가깝다. 그러나 혼돈 덩어리 등으로 태초 이전의 천지 상태를 묘사한 것은 《회남자》의 〈천문훈〉 (天文訓)에서 말한 "천지가 아직 형상을 갖추지 못했을 때는 그 모습이 빙빙익익 동동속속하였다"(天地未形 馮馮翼翼 洞洞灟灟) 한 것과 같으므로 태일은 형상의 범주 안에 드는 것이 된다. 형상을 지닌 것이라면 그것은 곧 하나의 사물일 뿐이다. 《회남자》(淮南子)에서 말한 것에 비추어 보면 위에서 인용한 도(道), 유(有), 무(無) 등의 관념은 일종의 우주 발생의 과정에 관한 지식을 줄 수 있을 것이다. 그리고 이러한 것은 철학보다는 천문학, 지리학 등 과학에 속한다.

자연 과학은 인간의 지식을 증진시킨다. 그러나 인간의 경계를 향상시키지는 못한다. 그런 반면 철학은 인생의 경계를 고양시키지만 지식을 증진시키지는 못한다. 노자가 "천지 만물은 유(有)에서 나오고 유는 무(無)에서 나온다"[4]고 했는데, 이 말은 천지와 만물이 어떻게 해서 존재하게 되었는지에 관해 우리에게 아무런 지식도 제공하지 않는다. 그러나 《회남자》에서 말한 것은 천지 만물의 유래에 대해 지식을 제공한다. 다만 그것이 우리가 알고 있는 한에서 진리가 아니라는 점이 문제이기는 하다. 이러한 차이가 곧 철학과 자연 과학의 차이이기도 하다.

엄격하게 말하면 한대에는 종교나 과학은 있었어도 순수한 의미의 철학은 없었다. 순수 철학의 주요 관념과 명제는 모두 형식적이고, 실제에 대해 주장하는 바는 없다. 종교나 과학의 주요 관념과 명제는 모두 적극적이고 실제에 대해서 주장하는 바가 있다. 근대에 이르러 종교와 과학은 서로 대립적인 위치에 서 왔다. 그러나 고대 사회에서는 원시적 종교와 원시적 과학이 종종 혼합되어 구별되지 않았다. 제자백가 중의 일파인 음양가는 중국 고대의 원시 종교와 원시 과학을

---

4) 《老子》, 40장, "天地萬物生於有 有生於無."

계승한 것이다. 사마담(司馬談)의 《논육가요지》(論六家要指)에는 "음양가의 도술은 너무 자질구레한 데까지 주의를 기울이고 꺼리는 것이 많아 사람들로 하여금 구속을 받아 두려워하는 것이 많게 했다. 그러나 그 사계절의 큰 질서는 놓칠 수 없다"[5]고 했다. 이 글의 전반부는 음양가가 고대의 원시 종교를 계승했음을 밝힌 것이고, 후반부는 그들이 고대 과학과 종교적 지식을 이용하여 이를 발전, 종합시켜 실제 세계를 체계를 세워 적극적으로 해석했음을 보여준다. 이러한 관점과 정신이 곧 음양가의 관점이요 정신이다.

한대 사람들은 실제적인 것에 관심을 가졌다. 그들은 추상적 사고를 할 수도 없었고 하려고 들지도 않았다. 중국 고대 철학의 '현묘하고도 현묘한' 부분에 대해서는 이해를 하지 못했다. 그들은 정치적으로 중국을 통일했는데, 당시에 중국의 통일은 곧 전세계의 통일이었다. 사상적으로는 우주의 통일까지 기도했다. 음양가에 대하여 "너무 허황해서 도무지 믿을 수 없다"는 평이 있지만, 그것은 한대 사람들의 요청에 가장 부합되는 것이기도 했다. 한대 사상가들의 관점은, 그들이 도가를 자처하든 유가를 자처하든 모두 음양가의 관점과 정신을 갖고 있다고 할 수 있다.

앞서 인용했던 《회남홍렬》의 실제 세계의 발생 과정과 순서에 대해서는 선진 시대 도가 철학자들은 언급하지 않았고 언급할 수도 없었다. 그것은 실제적인 문제에 관계된 것으로서 형식적 관념이나 명제로 탐구할 수 있는 것이 아니다. 한대의 도가가 이런 문제를 탐구한 것은 전적으로 음양가의 영향이다. 그들의 이론은 대체로 음양가로부터 취한 것이다.

한대의 사상에 미친 음양가의 영향은 대체로 과학과 종교 두 방면으로 나누어 볼 수 있다. 한대의 도가는 과학 방면의 영향을 많이 받

---

5) 司馬談, 《論六家要指》, "陰陽之術大祥而衆忌諱 使人拘而多畏 然其序四時之大順 不可失也."

았고, 유가는 종교 방면의 영향을 많이 받았다. 한대의 도가는 특별히 내세울 만한 인물이 없다. 그들의 사상도 두드러진 계통이 없다. 한 왕조 초기의 한때를 제외하고 그들의 사상은 주류가 되지 못했다. 주류는 유가 사상이었다. 그 대표적 인물이 동중서(董仲舒, 기원전 179~104)이다.

동중서는 자사(子思)와 맹자(孟子) 일파의 유가를 계승했다. 맹자는 인간의 본성이 선하다고 하고, 모든 인간이 본래 선의 단서를 지녔다고 보았다. 동중서 역시 사람은 태어날 때부터 선의 단서를 지니고 있다고 했다. 그러나 그는 사람이 태어날 때부터 선의 단서를 지니고 있다고 해도, 아직 본성이 선하다고 할 수는 없다고 하였다. 그는 말한다. "맹자는 인간의 본성을 금수의 본성과 행위의 수준으로 낮추어 말했기에 성선(性善)이라 했다. 나는 성인의 행위에 비추어 말하기 때문에 성(性)은 아직 선한 것이 아니라고 말하는 것이다."[6] 이 말은 그의 인간 본성에 관한 이론이 곧장 맹자의 이론과 맞닿아 있음을 표명한다. 맹자는 "공자(孔子)가 《춘추》(春秋)를 지었는데 이것은 천자의 일이다"고 말했는데, 동중서는 이 말을 다시 추연하여 "공자는 천명을 받아 주(周)를 계승하여 왕이 되었다. 그래서 《춘추》를 지어 모든 왕들이 표준으로 삼아야 할 법으로 삼았다"고 했다. 또한 《중용》(中庸)에서 "사람은 하늘, 땅과 더불어 삼재(三才)가 된다"고 했는데, 동중서 역시 "사람은 하늘, 땅과 더불어 삼재가 된다"고 말했다. 이것이 모두 동중서가 자사와 맹자 일파를 계승하고 있다는 증거가 된다.

공자, 자사, 맹자는 모두 고대의 종교적 관념에서 완전히 탈피하지 못했다. 이렇게 말하는 근거는 그들의 말이 음양가적 색채를 띠고 있기 때문이다. 공자는 "봉황새가 이르지 않고 하수(河水)에서 도(圖)

---

6) 董仲舒, 《春秋繁露》, 〈深察名號〉, "孟子下質於禽獸之所爲 故曰性已善 吾上質於聖人之所爲 故曰性未善."

를 내지 않으니, 그만두어야 하는가"⁷⁾라 했고, 《중용》에서는 "나라가 장차 흥하려면 반드시 상서로운 일이 있고, 나라가 장차 망하려면 반드시 요얼이 먼저 나타난다"⁸⁾고 했다. 이는 모두 음양가의 재상설(災祥說)의 색채를 띤 것이다. 맹자도 "하늘이 사람을 낸 것이 오래 되었다. 한 번 다스려지면 한 번 어지러워진다"고 했고, 또 "5백 년만에 반드시 왕자(王者)가 일어난다"⁹⁾고 했는데, 이는 추연 등 음양가의 오덕전이(五德轉移)의 역사 철학적 색채를 지녔다. 《순자》(荀子)의 〈비십이자〉(非十二子) 편에 자사와 맹자를 일컬어 "상고(上古)의 일을 고찰하여 자기 이론을 만들어 그것을 오행(五行)이라 했다"고 했는데, 이는 곧 그들의 사상에 음양가적 색채가 있다는 뜻이다.

동중서는 유가의 이 같은 전통을 계승하여 음양가의 종교적·과학적 태도를 재발휘했다. 그의 사상 체계는 실로 광대하고 정제하였으며 한대 사상에서 우주적 새 질서를 건립했다. 그는 유가의 사회 철학, 도덕 철학을 진작시켜 당시 사회의 신질서 건립의 이론적 근거로 삼았다. 이 점이 한대 사람들에 대한 그의 공헌이다. 한대 사람들은 그를 유학자의 종장으로 추대했는데 이는 결코 우연한 일이 아니다.

동중서에 따르면 우주는 열 가지 구성 성분으로 되어 있다. 그는 "천, 지, 음, 양, 목, 화, 토, 금, 수의 아홉 가지와 사람(人)을 합쳐 열(十)에서 하늘의 수(天數)가 끝난다"¹⁰⁾고 했다. 천(天), 지(地), 양(陽), 목(木)이라 할 때의 천은 지와 상대적인 천이고, 천수(天數)라 할 때의 천은 우주를 뜻한다. 여기서 말하는 우주는 과학에서 말하는 우주이고 철학적 의미의 우주는 아니다. 과학에서의 우주는 일종의 구조이고 그 개념은 적극적이다. 철학에서 말하는 우주는 '일체'

7) 《論語》, 〈子罕〉, "鳳凰不至 河不出圖 吾已矣夫."
8) 《中庸》, "國家將興 必有禎祥 國家將亡 必有妖孽."
9) 《孟子》, 〈公孫丑下〉, "五百年必有王者興."
10) 董仲舒, 《春秋繁露》, 〈天地陰陽〉, "天地陰陽木火土金水九與人而十者天之數畢也."

를 뜻하며 그 개념은 형식적이다. 동중서가 말하는 우주는 열 가지 성분으로 되어 있는 것으로 매우 적극적인 개념이다.

음과 양은 두 종류의 기이다. 동중서는 말한다. "천지 사이에는 음과 양의 기가 있어 항상 사람에게 스며들고 있는데, 이는 마치 물이 물고기에게 스며들고 있음과 같다. 기가 물과 다른 점은, 하나는 보이고 다른 하나는 보이지 않음일 뿐이다. 천지 사이는 비록 허한 듯하나 실하다. 인간은 항상 이 담담한 기 속에 젖어 있는데, 다스림의 기와 어지러움의 기가 섞여 유통한다."[11]

중국어에서 기(氣)는 개념상 다양한 의미를 지닌다. 어떤 사람이 희기(喜氣)나 노기(怒氣)를 지녔다고도 하고, 정기(正氣)니 원기(元氣)니 하는 말도 한다. 천지 사이에도 정기, 원기가 있으며 심지어 사시부정(四時不正)의 기가 있다고도 말한다. 오늘날도 공기, 전기라는 말을 쓴다. 중국 철학에서도 기는 매우 다양한 의미를 갖는다. 음양의 기니 치란의 기니 하는 등이 그렇다. 동중서는 "천지의 기는 합하여 하나가 되고, 나뉘어 음양이 되고, 갈라져 사시와 오행이 된다. 오행의 행(行)은 간다는 뜻이니 그 가는 것이 다르기에 오행이라 한다"[12]고 했다. 이에 따르면 천지의 기도 있다. 음양의 기는 천지의 기에서 나온다. 지난 날에는 눈으로 볼 수 없거나 그 방향이나 힘을 포착할 수 없는 것은 모두 기라고 불렀다. 근래의 공기, 전기 등은 모두 이에서 연유한다. 천지의 기는, 현대적인 표현을 쓰면 우주간의 근본적·본질적 힘이라고 할 수 있을 것이다.

오행도 오기(五氣)라 할 수 있다. 《여씨춘추》(呂氏春秋), 〈유시람〉(有始覽), 〈명류〉(名類) 편에서는 오행을 오기라 칭했다. 《백호통의》

---

11) 같은 책, 같은 곳, "是天地之間 雖虛而實 人常漸是澹澹之中 而以治亂之氣 與之流通相淆也."
12) 같은 책, 〈五行相生〉, "天地之氣 合而爲一 分爲陰陽 判爲四時 列爲五行 行者行也 其行不同 故謂之五行."

(白虎通義), 〈오행〉(五行) 편에서는 "오행이란 무엇인가？ 금(金), 목
(木), 수(水), 화(火), 토(土)를 말한다. 행(行)은, 하늘의 가는(行)
기라는 뜻이다"13)라 했다. 이는 《춘추번로》(春秋繁露)의 "행이란 가
는 것이다"의 뜻과 일치한다. 《백호통의》의 설명 방식에 비추어 보
면 지(地)는 오행에서의 토(土)이다. "땅이 하늘을 돕는 것은 마치
아내가 남편을 섬기고 신하가 그 임금을 섬기는 것과 같이 그 지위가
낮다. 그러기 때문에 몸소 이러한 일을 수행한다. 그러나 그 결과 그
는 오행의 하나가 되어 하늘과 같은 지위로 올라간다."14)

　　우주는 하나의 유기적 구조이다. 지와 상대적인 천(天)은 이러한
구조의 주재(主宰)이다. 천지는 이러한 구조의 윤곽이요, 음양과 오
행은 이러한 구조의 골격이다. 공간적으로 생각해 보면 목은 동쪽,
화는 남쪽, 금은 서쪽, 수는 북쪽, 토는 중앙이다. 이 다섯 가지 세
력은 우주를 지탱하는 것과 같다. 시간적으로 고찰해 보면 오행 가운
데 넷이 각각 일년의 사계절의 하나를 주관한다. 목은 춘기(春氣),
화는 하기(夏氣), 금은 추기(秋氣), 수는 동기(冬氣)를 주재한다. 그
러나 토는 주재하는 바가 없다. 토는 사계절을 통괄하여 주재한다.
《춘추번로》, 〈오행지의〉(五行之義)에는 "토는 하늘의 고굉(股肱)이
니, 그 덕이 힘 있고 빼어나 한때의 일을 주재할 수는 없다. 그러므
로 오행과 사계절에 토는 다 겸한다. 금, 목, 수, 화는 비록 그 고유
의 역할이 있지만 토가 아니면 그 기능을 발휘할 수 없다. 만약 신
맛, 짠 맛, 매운 맛, 쓴 맛 등도 단 맛이 없으면 능히 그 맛을 이루
지 못함과 같다. 단 맛이 오미(五味)의 근본이듯, 토는 오행의 주재
이다. 오행의 주재가 토기(土氣)이니 이루어지지 않음이 없다"15)고

---

13) 《白虎通義》, 〈五行〉, "五行者 何謂也 謂金木水火土也 言行者 欲言爲
　　天行氣之義也."
14) 같은 책, 〈五行義〉, "地之承天 猶妻之事夫 臣之事君也 其位單 卑者親
　　視事 故自同於一行 尊於天也."

했다.

춘·하·추·동 사계절은 매년 한 번씩 돌아온다. 이 같은 변화가 있는 것은 일 년 중 음양의 기가 서로 왕성, 쇠잔하기 때문이다. 《춘추번로》, 〈천도무이〉(天道無二)에는 "하늘의 영원한 법칙은 서로 반대되는 둘이 함께 일어나지 않는다는 것이다. 그래서 하나라 한다. 하나요 둘이 아님이 하늘의 운행이다…음양은 상반되는 것이다"[16]라 했다. 음이 왕성하면 양이 쇠잔하고, 양이 왕성하면 음이 쇠잔한다. 양이 왕성하면 목을 도와 목기(木氣)가 이기게 하는데 그때가 바로 봄이다. 화를 도와 화기(火氣)가 이기게 할 때가 여름이다. 음이 성하여 금을 도와 금기(金氣)가 이기게 하면 그때가 가을이 되고, 수를 도와 수기(水氣)가 이기게 하면 그때는 겨울이 된다.

봄에는 만물이 나고 여름에는 자라고 가을에는 결실하고 겨울에는 저장한다. 계절의 변화는 음양 기운의 소장(消長)에 기인한다. 양은 만물의 생장에 도움을 주지만, 음은 만물의 생장에 해를 끼친다. 그래서 양을 하늘의 덕이라 하고 음은 하늘의 형벌이라 한다. "하늘에도 기쁨, 노여움의 기가 있고 슬픔, 즐거움의 마음이 있다. 사람과 서로 같은 것으로 부합함을 미루어 볼 때 하늘과 사람은 하나이다." 하늘의 기쁨, 노여움의 기와 슬픔, 즐거움의 마음은 정상적인 경우에는 사계절의 변화로 표현된다. 즉 하늘은 그 하는 일을 양에 맡기고 음에 맡기지 않으며, 축복을 내리기 좋아하고 형벌을 좋아하지 않는다. 그러므로 사계절 가운데 봄에 꽃이 만발하게 하고, 가을에 풍성한 결실이 있게 한다. 가을은 비록 음에 속하지만 창조에 불리한 것

---

15) 董仲舒, 《春秋繁露》, 〈五行之義〉, "土者天地股肱也 其德茂美 不可主
   以一時之事 故五行而四時者土兼之也 金木水火雖各職 不因土方不立 若
   酸鹹辛苦之不因甘肥之不能成味也 甘者五味之本也 土者 五行之主也 五
   行之主 土氣也 不得不成."
16) 같은 책, 〈天道無二〉, "天之常道 相反之物也 不得兩起 故謂之一 一而
   不二者 天之行也… 陰陽 相反之物也."

은 아니다. 만물에 전적으로 불리한 것은 겨울이다. 그래서 "하늘의 기는 세 계절로 이룸과 낳음을 하고, 한 계절로 버림과 죽임을 한 다"[17]고 했다.

우주의 이 같은 구조 속에 만물이 있다. 만물 가운데 가장 신령한 것이 인간이다. 하늘과 인간은 서로를 보완하여 완전하게 한다. 사람은 하늘의 축소판이다. 《춘추번로》에 "기보다 더 정밀한 것이 없으며 땅보다 더 풍부하게 소유한 것이 없으며 하늘보다 더 신령한 것이 없다. 천지의 정기로 만물이 생겨나는데 그 가운데서 사람보다 더 귀한 것은 없다"고 하였다. 사람은 만물 가운데서 가장 고귀한 존재이므로 그 머리를 항상 하늘로 향하고 있다. 식물은 그 머리(뿌리)를 땅으로 뻗고 있고, 동물은 그 머리가 옆으로 꺾여 있어 사람과는 다르다. "천지로부터 얻은 것이 적은 자는 옆으로 꺾였고, 얻은 것이 많은 자는 바로 되어 있다." 여기서 우리는 사람이 다른 동식물과 달리 천, 지와 더불어 삼재가 될 수 있음을 알 수 있다. 사람의 신체 구조 역시 하늘의 구조와 같다. "천지의 부신(符信)과 음양의 부본(副本)이 항시 사람의 몸에 베풀어져 있다." 사람의 신체에는 "작은 마디가 366개 있는데 이는 일년의 일수에 해당하고, 큰 마디 12개는 12개월에 해당하며, 오장은 오행 수에, 사지는 사계절에 상응한다." "눈을 떴다 감았다 하는 것은 낮과 밤에 해당하고, 꿋꿋했다 부드러웠다 함은 겨울과 여름에 해당하며, 슬퍼하고 기뻐함은 음과 양에 해당한다." "그 셈할 수 있는 것은 그 수(數)에, 그 셈할 수 없는 것은 그 유(類)에 상응한다. 모두 다 하늘에 부응한다는 점에서는 같다." 동중서의 사상 체계에서 인간은 우주의 축소판이고 하나의 소우주이다. 바꾸어 말하면 그의 체계에서 우주는 인간을 확대한 것이요, 그것은 하나의 '대인'(大人)이다.

---

17) 《春秋繁露》, 〈陰陽義〉, "天之氣以三時成生 一時喪死."

인간은 우주의 부본(副本)이고 축소판이다. 그래서 하늘, 땅과 병립하여 삼재가 된다. 이것이 이른바 '참천지'(參天地)의 뜻이다. 《춘추번로》, 〈입지신〉(立之神)에 다음과 같은 말이 있다. "하늘, 땅, 사람은 만물의 근본이다. 하늘은 낳고, 땅은 기르고, 사람은 완성한다."[18] 사람의 하는 일은 하늘, 땅이 다하지 못한 일을 완성하는 것이다. 이것이 인간이 우주에 대해서 행하는 최대의 공헌이다. 4장에서 《중용》의 "하늘, 땅과 더불어 참여하여 돕는다"를 설명할 때, 그것이 일종의 형식 명제라고 했는데, 여기서는 적극 명제가 된다.

심리적 측면으로 말하면 사람의 마음에 정(情)과 성(性)이 있는 것은 하늘에 음양이 있는 것에 상당한다. 《춘추번로》, 〈심찰명호〉(深察名號)에 "몸에 정과 성이 있는 것은 하늘에 음과 양이 있는 것과 같다. 인간의 본질에 대해서 말하면서 정을 빼놓으면 하늘의 양만 말하고 음은 말하지 않는 것과 같다"[19]고 했다. 인간의 성이 밖으로 표현된 것이 인(仁)이요, 정이 밖으로 표현된 것이 탐(貪)이다. 같은 장에 "사람에게는 진실로 인과 탐이 있다. 인, 탐의 기는 모두 사람의 몸에 있다. 몸은 하늘로부터 왔다. 하늘이 음과 양을 지니고 있음은 사람의 몸에 탐과 인이 있음과 같다"고도 하였다.

하늘이 그 권능을 양에 맡기고 음에 맡기지 않듯이 사람도 본성으로 살고 감정은 억제해야 한다. 이것은 마음이 할 일이다. 〈심찰명호〉에 다음과 같은 말이 있다. "속에 있는 모든 악을 밖으로 드러나지 않게 하는 것이 마음이다. 하늘이 양을 높이고 음을 억제하듯 사람은 성을 드러내고 감정을 제어한다. 그래서 하늘의 도(道)와 하나가 된다. 그러므로 음이 행하여도 봄과 여름을 간섭하지 못하고, 달의 정기는 항시 햇빛으로부터 미움을 받아 차고 이지러짐이 있듯, 하

---

18) 같은 책, 〈立之神〉, "天地人 萬物之本也 天生之 地養之 人成之."
19) 같은 책, 〈深察名號〉, "身之有性情也 若天之有陰陽也 言人之質而無其情 猶言天之陽而無其陰也."

늘이 음을 금하고 있는 것이 이와 같다. 그러니 어찌 욕망을 줄이고 감정을 억제하여 하늘에 일치하려 하지 않을 수 있으랴! 하늘이 금하는 것은 사람도 금해야 한다. 하늘이 금하는 것을 금해야지 하늘을 금해서는 안 된다." 사람은 반드시 하늘이 하지 않는 일을 하지 않아야 도덕적으로 완전히 선한 사람이 될 수 있다. 도덕이란 "사람이 하늘을 계승하여 하늘이 남겨 놓은 일을 성취하는 것이지 하늘이 하는 일을 하는 것이 아니다. 하늘이 하는 일에는 한계가 있는데, 그 한계 안은 하늘이 할 일이고, 그 한계 밖은 성왕의 가르침에 의존한다."[20]

왕은 하늘이 사람을 가르치기 위해서 세웠다. 〈심찰명호〉에 "하늘이 사람을 냄에 선한 바탕을 주었으나 완전히 선하게 하지는 않았다. 이에 왕을 세워 선을 행하게 하였으니, 이것은 하늘의 뜻이다. 백성은 이처럼 불완전한 선성(善性)을 부여받았는데, 이 성을 완성시킬 수 있는 가르침은 왕으로부터 받는다. 왕은 하늘의 뜻을 따라 백성의 본성을 완성시킬 것을 그 임무로 삼는다"[21]고 하였다. 왕이 가르치는 제도나 규범 등을 일러서 '왕도'(王道)라 한다. 왕도의 내용은 모두 하늘을 본받은 것이다. 예를 들면 왕도 가운데 이른바 삼강(三綱)이 있다. 삼강은 군위신강(君爲臣綱), 부위자강(父爲子綱), 부위부강(夫爲婦綱)이다. 이는 모두 음양의 도에서 취한 것이다. 《춘추번로》, 〈기의〉(基義)에는 "음이란 양의 짝이고, 아내는 남편의 짝이고, 자식은 아비의 짝이며, 신하는 군왕의 짝이다. 만물에는 도와서 완성시키는 것이 없을 수 없으니 각각의 경우에 음양이 있다. …군신, 부자, 부부의 의리는 모두 음양의 도에서 취한 것이다"[22]고 하였다.

---

20) 같은 책, 같은 곳, "人之繼天而成於外也 非在天所爲之內也 天所爲有所至而止 止之內謂之天 止之外謂之王敎."
21) 같은 책, 같은 곳, "天生民性 有善質而未能盡善 於是爲之 立王以善之 此天意也 民受未能善之性於天 而退受成性之敎於王 王承天意 以成民之性爲任者也."
22) 같은 책, 〈基義〉, "陰者陽之合 妻者夫之合 子者父之合 臣者君之合 物

인간은 하늘의 부본이요 우주의 축소판이다. 우주간에서 인간의 지위는 이처럼 높고, 왕 또한 하늘이 인간을 가르치기 위해서 세운 자이니, 왕이 하는 일에 옳지 못함이나 정상의 궤도에서 벗어남이 있다면 하늘 역시 이에 감응하여 비정상적인 현상을 나타낸다. 하늘이 나타내는 비정상적인 현상을 재이(災異)라고 한다. 왕의 행사가 어떻게 하늘의 감응을 일으키는가에 대하여 동중서는 두 가지로 설명하고 있다. 첫째, "천지간의 사물의 정상적이지 못한 변화를 이(異)라 하고, 그 비정상의 정도가 작은 것을 재(災)라 한다. 재가 항상 먼저 나타나고, 이는·재에 뒤따라 일어난다. 재는 하늘의 견책이고, 이는 하늘의 위협이다. 견책을 하여도 깨닫지 못하면 위협을 통해 두려워하게 한다."[23] 이 주장에 비추어 보면 재이는 하늘의 기뻐하지 않음에서 일어난다. 또 다른 주장은 다음과 같다. "좋은 일에는 좋은 일이 따르고, 나쁜 일에는 나쁜 일이 모인다. 비슷한 것들이 서로 호응하여 일어난다. 마치 한 마리의 말이 울면 모든 말이 따라 울고 한 마리의 소가 울면 다른 소들도 따라서 우는 것과 같다. 만물은 그 비슷한 종류끼리 서로를 부른다." "하늘에 음양이 있듯 사람에게도 음양이 있다. 천지의 음기가 일어나면 사람의 음기 또한 감응하여 일어난다. 사람의 음기가 일어나면 천지의 음기 역시 상응하여 일어난다. 그 원리는 한 가지이다."[24] 이 말에 따르면 재이는 기계적 감응에 의해 발생한다. 그런데 전후의 설명이 크게 달라 서로를 용납할 수가 없다. 첫번째는 독단론적 설명으로서 종교에 가깝고, 두번째는 기계론적 설명으로 과학에 가깝다. 단 이러한 차이를 음양가도 동중서도 자각하

莫無合 而合各有陰陽 … 君臣父子夫婦之義 皆取諸陰陽之道."
23) 같은 책, 〈必仁且智〉, "天地之物 有不常之變者 謂之異 小者謂之災 災常先至而異乃隨之 災者天之譴也 異者天之威也 譴之而不知乃畏之以威."
24) 같은 책, 〈同類相動〉, "天有陰陽 人亦有陰陽 天地之陰氣起 則人之陰氣應之而起 人之陰氣起 而天地之陰氣亦應之而起 其道一也."

지 못했다. 동중서의 사상 체계에서 종교와 과학은 본래 나눌 수 없는 하나였다. 동중서에게서 인간의 지위는 우주에서 가장 높다. 인간은 천, 지와 더불어 셋(三才)이 될 수 있을 뿐 아니라 사실에 있어 셋이 된다. 인간의 지위가 이처럼 높이 올라갔지만, 동중서의 체계에서는 인간을 지극히 높은 경계에 세울 수 없다. 만일 우주에 관해서 충분히 이해하고 있는 사람이 있다고 하자. 동중서가 말한 바와 같이 인간의 할 일이 모두 하늘을 계승하여 하늘이 남겨 놓은 일을 완성하는 것이라고 한다면 그의 경계는 어떤 경계일 것인가? 이것은 천지 경계가 아닌가 하고 물어 볼 수 있다.

이 물음에 대한 답은 다음과 같다. "그의 경계는 천지 경계에 가까우나 엄격하게 말하면 도덕 경계이다. 그가 이해하고 있는 천은 능히 기뻐하고 노여워하며 상과 벌을 가하는 인격적인 천이다. 다소 생경한 표현을 하자면, 그가 이해하고 있는 하늘은 하나의 '우주적 인간'이다. 천은 인간을 확대해 놓은, 하나의 거대한 인간이다. 한 사람의 대인(大人)으로서의 하늘과 사람과의 관계는 이른바 사회적 관계이다." 동중서는 말한다. "하늘은 또한 인간의 증조부이다. 그래서 인간은 천과 같은 부류에 속한다." 인간은 하늘을 계승하여 하늘이 못 다한 일을 완성한다. 이것은 마치 자식이 그 증조부를 계승하여 그분이 못 다한 일을 완성하는 것과 같다. 만약 이같이 생각하고 천의 뜻을 계승한다면 그의 경계는 천지 경계에 가깝다. 그러나 엄격하게 말하면 도덕 경계이다.

이 점에서 우리는 종교와 철학의 차이를 간취할 수 있다. 종교인은 상상을 하고, 철학자는 사색을 한다. 종교는 상상의 산물이고, 철학은 사색의 산물이다. 종교적 사상은 일반인의 생각과 가깝지만, 철학적 사상은 일반인의 생각과는 반대된다. 나는 《신원인》(新原人)에서 일반인의 생각은 도식적·회화적이라고 했다. 엄격하게 말하면 일반인은 상상은 할 줄 알지만 사색은 하지 못한다. 그들도 인간과 사회를 초월한 그 무엇인가가 있다는 데 생각이 미치기는 하지만, 그러나 이에 대해 분명하고 정확한 지식을 갖고 있지 못하다. 인간과 사회를 초월하는 것에 대한 생각이 도식적이므로 그들은 이를 신(神)이니 제(帝)니 천국이니 천당이니 한다. 그런데 그들의 상상 속에 있는 신, 제, 천당 등은 모두 인간을 유추해서 나온 것이다. 예를 들면 인간이 지식을 갖고 있듯 모든 종교에서의 하느님 역시 지식을 지닌 자로 생각된다. 그리고 그 지식은 '모든 것을 아는 지식'이라고 생각된다. 인간에게 능력이 있듯 거의 모든 종교에서의 하느님은 능력을 갖고 있으며, 그 능력은 또한 '모든 것을 가능하게 하는 능력'이다. 인간에게 의지가 있듯 하느님도 의지가 있는데, 그 의지는 완전한 선이라고 여겨진다. 천당의 모습 역시 우리가 생각해 낸 이 세계의 모습을 유추한 것에 지나지 않는다. 이 세계와 그 가운데의 사물은 모두 구체적이다. 천당과 그 속의 사물 역시 구체적이다. 다만 이 세계와 그 속의 사물이 불완전한 것임에 반해 천당과 그 속의 사물은 모두 완전한 것들이다. 이 세계에는 고통도 즐거움도 있으나 천당에는 오직 즐거움만이 있다. 그래서 천당을 이른바 극락 세계라 한다. 그들이 상상해 낸 세계 발생의 과정과 순서 역시 실제 세계에서 인간이 물건을 제조하는 과정을 유추해 낸 것이다. 신 또는 하느님은 마치 한 사람의 기술자와 같고 실제 세계는 완성된 제품과 같다. 이는 모두 인간의 관점에서 도식적 사고로 그 무엇에 대해 상상해 낸 것들이다.

　일반적으로 종교라고 말하는 것 속에 종종 예술과 철학이 들어 있다. 그 의식, 시가, 음악 등은 예술적 요소이고, 교의(敎義) 가운데 인간이 알 수 있는 부분은 철학적 성분이다. 교의 속에 인간이 이해할 수는 없고 단지 믿어야만 하는 부분이 진정한 의미의 종교적 범주이다. 여기서 종교라 함은 바로 이 부분을 말한다.

　동중서의 천론(天論)은 인간의 관점에서 나왔다. 그는 도식적 사고를 사용하여 인간과 천이 하나라고 하는 결론을 얻어 냈다. 그는 천

(天)과 인(人)이 같은 근원에서 나왔다고 말하지 않을 수 없었다. 그가 천이 지니고 있는 성질이라고 말한 것은 실상 인간을 유추하여 얻어 낸 것이다. 어떤 사람의 천에 대한 이해가 만약 동중서의 이해와 같다면 그의 경계는 그리 높은 차원이 못 된다. 내 견해에 따르면 동중서의 철학은 '극고명'의 표준에는 일치하지 않는다. 한대인은 실제를 중시하고 실행을 강조했다. 그들의 경계는 대부분 그리 높지 않다. 그들이 실제와 실행을 강조했기 때문에 고차적 경계에 도달하지 못했다는 것은 결코 아니다. 그 당시 우주에 대한 이해가 옳지 못했기 때문에 그들의 철학이 형상을 초월한 세계로 올라가는 데 실패했다는 말이다. 따라서 그들의 경계는 결코 초월의 세계에 들어간 것이 못 된다. 이전 사람들이 논한 인생의 최고 경계에 대해 한대인은 거의 이해를 못했다. 예를 들면 1 장에서 인용한 《논어》(論語)의 '사십이불혹'(四十而不惑)에 대하여 공안국(孔安國)의 주석에서는 "의혹하지 않는다"고 했고, '오십이지천명'(五十而知天命)을 "천명의 종시(終始)를 안다"고 했으며, '육십이이순'(六十而耳順)에 대한 정현(鄭玄)의 주는 "귀로 말을 듣고 그 숨은 뜻을 알았다"고 하였으며, '칠십이종심소욕불유구'(七十而從心所欲不踰矩)에 대해서 마융(馬融, 78~166, 後漢)은 "마음이 욕구하는 바를 좇아도 법 아님이 없다"고 하였는데, 이같은 해석은 모두 이른바 문맥을 벗어난 자의적 해석이다. 또한 1 장에서 인용한 맹자의 호연지기에 대해서 동중서가 해석한 것을 보면 다음과 같다. "양은 하늘의 너그러움이고, 음은 하늘의 급박함이며, 중(中)은 하늘의 쓰임이요, 화(和)는 하늘의 공(功)이다. 천지의 도를 붙들어 화(和)에 이르게 하라. 그렇게 하면 만물의 본질이 되는 기가 귀하게 여겨지고 잘 자라게 된다. 그래서 맹자가 이르기를 '나는 나의 호연지기를 잘 기른다'고 했던 것이다."[25] 그는 호연지기를

<hr />

25) 같은 책, 〈循天之道〉, "陽者天之寬也 陰者天之急也 中者天之用也 和者天之功也 與天地之道而美於和 是故物生皆貴氣而迎養之 孟子曰吾善養

기른다 함을 천지의 화기(和氣)를 기르는 것으로 보았다. 그가 비록 맹자를 계승하였지만 맹자의 경계에 대해서는 전혀 이해가 없었다고 말할 수 있다.

한대인은 종교적 신앙심이 대단했다. 그들은 종교적 태도로 유학자를 존숭하고 공자를 숭배했다. 공자는 선진 시대 제자 백가의 하나인 유가를 창립한 인물로서 실로 역사상 매우 중요한 위치를 차지한다. 그러나 그의 지위는 단지 '스승'이었다. 그러나 한대인들은 공자를 단순한 스승으로만 간주하지 않았다. 동중서와 공양 춘추 학자들은 모두 공자를 천명을 받은 왕으로 보았다. "실제 역사에서 주(周)를 계승하여 왕이 된 것은 진(秦)이지만, 천명을 받은 것은 공자이다. 공자가 《춘추》(春秋)를 지은 것은 곧 노나라에 왕권을 맡겨 일왕(一王)의 법을 세우려는 것이었다." 이러한 주장은 매우 괴이하지만 그러나 후세에 나온 위서(緯書)들에서는 공자를 한 시대의 왕에 그치지 않고 신으로까지 격상시켰다. 《춘추위설》(春秋緯說)에서는 "공자는 혹제(黑帝)의 아들이다"고까지 했다. 이에 공자의 지위는 왕을 거쳐 신에까지 나아갔다. 후세 사람들이 유가의 학설을 유교라 했는데, 한대에 유가의 학설은 참으로 유교라 불릴 만했으며, 공자는 바로 이 유교의 교주였다.

이른바 고문경학(古文經學)의 운동을 거치면서 한대 유가 속에 혼입되었던 음양가적 성분은 제거되었다. 그런데 이들 음양가적 요소는 도가와 결합하여 도교를 이루었다. 이에 다시 공자는 스승의 지위로 되돌아갔고 노자는 도교의 교주가 되었다.

도교는 후에 중국의 민족 종교가 되었는데 외래의 불교에 의해 타격을 받게 되었다. 도교는 비록 노자와 장자의 기치를 내걸고 그들의 구호를 사용하고 있지만 노자와 장자의 철학을 수용하지는 못했다.

吾浩然之氣者也."

따라서 도교 속의 철학적 요소는 불교에 비해 크게 뒤떨어졌다. 도교는 후에 교육을 받지 못한 서민 계층에 널리 성행하였고 지식 계층은 대체로 어떠한 종교도 신봉하지 않았다. 그들은 철학을 통해서 이른바 '극고명이도중용'의 생활에 도달할 수 있었다. 형상을 초월하는 철학은 그들로 하여금 일상 생활 속에서 허광(虛曠)을 딛고 살아가게 했다. 따라서 그들에게는 상제와 천국이 필요하지 않았다. "일상 생활을 떠나지 않으면서 곧장 아무런 형상도 없는 선천의 세계로 뛰어든다." 이것이야말로 중국 철학의 성취이다. 이러한 성취는 허다한 현철들의 노력을 거쳐서야만 비로소 가능하다.

제 7 장

위진 현학

　위·진 시대에 와서야 비로소 형상을 초월하는 것에 대해서 다소 분명한 인식을 갖기 시작했다. 위·진 시대의 사람들은 초월 세계에 대해서 《노자》(老子)나 《장자》(莊子), 《역전》(易傳), 《중용》(中庸)의 저자들보다 한층 명확한 인식을 갖고 있었다. 앞서의 몇 장에서 나는 누차에 걸쳐 '현지우현'(玄之又玄) 즉 현묘하고도 현묘함에 대해 말했는데, 이것이 위·진 사람들의 탐구 대상이었다. 그들은 '현지우현'을 좋아했다. 그리고 《노자》, 《장자》, 《주역》을 '3현'이라 일컬었고, '현지우현'에 관한 담론을 현담(玄談), 그 학문을 현학(玄學), 그 기풍을 현풍(玄風)이라 불렀다.

　그들은 형상을 초월한 철학이 능히 사람들로 하여금 허광(虛曠)의 세계를 건널 수 있게 함을 깊이 알고 있었다. 《세설신어》(世說新語)에 향수(向秀)의 《장자》주를 평하여 일컫기를 "극치를 오묘하게 분석하여 현풍을 크게 일으켰다"고 했고, 〈죽림칠현론〉(竹林七賢論)에서는 "향수가 이와 같은 해석을 하므로 그의 글을 읽는 사람들은 모

두 이미 초연하지 않음이 없어 속세를 벗어나 절대 무차별의 세계를
본 듯했다. 그리고 이제 감각 세계 밖에 능히 인간 및 사물의 세계를
뛰어넘을 수 있는, 신비로운 지혜와 신령한 능력을 지닌 성인들이 있
음을 알게 되었다"고 하였다. 향수와 곽상(郭象)은 장자를 칭찬하여
다음과 같이 말한다. "비록 탐욕하는 사람과 자기의 일에 분주한 사
람이라도 흘러넘치는 쾌락과 감미로운 경험의 홍수 속에 침잠하여 잠
깐 동안이나마 자기 충족감을 지닐 것이다. 하물며 만물의 본성을 탐
구하고 영원을 즐기는 자에 있어서랴! 드디어 멀고 먼 곳에 도달하
여 속세를 뒤로 하고 무차별의 세계 속에 들어갈 수 있다."[1] 여기서
언급한 경계는 최고의 경계이다. 현학은 사람들로 하여금 이러한 경
계를 지닐 수 있게 하였다.

현학은 노장 철학의 계승이다. 노장 철학은 명가(名家)를 거쳤으나
동시에 명가를 극복한 것이기도 하다. 현학가의 사상도 이 점에서는
마찬가지이다. 명가의 학설도 위·진 시대에 성행했다. 《세설신어》에
다음과 같은 이야기가 있다. "사안(謝安)이 어렸을 때 완광록(阮光祿,
阮裕)에게 백마론(白馬論)을 설명해 달라고 했다. 그래서 설명해 주었
으나 사안이 완유의 말을 이해하지 못했다. 완유가 탄식하여 말하기
를 '백마론을 설명할 수 있는 사람을 찾기도 어렵지만 그것을 올바로
이해하는 사람을 얻기도 불가능하다'고 했다. 또한 사마태부(司馬太
傅)가 사거기(謝車騎, 謝玄)에게 '혜시(惠施)는 그 책이 다섯 수레나
된다고 하는데 어째서 현(玄)에 대한 말이 한 마디도 없느냐?'고 묻
자 사거기가 '말하지 않은 것이 아니라 그 오묘한 점이 전해지지 않고
있다고 해야 할 것이다'고 대답했다."[2] 혜시가 '현'에 대해 한 마디도

---

1)《莊子》, 向秀·郭象의 註序, "雖復貪婪之人進躁之士 暫而攬其餘芳 味
其溢流 猶足曠然 有自得之情 況探其遠情而玩永年者乎 遂綿邈清遐去塵
埃而返冥極者也."
2)《世說新語》,〈文學〉, "謝安年少時 請阮光祿(阮裕)道白馬論 爲論以示
謝 於時謝不卽解阮語 阮乃嘆曰非但能言人不可得 正索解人亦不得 … 司

하지 않았다는 것은 착오이다. 위의 두 구절에서 우리는 위·진 시대 사람들의 명가에 대한 관심과 공손룡(公孫龍) 및 혜시에 대한 추숭의 태도를 알 수 있다.

위·진 시대의 사상은 명가로부터 출발했다. 그들이 '현'에 대해서 말할 때, 말한 바 이치를 명리(名理)라 한 것은 이런 연유에서이다. 《세설신어》, 〈문학〉(文學) 편에는 "왕장사(王長史)가 쓴 것이 수백 어인데 스스로 명리기조(名理奇藻)라 했다"고 하며, 또 《사현별전》(謝玄別傳)을 인용하여 "현(玄)은 청언(淸言)에 능하고 명리(名理)를 잘 한다"고 했다. 명리를 잘한다는 것은 능히 명칭(名)을 분변하고 이치(理)를 분석한다는 것이다. 3장에서 우리는 명가의 주장, 즉 공손룡의 흰 말은 말이 아니다(白馬非馬), 딱딱함과 흰색은 분리된다(離堅白) 등에 관한 변론을 볼 수 있다. 이것들은 모두 명(名)을 분변하고 이치를 분석한 것이다. 그들은 전적으로 명에 의해 이치를 분석했고 실제나 사실에 대해서는 전혀 관심을 기울이지 않았음을 알 수 있다. 그렇기 때문에 그들이 "명칭의 해결에만 전념하여 상식에서 벗어났다"는 평을 듣게 되었던 것이다.

《세설신어》에 다음과 같은 이야기가 나온다. "손님이 악광(樂廣)에게 '지부지'(旨不至)에 대해 물었는데 악광 역시 이 문구를 분석하지 못했다. 그래서 곧장 사슴 꼬리 자루를 탁자에 가져다대고는 '닿지 않았느냐'고 되물었다. 손님은 '닿았다'고 답했다. 악광은 다시 사슴 꼬리를 들어올리고는 '만약 그것이 닿았었다면 어떻게 옮겨질 수 있는가?'라 했다".[3] 여기서 말하는 '지부지'는 《장자》, 〈천하〉(天下) 편에 나오는 '지부지'(指不至)로서 공손룡 일파의 변자들의 말이다. 사

馬太傅(司馬孚)問謝車騎(謝玄)惠子其書五車　何以無一言入玄　謝曰故當是其妙處不傳."

3) 같은 책, 같은 곳, "客問樂令(樂廣)　旨不至者　樂亦不復剖析文句　直以鹿尾柄确几曰　至不　客曰至樂因又擧鹿尾曰　若至者那得去."

슴 꼬리를 탁자에 가져다대면 일반적으로 사슴 꼬리가 탁자에 닿았다
고 여긴다. 그러나 그것이 만일 참으로 닿았다면 옮겨질 수 없다. 그
런데 사슴 꼬리는 떨어질 수 있으니 그 닿은 것은 참으로 닿은 것이
아니다. 이는 '닿았다'(至)라는 이름을 갖고 그 이치를 분석한 것이
다. '지'(至)의 이치를 갖고 하나의 '지'(至)의 구체적 사실을 비판한
것이다. 이것이 이른바 '변명석리'(辨名析理)의 한 예이다.

이 부분에 대한 유효표(劉孝標)의 주석은 다음과 같다.

> 눈에 보이지 않는 감추어진 배(舟)가 지각할 수 없게 움직인다. 어깨
> 와 어깨를 맞대고 지나친 사람을 다시 따라잡는 것은 불가능하다. 한
> 순간도 붙잡아 둘 수 없다. 홀연히 생겨났다가 홀연히 사라진다. 그러
> 므로 나는 새의 그림자가 움직이는 것을 볼 수는 없다. 구르는 수레의
> 바퀴는 결코 땅에 붙어 있지 않다. 이런 식의 논리에 따르면 떨어진
> 것은 떨어진 것이 아니다. 따라서 결코 떨어짐이 없다. 그러므로 앞에
> 닿은 것과 나중 닿은 것은 차이가 없다. '닿았다'는 말은 무엇인가 발
> 생하는 과정을 가리킨다. 떨어짐에 있어 앞의 단계와 나중 단계에 차
> 이가 없다. '분리되었다'는 말은 무엇인가 소멸되는 과정을 가리키는
> 것이다. 결론짓자면 세상에는 '분리됨'과 같은 것은 없다. 따라서 '분
> 리됨'이라는 개념은 분명 타당하지 않다. 그렇기 때문에 '닿았다'는 개
> 념 역시 사실과 부합하지 않는다. [4]

이 주석이 유효표 자신의 것인지 혹은 그가 다른 사람의 것을 인용
했는지 확실하지는 않으나, 곧 모든 사물은 결코 한 순간도 변화를
멈출 때가 없다는 것이 이 주석의 골자이다. "나는 새의 그림자는 일
찍이 움직인 적이 없다"와 "구르는 수레바퀴는 땅을 구르지 않는다"

---

4) 《莊子》,〈天下〉, 劉孝標,《世說新語》註, "夫藏舟潛往 交臂恒謝 一
息不留 忽焉生滅 故飛鳥之影 莫見其移 馳車之輪 曾不掩地 是以去不去
矣 庸有至哉 至不至矣 庸有去乎 然則前至不異後至 至名所以生 前去不
異後去 去名所以訖 今天下無去矣而去者非假哉 既爲假矣而至者豈實哉."

는 것은 모두 《장자》, 〈천하〉편에 수록되어 있는 변자들의 말이다. 이 글의 요지는 사물은 시시각각으로 변하여 항상 생성, 소멸하고 있다는 것이다. 특정 순간의 나는 새의 그림자는 그 이전의 한 순간의 나는 새의 그림자가 아니다. 새의 그림자는 순간적으로 소멸해 버리고 또다시 순간적으로 생겨난다. 계속되는 순간의 그림자는 새로 생겨난 그림자이다. 두 순간을 연결지으면 우리는 운동을 볼 수 있다. 그러나 그 둘을 분리시킨다면 거기에는 운동은 없다. 바퀴가 결코 땅에 닿지 않았다는 주장도 동일한 원리에서 나왔다. 그와 같이 '분리되었다'고 묘사된 것은 수많은 순간적인 것의 떨어짐으로 각자는 그다음 계기하는 것과 서로 연결되어 있다. '닿았다'고 묘사되는 것도 수많은 순간적으로 닿은 것들로서 앞에 닿은 것과 나중 닿은 것이 연결되어 나타나는 현상이다. 앞서 닿은 것과 나중 닿은 것이 서로 비슷하다. 그래서 하나의 '닿음'처럼 여겨진다. 그래서 '닿았다'는 말이 생겨났다. 먼저 떨어진 것과 나중 떨어진 것이 서로 비슷하므로 하나로 통합된 '떨어짐'이라 하며 그래서 '분리되었다'는 말이 생긴 것이다. 그러나 순간의 생성과 소멸에 초점을 맞추어 설명한다면 실상 '떨어짐'은 없다. '떨어짐'이 없으니 '닿음'도 없다.

  이것이 이른바 변명(辨名)과 석리(析理)이다. 《장자》, 〈천하〉편 말미에 나오는 변자들의 수수께끼에 대한 향수와 곽상의 주석이 있다. 그것은 곧 "한 자(一尺) 되는 지팡이를 매일 절반씩 잘라 낸다 해도 영원히 없어지지는 않는다", "연결되어 있는 고리쇠는 풀 수 있다" 같은 것들인데, 이에 대하여 향수와 곽상은 "국가의 통치와 무관하다면 모두 쓸모없는 논쟁이다. 그러나 젊은 귀족들이 판에 박힌 글에 싫증을 느꼈을 때 이것에 어떤 흥미를 느껴서 능히 변명석리하여 자기들의 정신을 고양시키고 지적 훈련을 한다면, 그래서 다음 세대가 음란하게 됨을 방지할 수 있다면, 이런 종류의 즐김이 장기나 바둑 두는 것보다 낫지 않겠는가"[5]고 하였다. 향수와 곽상은 명가를 극복했다. 그들은 이미 이른바 '고기를 얻은 후 통발을 잊은'(得魚忘筌) 사람들이었다. 그들이 명가의 변명석리를 반대한 것처럼 보이기도 한다. 그러나 그들은 결코 변명석리를 반대하지 않았다. 그들이 반대한 것은 변명석리에 그치고 마는 태도였다. 그들이야말로 가장 변명석리에 능한 사람이었다. 그들의 《장자》주석은 변명석리의 가장 전형적인 작품이다.

. 왕필(王弼), 향수, 곽상은 모두 변명석리에 능했다. 《노자》와 《장자》에 대한 그들의 주석이 《회남자》(淮南子)의 《노자》와 《장자》 주석과 다른 이유가 거기 있다. 《노자》, 40장의 '도생일'(道生一)에 대하여 왕필은 "만물 만형은 그 하나로 돌아간다. 어떻게 하나가 되는가? '무'(無)에서 나왔기 때문이다. '무'에서 나와 하나이므로 하나는 무라 할 수 있다. 이미 하나라 했으니 어찌 말이 없을 수 있는가? 하나가 있다 했으니 둘이 아니고 무엇인가? 하나가 있고 둘이 있다 했으니 드디어 셋이 된다. 무에서 유가 생겼으니 수(數)를 다할 수 있는가? 이에서 지나가는 것은 도가 아니다"[6]라 했고, 또 39장의 주석에서는 "하나는 수의 시작이요, 만물의 극치이다"[7]고 했다. 이 구절의 확실한 의미는 자세히 알 수 없다. 그러나 그 말한 바 도(道), 무(無), 유(有), 일(一) 등에 대한 풀이가 확실히 《회남자》의 주석과 다르다는 것은 한눈에 알 수 있다. 왕필의 해석을 거쳐 도, 무, 유, 일 등은 또한 형식적 관념이 되었다. "도가 있다", "하나(一)가 있다" 등의 명제는 모두 형식 명제이지 적극 명제가 아니다.

---

5) 같은 책, 같은 곳, 向秀·郭象의 註, "無經國體致 眞所謂無用之談也 然膏梁之子 均之戲豫 或倦於典言 而能辨名析里 以宣其氣 以係其思 流於後世 使性不邪淫 不猶賢於博奕者乎."

6) 《老子》, 40장, 王弼의 註, "萬物萬形 其歸一也 何由致一 由於無也 由無乃一 一可謂無 已謂之一 豈得無言乎 有言有一 非二如何 有一有二 遂生乎三 從無之有 數盡乎斯 過斯以往 非道之流."

7) 같은 책, 39장, 王弼의 註, "一者數之始而物之極也."

현학이 비록 노자와 장자의 철학을 계승하고 있지만 대부분의 현학가들은 공자를 최고의 성인으로 꼽고 있으며, 노자와 장자는 공자에 미치지 못한다고 여긴다. 《세설신어》에 다음과 같은 일화가 있다. "왕필이 어려서 배휘(裴徽)에게 나아가 뵈었더니 휘가 묻기를, '무는 실로 만물의 바탕인데 성인(孔子)께서는 이에 대하여 한 마디도 아니하셨다. 그러나 노자는 이를 펼쳐서 설명하여 마지 않았으니 무슨 까닭인가?' 하였다. 이에 왕필은 '공자는 무를 체득하였다. 그런데 무는 본래 설명할 수 없는 것이니 말을 한다면 그것은 유에 관한 것이다. 노자나 장자는 유에서 벗어나지 못했기에 항시 그 미치지 못한 바를 설명하고자 했다'고 대답하였다."[8] 여기서 왕필이 말하고자 하는 것은 노자의 사상 속에는 아직 유와 무의 대립이 있다는 것이다. 그는 유로부터 무를 바라고 있기에 항상 무를 말했다. 그러나 공자에게서는 이미 유무의 대립이 통일되어 있었고, 무와 한몸이 되었다. 그는 무에 좇아 유를 말하기에 항시 유를 말하게 되었다. '극고명이 도중용'의 표준에 따르자면, 노자가 '도중용'하지 못한 것은 그가 아직 '극고명'이 되지 못했기 때문이요, 공자는 이미 '극고명'했으므로 '도중용'하게 된 것이다.

향수와 곽상은 《장자》의 최대 주석가인 동시에 비판가이기도 하다. 현재 전해 오는 곽상의 《장자》주는 대체로 향수의 주석이기도 하다. 그래서 나는 향수와 곽상의 주라고 부른다. 향수와 곽상은 《장자》주 서문에서 다음과 같이 말했다.

장자는 근본을 알고 있었고, 그 결과 그것을 표현함에 조악함을 숨기려 하지 않았다. 장자의 표현은 일상적인 욕구를 충족시키지는 못했

---

8) 《世說新語》,〈文學〉, "王輔嗣(王弼) 弱冠詣裵徽問曰 夫無者 誠萬物之所資 聖人(孔子)莫肯致言 | 而老子申之無已何也 弼曰 聖人體無 無又不可以訓 故言必及有 老莊未免於有 故恒訓其所不足."

다. 그의 글은 단지 주관적 독백에 가까웠다. 어떤 글이 일상 생활의 필요를 충족시키지 못한다면 비록 그 글이 옳은 것이라 해도 아무 쓸모없는 것이다. 그 말한 바가 구체적 사물에 관한 것일지라도 그것이 고차원적이라면 실용적이 되지 못한다. 적연히 움직이지 않는 사람과 부득이하여 일어나는 사람 사이에는 실로 커다란 차이가 있다. 이것을 무심(無心)을 안다고 표현할 수 있다. 무릇 마음이 아무것도 하지 않으려 해도 느낌을 따라 대응함이 있고, 대응함이 그 때를 따르게 되므로 그는 말을 삼가하게 된다. 그러므로 그는 천지의 조화와 하나 되고 만세토록 살며 만물과 혼용된다. 이런 사람은 확실히 독백이나 하고 실제의 생활과는 상관 없는 발언이나 하는 장자와는 다르다. 《장자》가 경(經)의 하나는 되지 못한다 해도 제자 백가 중의 첫째는 된다. 장자는 비록 체득은 못했을지라도 그의 말은 지극한 데가 있다. 그는 천지의 구조를 이해하였고, 만물의 본성에 깃들인 질서를 나타내 보였으며, 사생변화의 이치를 통달하였고, 내성외왕의 도를 밝혔다. 위로는 조물주가 없다는 것과 아래로는 만물이 스스로 자신을 지었다는 것을 알았다. [9]

장자에 대한 향수와 곽상의 비판은 두 가지로 나누어 말할 수 있다. 첫째, 향수와 곽상도 장자가 공자에는 미치지 못했다고 보았다. 향수와 곽상은 장자가 '근본'을 알았고 '무심'을 알았지만 단지 인식하는 데 그치고 '체현'하지는 못했다고 보았다. 그랬기 때문에 그 표현에 조악함을 감출 수 없었다. 단지 그 문제에 관해 자기 자신과의 대화 즉 독백을 할 뿐이었다. 향수와 곽상의 요점은 다음과 같다. 자기

---

[9] 《莊子》, 向秀・郭象의 註序, "夫莊子者 可謂知本矣 故未始藏其狂言 言雖無會 而獨應者也 夫應而非會 則雖當無用言非物事 則雖高不行 與夫寂然不動 不得已而後起者 固有間矣 斯可謂知無心者也 夫心無爲則隨感而應 應隨其時 言唯謹爾 故與化爲體 流萬代而冥物 豈曾設對獨遘 而游談乎方外哉 此其所以不經 而爲百家之冠也 然莊子雖未體之 言則至矣 通天地之統 序萬物之性 達死生之變 而明內聖外王之道 上知造物無物 下知有物之自造也."

자신과 천지의 조화가 하나가 되었다면 성인은 무심에 대한 지식을 갖고 있을 뿐 아니라 실제로 그 마음이 무위(無爲)할 것이라는 점이다. 무심의 상태에서 어떤 인위적인 욕구가 없이도 알맞은 때 옳은 행동이 나오게 된다. 그들이 내린 결론은 다음과 같다. "이런 종류의 행위는 실제적인 것에 대응하는 것이며 때에 따라 변화한다. 그래서 그는 결코 자기 자신과의 대화에만 그치지 않는다. 실로 그는 말을 삼가하게 된다."이러한 비판을 나의 《신원인》(新原人)에서의 용어를 빌려 표현하면, 장자의 인생 경계는 '하늘을 앎'(知天)의 경계이고, 공자의 인생 경계는 '하늘과 같아짐'(同天)의 경계가 된다. 천지의 조화와 하나가 된다거나 이를 '체현한다'는 것은 곧 '하늘과 같아짐'이다. 장자는 이를 알기는 했으나 하나가 되거나 체현해 내지는 못했다. 따라서 그의 경계는 천지 경계라 할 수 있지만 '하늘을 앎'에 그쳤을 뿐 '하늘과 같아짐'에 도달하지는 못했다.

향수와 곽상의 장자에 대한 비판의 두번째 요점은 장자의 광언(狂言)에 있다. 이들은 이미 장자가 초월의 세계로의 여행을 위해 자기 자신과의 논쟁을 했다고 비판했었다. 장자의 논술은 일상 생활의 요구를 충족시킬 수는 없는 것, 즉 현실성이 부족한 것이었다. 그의 말은 현실의 사물에 관한 것이 아니어서 비록 고원하기는 하나 실행할 수는 없다. 장자가 자기 홀로 대화를 하여 현실을 초월한 세계에서 노닐었다는 것은 곧 일상의 사물을 떠나 따로 현명(玄冥)의 경지와 황홀의 뜨락을 추구했음을 뜻한다. 그래서 그의 말이 비록 옳기는 하나 쓸모가 없다거나 비록 고원하지만 실용이 불가능하다는 비판이 나오게 된 것이다. 장자가 추구한 것이 비록 내성외왕의 도라 하지만 실제로는 내성적 요소가 많고 외왕적 요소는 적다. 장자에 대한 향수와 곽상의 이러한 비판에서 장자의 철학이 '극고명'하나 '도중용'은 못 된다는 것을 알 수 있다.

이 두 가지 근거 때문에 향수와 곽상은 공자와 장자 사이에 실로 간격이 크다고 했고, 장자의 말은 성경(聖經)의 위치에 오를 수 없지만 그래도 제자 백가 중의 으뜸은 된다고 했다. 장자의 인생 경계와 저작들은 성인보다 한 차원 낮다고 할 수 있다.

노자와 장자는 무의 경지를 '알았고', 공자는 무를 '체현했다'. 정도의 차이가 있지만 노자와 장자는 초월(方外)의 세계에서 노닐 수 있었고, 공자는 현실(方內)의 세계에서 노닐 수 있었다. 비록 내외의 차이는 있으나 노자, 장자와 공자는 다 같이 '내성외왕의 도'를 밝혔다. 현학가들 가운데는 노자와 장자 그리고 공자에 근본적으로 차이가 없다고 주장하는 사람도 있다. 《세설신어》에 다음과 같은 이야기가 있다. "완선자가 명성이 자자하므로 태위 왕이보가 가 뵙고 여쭈었다. '노자, 장자와 공자의 가르침에 어떤 점이 같고 어떤 점이 다릅니까?' 완선자가 대답하기를 '같은 점이 없겠는가' 하였다." 완선자의 말뜻은 노자 장자와 공자가 완전히 같다고도 할 수 없고 완전히 다르다고 할 수도 없다는 것이다. '같음이 없겠는가'는 근본에서 서로 같다는 뜻을 나타낸 것이다.

왕필, 향수, 곽상은 모두 선진 시대의 도가들에게 결점이 있다고 보았다. 그들이 비록 선진 도가를 계승하고 있지만 실제로는 그것을 수정하고 있다. 내 나름대로 표현하자면 이들은 선진 시대의 도가가 '극고명이도중용'의 표준에는 맞지 않는다고 보았다고 할 수 있다. 그래서 이를 수정하여 이 표준에 맞추려 한 것이다. 선진 도가에 대해 왕필이 수정한 요점은 성인의 희로애락이다. 하안의 "성인은 희로애락이 없다"는 주장이 있는데, 현재 전해지지는 않으나 그 요지는 대체로 선진 도가가 지녔던 '이치로 감정을 다스림'(以理化情) 혹은 '감정이 이치를 좇음'(以情從理)이라는 설이다. 장자의 설명 방식에 비추어 보면, 희로애락과 같은 감정은 사물에 대한 이해의 부족에서 일어난다. 그런데 성인은 사물에 대한 완전한 이해를 갖고 있으므로 희로애락의 감정이 들어올 수 없다. 희로애락의 감정이 들어올 수 없다는 것은 곧 희로애락이 없다는 것이요, 이는 곧 정(情)이 없다는 말이 된다. 성인이 감정이 없다고 해서 고목 나무나 타 버린 재처럼 어둡고 완고하고 신령스럽지 못한 것은 아니다. 그 감정이 '완전한 이해' 속에 융화된 것이다. 이것이 이른바 '이치로 감정을 다스림'이다. 그런데 왕필은 이것이 불가능하다고 보았다. 왕필의 주장은 다음과 같다. "유현(幽玄)한 것을 찾아내고 은미한 것을 다하기에 족할 만큼 명철하다 하여도 자연의 본성을 버릴 수는 없다. … 성인이 일반인보다 더 많이 지닌 것은 신명(神明)이요, 일반인과 다름없는 것은 오정(五情)이다. 신명이 왕성하므로 능히 충화(冲和)를 체득하여 무에 통할 수 있고, 오정에서는 남과 다를 바 없으므로 슬픔과 기쁨 등의 감정으로 사물에 응하지 않음이 없다. 그러나 성인의 감정은 사물에 감응하되 사물에 구애받지는 않는다."[10]

성인이라고 해서 감정이 없는 것이 아니다. 단지 감정에 얽매이지 않을 뿐이다. 선진 시대 도가들은 감정이 누(累)가 된다고 보았고, 따라서 "무정(無情)이어야 무루(無累)"라고 했다. 그러나 왕필은 감정이 있으면서 감정에 얽매이게 된 것을 얽매임으로 보고, 비록 감정이 있다 하더라도 감정에 얽매이지 않는 것은 얽매임이 없음이라고 하였다. 이것이 선진 시대 도가에 대한 왕필의 수정이다. 이 수정은 바로 감정이 있음과 감정이 없음의 대립을 통일시키는 것인데, 이러한 대립은 고명과 중용의 대립과 같다.

향수와 곽상의 선진 도가 철학에 대한 수정의 요점은 곧 유와 무의 대립을 소멸시키는 것이요, 하늘과 사람의 대립을 소멸시키는 것이며, 방내와 방외의 대립을 통일시키는 것이었다.

선진 도가 철학 속에는 유와 무의 대립이 있다. "천하 만물은 유에

---

10) 《三國志》, 〈鍾會傳〉, 裴松之의 註, "夫明足以尋幽極微而不能去自然之性 … 聖人之所茂於人者神明也 同於人者五情也 神明茂 故能體冲和以通無 五情同 故不能無哀樂以應物 然則聖人之情 應物而無累於物者也."

서 나오고, 유는 무에서 나온다"고 했는데, 여기서의 유무는 유명 무
명의 약칭이다. 무는 결코 영(零)과 같은 의미의 무는 아니다. 그런
데 향수와 곽상이 말하는 무는 영(零)의 뜻을 가진 무와 같다. 《장
자》, 〈경상초〉(庚桑楚)에 "삶이 있고 죽음이 있으며 나감이 있고 들
어옴이 있다. 들고 남에 그 형체를 보지 못함을 천문(天門)이라 한
다. 천문은 무유(無有)다. 만물은 무유에서 나왔다"[11]는 말이 있다.
이에 대한 향수와 곽상의 주석은 다음과 같다. "생사출입은 모두 홀
연히 저절로 그런 것이지 그렇게 하는 것이 따로 있는 것이 아니다.
그러나 모이고 흩어지고 숨고 나타남이 있으므로 출입이라는 이름이
생겼다. 한갓 이름이 있을 따름이지 끝내 출입 자체는 없다. 그러니
그 문이 어디 있겠는가? 그래서 무로써 문이라 했다. 무가 문이 되
니 곧 무문(無門)이다." "무가 능히 유가 된다고 함이 아니다. 만약
무가 능히 유가 된다면 어째서 무라 하는가?", "만약 무가 있다면
결국 무일 뿐이다. 무가 곧 무일 뿐이라면 유는 저절로 밝혀진다."
향수와 곽상의 주석에 따르면 '유생어무'(有生於無)는 곧 "유를 낳는
것은 없다"는 뜻이 된다. 이는 단지 유가 어떤 창조자의 행위에 의해
서 생기는 것도 아니고, 또 유가 없었다가 갑자기 무로부터 생겨났다
는 주장도 아니다. 《장자》, 〈지북유〉(知北遊) 편의 주석에도 "무가 유
로 될 수도 없고, 유가 무로 될 수도 없다. 이것이 유가 비록 천변만
화한다 해도 무가 될 수 없는 이유이다. 무가 될 수 없으니 고금에
걸쳐 유가 없었던 때는 없었다. 따라서 유는 영원히 존재한다는 결론
이 나온다"[12]고 했다.

---

11) 《莊子》, 〈庚桑楚〉, "有乎生有乎死 有乎出有乎入 入出而无見其形 是
謂天門 天門者無有也 萬物出乎無有."
12) 같은 책, 〈知北遊〉, 向秀·郭象의 註, "非惟無不得化而爲有也 有亦不
得化而爲無矣 是以有之爲物 雖千變萬化 而不得一爲無也 不得一爲無 故
自古無未有之時而常存也."

유는 본래 상존하는 것이지 무에서 나온 것이 아니며, 만물은 홀연
히 스스로 생겨난 것이지 이 만물에 앞선 것이 산출한 것은 아니다.
《장자》, 〈지북유〉편의 주에 다음과 같은 말이 있다.

　　무엇이 물(物)에 앞선다고 할까? 음양이 앞선다 할까? 그러나 음양
　　또한 하나의 물일 따름이다. 무엇이 음양에 앞설까? 나는 자연이 음
　　양에 앞선다고 하겠다. 그런데 자연이란 물이 스스로 그러한 것일 따
　　름이다. 나는 다시 도(道)가 앞선다고 해본다. 그러나 지도(至道)는
　　곧 지무(至無)일 따름이다. 이미 무라 했으니 어찌 앞서겠는가? 그런
　　즉 물에 앞서는 것이 무엇인가? 물은 다함이 없고 또한 물은 스스로
　　그렇게 되었음이 자명하므로 따로 그렇게 존재하게 하는 것은 없다. [13]

　향수와 곽상이 《장자》에 가한 비판의 요점은 조물자설(造物者說)에
대한 논파에 있다. 상제가 조물주라는 주장은 반드시 깨뜨려져야 한
다. 모종의 기(氣)가 창조자라는 설도 깨져야 한다. 이들 주장이 모
두 논파되어야 하므로 "하나의 사물이 그것으로 말미암아 생성되는
것"이라는 명제도 깨져야 한다. 이러한 주장들이 모두 깨진 후에야
"물을 짓는 자가 없어지고 물은 스스로를 지을 따름이 된다. 조금도
남에게 기대는 바가 없다. 이것이야말로 천지간의 바른 진리이다."[14]
　일체의 만물을 낳는 것이 없으므로 이른바 도는 영(零)이라는 의미
의 무와 같다. 도가 무이므로 "도가 만물을 낳는다"는 명제는 곧 만
물이 각기 스스로 생겨난다는 뜻이 된다. 또 "만물이 모두 도로부터
얻은 바가 있다"는 말도 만물이 스스로 생겼다는 뜻이다. 〈대종사〉

13) 같은 책, 같은 곳, 向秀・郭象의 註, "誰得先物者乎哉 吾以陰陽爲先
　　物 而陰陽者卽所謂物耳 誰又先陰陽者乎 吾以自然爲先之 而自然卽物之
　　自爾耳 吾以至道爲先之矣 而至道者乃至無也 旣以無矣 又奚爲先 然則先
　　物者誰乎哉 而又有物無已 明物之自然 非有使然也."
14) 같은 책, 〈齊物論〉, 向秀・郭象의 註, "造物者無主 而物各自造 物各
　　自造 而無所待焉 此天地之正也."

188

(大宗師) 편의 주에 "도는 무능하다. 도에서 얻었다는 말은 스스로 얻었을 따름임을 밝힌 것에 지나지 않는다. …무릇 얻었다는 것은 밖으로 도에 힘입은 바도 없고 안으로 자기로부터 말미암지도 않은, 결국 자득(自得)이요 독화(獨化)이다."15) 향수와 곽상의 설명 방식에 비추어 보면 선진 시대 도가에는 이른바 유는 있으나 무는 없다. "유가 무에서 나왔다"는 말은 바꾸어 말하면, 그 뜻이 곧 "유를 낳는 자가 있는 것이 아니다. 그러므로 유와 무의 대립은 없다"가 된다. 진대 (晋代) 사상가들 가운데 배영(裴頠)의 《숭유론》(崇有論)이 있지만, 향수와 곽상의 입장이 바로 숭유론의 입장이다.

선진 시대 도가 철학 사상 속에는 천(天)과 인(人)의 대립이 있다. 《장자》, 〈추수〉(秋水) 편의 "천은 안에 있고, 인은 밖에 있다"(天在內人在外)라거나 "소와 말에 다리가 넷이 있음은 천이요, 말 머리에 고깔을 씌우거나 소에 코뚜레를 함은 인이다"16)고 한 것이 바로 그것이다. 여기서 말하는 천은 오늘날의 천연, 자연이고 인은 인위(人爲)이다. 천에 속한 활동이나 활동자는 왜 그렇게 되어 그러한지를 모른다. 그래서 그 하는 바가 무위이다. 인(人)에 속한 활동은 의지가 작용한 것으로 그 행한 바가 유위가 된다. 인에 속한 활동으로 천에 속한 활동을 대체하는 것을 이른바 '이인멸천'(以人滅天)이라 한다. 선진 시대 도가들은 일체 고통의 근원이 '인위로 자연을 소멸함'에 있다고 보았다. 그래서 그들은 '인위로 자연을 소멸함'을 하지 말라고 권고했다.

향수와 곽상의 《장자》 주석은 바로 이러한 대립을 해소하려는 것이었다. 앞서 인용한 '말 머리에 고깔을 씌우거나 소에 코뚜레를 하는 것'에 대한 향수과 곽상의 풀이는 다음과 같다. "인간이 생활을 하자

---

15) 같은 책, 〈大宗師〉, 向秀·郭象의 註, "道無能也 此言得之於道 乃所以明其自得耳…凡得之者 外不資於道 內不由於己 掘然自得而獨化也."
16) 같은 책, 〈秋水〉, "牛馬四足是謂天 落(絡)馬首 穿牛鼻是謂人."

면 어찌 소를 부리고 말을 타지 않을 수 있겠는가? 소를 부리고 말
을 타야 한다면 어찌 코뚜레나 고깔을 사용하지 않을 수 있으랴! 소
나 말이 코뚜레나 고깔을 거부할 수 없음은 실로 천명의 마땅함이다.
진실로 천명에 마땅하다면 비록 사람의 일로 나타났어도 근본은 천
(天)에 있다."[17] 향수와 곽상이 말하는 천명은 역시 자연이라는 뜻과
비슷하다. 《장자》, 〈인간세〉(人間世) 편에서 "천하에 큰 계율이 둘이
있다. 하나는 명(命)이요, 다른 하나는 의(義)이다. 자식이 그 부모
를 사랑함은 명으로서 결코 마음에서 풀어질 수 없다"[18]고 했는데,
향수와 곽상은 주석에서 "자연히 굳고 맺어져 있으니 풀 수가 없다"[19]
고 했다. 〈대종사〉 편에서는 "이 극치에 이르른 것이 명이다"[20]고
했는데, 이에 대하여 향수와 곽상은 "이는 물(物)의 자연을 말함이니
곧 무위지자(無爲之者)이다"[21]라고 풀이했다. 여기서 향수와 곽상이
말한 천명은 곧 자연이란 뜻이다. 새가 집을 짓는 것도 자연에서 나
왔고, 사람이 방에 지붕을 씌우는 것도 자연에서 나왔다. 지붕을 씌
우는 것이 자연에서 나왔다면 뉴욕의 마천루도 자연에서 나왔다고 할
수 있다.

　이런 관점으로 본다면 인위(人爲) 역시 자연이다. 《장자》, 〈대종
사〉편에서 향수와 곽상이 "천과 인이 하는 일이 모두 다 자연임을 알
아라"[22]고 한 것이 있고, 〈인간세〉편에서 "한 사람을 지도자로 삼지
않고 천 명이나 모였으니 어지럽지 않으면 혼란하다. 어진 사람은 많

---

17) 같은 책, 같은 곳, 向秀·郭象의 註, "人之生也 可不服牛乘馬乎 服牛
　　乘馬可不穿落之乎 牛馬不辭穿洛者 天命之固當也 苟當乎天命 則雖寄之
　　人事 而本乎在天也."
18) 같은 책, 〈人間世〉, "天下有大戒二 其一命也 其二義也 子之愛親 命也
　　不可解於心."
19) 같은 책, 같은 곳, 向秀·郭象의 註, "自然固結 不可解也."
20) 같은 책, 〈大宗師〉, "然則至此極者命也夫."
21) 같은 책, 같은 곳, 向秀·郭象의 註, "言物自然無爲之者也."
22) 《莊子》, 〈大宗師〉, 向秀·郭象의 註, "知天人之所爲者 皆自然也."

을 수 있으나 임금이 많을 수는 없으며, 어진 사람이 없을 수는 있으나 임금이 없을 수는 없다. 이것이 바로 천과 인의 도이다. 반드시 그 마땅함에 이르러야 한다"[23]고 했다. 국가에 조직이 있음은 인도(人道)이지만 그것은 동시에 천도(天道)이다. 여기서 천과 인이 하는 모든 일이 자연임을 알 수 있다. 천과 인이 하는 바가 모두 자연이므로 천과 인의 대립은 더 이상 있을 수 없다.

향수와 곽상의 주장에 따르면 이전의 도가들이 유위로 인정한 것도 무위라 할 수 있다. 《장자》, 〈천도〉(天道) 편에 다음과 같은 논평이 있다. "그러므로 상하로 말하면 왕은 고요하고 신하는 움직이며, 고금에 비하면 요와 순은 무위(無爲)이고 탕과 무는 유사(有事)이다. 그러나 각기 그 타고난 본성대로 했고, 일의 자연스런 경향이 신비롭게 나타났다. 상하 고금이 모두 무위였다. 어디에 유위가 있는가?"[24] 향수와 곽상의 새로운 의미에 따르면 무위는 결코 손을 붙잡아 매고 입을 다무는 것이 아니다. 진실로 천명에 부합된다면 한 개인의 행위가 아무리 번거럽게 많다 하더라도, 혹은 어떤 사회의 조직이 아무리 복잡하더라도 그것은 모두 "자연스런 경향의 신비로운 표현"이다. 그것은 모두 무위이지 유위가 아니다.

향수와 곽상의 체계에서 '천'은 곧 만물에 대한 총괄적 이름이다. 〈제물론〉편의 주석에서 "천은 만물의 총괄적 이름"[25]이라 했고, 〈소요유〉 편의 주석에서는 "천지는 만물의 총괄적 이름"[26]이라 했다. 천 혹은 천지는 내가 《신이학》(新理學)에서 말한 '대전'(大全)과 같다. 천은 현명(玄冥)의 경계이다. 일체의 사물은 현명의 경계에서 독화

---

23) 같은 책, 같은 곳, "千人聚不以一人爲主 不亂則散 故多賢不可以多君 無賢不可以無君 此天人之道 必至之宜."
24) 같은 책, 〈天道〉, "故對上下 則君靜而臣動 比古今則堯舜無爲 而湯武 有事 然各用其性 而天機玄發 則古今上下無爲 誰有爲也."
25) 같은 책, 〈齊物論〉, 向秀·郭象의 註, "天者萬物之總名也."
26) 같은 책, 〈逍遙遊〉, 向秀·郭象의 註, "天地者萬物之總名也."

(獨化)한다. 만물은 각각 '자기이연'(自己而然)한다. 이들 사물들은 서로서로에게 유용한 경우가 있지만 어느 하나도 타자를 위하여 존재하는 것은 없다. 또 다른 것으로부터 그 존재가 이끌려 나오는 경우도 없다. 이것이 이른바 "현묘하게 보완 관계에 있어도 서로 의존하지 않는다"는 것이다. "만물이 하나의 전체로서 모여서 천을 이루어도 모두 각각 자기 자신을 드러낸다."[27] 만물은 다같이 천을 이룬다. 그러나 개개의 물은 오히려 독화한다. 이것이 "천지에 관한 진리이다."

선진 도가에서는 도라는 개념이 매우 중요한 위치에 있다. 그러나 향수와 곽상의 체계에서는 '천'이 중요한 위치를 차지한다. 천은 곧 대전(大全)이다. 성인이란 '스스로를 대전에 일치시킨 자'이다. 〈대종사〉편의 주에 다음과 같은 글이 있다. "성인은 변화의 도에 노닐고 날로 새로워지는 흐름에서 유영(游泳)한다. 만물이 각양의 방식으로 변화하듯 성인 역시 그들과 더불어 변화하며, 그 변화가 무궁하듯 성인의 변화 역시 무궁하다."[28] "성인은 만물과 분리되는 바가 없고, 변화와 더불어 하나 되지 않음이 없다. 따라서 내외와 사생이 없다. 천지와 하나되고 변화와 합하여, 숨은 것을 찾아도 찾을 수 없다."[29] 천지의 변화와 일치된 상태는 설명할 수도 생각할 수도 없다. 〈제물론〉편의 주석에 "무릇 '하나'라고 말하면 이미 '하나'가 표현된 것은 아니다. '하나'와 하나라는 말은 둘이 된다. 하나는 이미 하나이니 말까지 보태면 둘이 되는 것이다"고 하였다. 하나를 하나로 간주하는 자라 해서 일반인과 다를 바 없다. 그리고 하나를 잊은 자는 그 하나를 표현하지 못한다. 그러나 그는 사실상 '하나'를 지니고 있다.

---

27) 같은 책, 〈齊物論〉, 向秀・郭象의 註, "萬物雖聚而共成乎天 而皆歷然莫不獨見矣."
28) 같은 책, 〈大宗師〉, 向秀・郭象의 註, "夫聖人遊於變化之塗 放於日新之流 萬物萬化 亦與之萬化 化者無極 亦與之無極."
29) 같은 책, 같은 곳, 向秀・郭象의 註, "與物無不冥 與化無不一 故無外無內 無死無生 體天地而合變化 索所遯而不得矣."

대전(大全)은 형상을 초월한 것이다. 대전과 자기 자신을 일치시킨
자의 정신은 형상 밖에서 노닌다. 그러나 그의 정신이 형상 밖에서
노닌다 해도 산림 속에 묻혀 팔짱 끼고 침묵할 필요는 없다. 《장자》,
〈소요유〉편에서는 허유(許由) 등의 은사들을 매우 추숭하고 요순(堯
舜) 등을 경시한다. 요가 허유에게 천하를 선양하려 하자 허유(許由)
는 "돌아가시오, 내게는 천하가 아무 쓸모가 없소"라고 대답했다고
한다. 〈소요유〉에서는 다음과 같은 글도 발견된다. "티끌과 때와 쭉
정이와 겨로써도 능히 요순을 만들 수 있다. 요는 천하의 백성을 다
스려 나라 안의 정치를 바르게 한 후에 분수(汾水)의 북쪽 막고야 산
으로 갔는데, 거기서 네 신선을 만나 보고는 그만 정신이 멍해져서
천하를 잊었다."[30] 허유 등의 여러 은사는 방외에 노니는 사람들이고
요순 등은 방내인이다. 그런데 향수와 곽상의 주석에서는 요순이 존
숭되고 허유 등 은사가 경시되고 있다. 〈소요유〉편의 주석에 다음과
같은 구절이 있다.

자임(自任)하는 자는 물(物)을 대상화하지만 물리(物理)를 따르는 자
는 그렇게 하지 않는다. 그러므로 요는 천하에 상대가 없었으나 허유
는 직(稷), 설(契)과 필적하게 되었다. 그렇게 된 까닭을 어떻게 말해
야 하는가? 대저 물과 혼연히 하나 된 자는, 그 결과 그들로부터 만
물이 분리되어 나올 수가 없다. 따라서 그들은 무심하여도 오히려 심
오하게 그 물에 응한다. 그 물의 자극에 자신들을 내맡김이 마치 묶어
놓지 않은 배가 물결 따라 아무런 의욕 없이 여기저기 떠다니듯 함과
같다. 따라서 일반인들과 일치되지 않는 일을 하지 않으며, 그들이 가
는 곳마다 왕 되지 않는 바가 없다. 이 같은 성품이 그들로 하여금 왕
되게 했고, 사실상 하늘의 높음만큼이나 그들의 덕이 높아졌다. 만약
어떤 사람이 홀로 높은 산꼭대기에 우뚝 서 있다고 하자. 그가 만일

---

30) 같은 책, 〈逍遙遊〉, 向秀·郭象의 註, "堯治天下之民 平海內之政 往
見四子藐姑射之山 汾水之陽 窅然喪其天下焉."

자기 자신을 지킬 생각을 갖지 않았다거나 어느 학파의 일방적 사상을 따를 의사가 없다면, 어떻게 그가 거기에 그렇게 서 있을 수 있겠는가? 따라서 이런 사람은 어중이떠중이 가운데 하나에 지나지 않는다. 그들은 요의 외신(外臣)일 따름이다. [31]

대부분의 사람들은 자기가 숭상하는 것을 지키게 마련이다. 모든 개개인이 타자, 타물들을 대상화하게 되는 까닭이 여기에 있다. 사물의 이치를 좇는 사람은 그 '도의 지도리'(道樞)를 얻어 자기가 좋아하는 것만 고집하지 않고 만물에 좇아 따른다(隨順). 만물에 수순한다는 것은 실상 만물을 초월하는 것이요, 만물을 초월한다는 것은 만물과 더불어 대대적(對待的) 위치에 서지 않음을 뜻한다. 속물들 가운데 하나가 아니라 천하에 상대가 없는 존재가 되는 까닭이 바로 여기에 있다. 비록 하루 동안에도 만 가지 조짐이 나타나지만 그는 무심으로 이에 응한다. 따라서 물에 응하나 결코 물에 붙잡히거나 구속당하지 않는다. 〈소요유〉편의 주석에서 향수와 곽상은 다음과 같이 말한다.

무릇 성인은 비록 묘기(廟基)의 위에 있더라도 그 마음은 산림 속에 있는 것과 다를 바가 없으니, 세상이 어찌 이를 알겠는가? 한갓 그가 황금관을 쓰고 옥새를 달고 있는 것만 보고는 곧 그것이 그의 마음을 구속한다고 생각한다. 그가 산천을 순력하는 것과 백성들의 일을 함께 하는 것을 보고 그 정신을 초췌하게 하겠구나 여긴다. 지극한 경지에 도달한 사람은 어떤 것에도 고통받지 않음을 어찌 알겠는가? [32]

---

31) 같은 책, 같은 곳, 向秀·郭象의 註, "夫自任者對物 而順物者與物无對 故堯無對於天下 而許由與稷契爲匹矣 何以言其然也 夫與物冥者 故群物之所不能離也 是以無心玄應惟感之從 沈乎若不繫之舟 東西之非已也 故無行而不與百姓共者 亦無往而不爲天下之君矣 以此爲君 若天之自高實君之德也 若獨兀然立乎 高山之頂 非夫人有情於自守 守一家之偏尙何得專此 此固俗中之一物 而爲堯之外臣耳."

32) 같은 책, 같은 곳, 向秀·郭象의 註, "夫聖人雖在廟堂之上 然其心無異於山林之中 世豈識之哉 徒見其戴黃屋 佩玉璽 便謂足以纓紱其心矣 見其歷山川 同民事 使謂足以憔悴其神矣 豈知至至者之不虧哉."

성인은 타인을 위함으로 인해 자신을 손상시킴이 없고, 세상을 위함으로 해서 자신의 자유를 구속하지 않는다. 사물에 순리대로 따르되 그것에 구속당하지 않는 것이다.

성인의 경계는 지극히 높지만 그의 행위는 지극히 평범하다. "가장 먼 곳까지 도달한 사람은 점점 인간과 일상 사물의 비근한 곳으로 가까이 다가오며, 인생의 경계 중에서 가장 높은 곳에 도달한 사람은 도리어 낮은 곳으로 내려온다." "세속과 타협하지 않고 홀로 높은 경계로 올라가는 사람은, 그래서 속물이 되지 않으려는 사람, 곧 산과 골짜기에 숨은 사람은 제약받지 않는 사람이 아니다." "만약 산림 속에서 아무 일도 하지 않고 침묵을 지키는 것으로써 무위라 여기는 자가 있다면 이는 바로 노자 장자의 가르침이 일을 하고자 하는 사람에 의해 저버림을 당하게 하는 이유가 된다. 일을 하는 자들이 자신을 유위에 한정시키고 무위로 돌아가지 않는 것은 바로 이 때문이다."[33]

향수와 곽상의 새로운 해석에 따르면 성인에게는 방내, 방외의 분별이 없다. 〈대종사〉편의 주석에 다음과 같은 기록이 있다.

무릇 이치가 그 지극한 데 이르면 내외의 분별은 사라진다. 방외에서 노닐음이 내외의 분별이 사라진 완전성에 이끌려 가는 경우도 없고, 내외가 여전히 구별되고 있는 곳에서 방외의 노닐음이 완전성에 이끌려 갈 수도 없다. 그러므로 성인은 항시 방외에 노닐어 내심을 확대시키고 무심으로 사물에 순응한다. 그러므로 종일 형상 지닌 것을 다루어도 그 정신과 기운이 변하지 않고 만 가지 조짐을 살펴보아 담담자약하다.[34]

---

33) 같은 책, 같은 곳, 向秀・郭象의 註, "至遠之迹 順者更近 而至高之所會者反下 … 若乃厲然以獨高爲至而不夷乎俗累 斯山谷之士非無待者也 … 若謂拱默乎山林之中 而後得稱無爲者 此老莊之談 所以見棄於當塗 當塗者自必於有爲之域而不反者 斯之由也."

34) 같은 책, 〈大宗師〉, 向秀・郭象의 註, "夫理有至極 外內相冥 未有極遊外之至 而不冥於內者也 未有能冥於內而不遊於外者也 故聖人常遊外以宏內 無心以順有 故雖終日揮形 而神氣無變 俯仰萬機 而淡然自若."

참으로 방외에 노니는 자는 반드시 방내와 일치하는 자이고 진실로 내심(內心)과 혼연하게 하나 된 자는 반드시 방외에 노닐 수 있다. 성인은 무심으로 사물에 순응(順有)한다. 사물에 순응한다는 것은 곧 만물에 수순한다는 것이다. 무심이란 이른바 '명어내'(冥於內)이고 순유(順有)란 곧 '유어외'(遊於外)이다.

향수와 곽상은 이것을 《장자》의 핵심으로 삼았다. 이 핵심이 밝아지면 '유외굉내(遊外宏內)의 도'가 탄연히 자명해지니 《장자》는 세속을 벗어나고 세상을 뒤덮는 교훈이 된다(〈대종사〉편에 대한 주석). 향수와 곽상의 노력은 원래 도가의 적요, 황홀의 주장으로 하여금 세속 사회를 덮어 버리는 학설이 되게 하려는 데 있었다. 즉 방내, 방외를 통일하려는 것이다. 그들은 비록 비판의 여지를 남기고 있지만 상당한 성과를 거두었다.

위진 시대는 이미 불교가 중국에 전래되어 당시 사상계에 상당한 세력을 형성하였다. 불학(佛學)에는 진여(眞如)와 생멸(生滅), 상(常)과 무상(無常), 열반(涅槃)과 생사(生死)의 대립이 있다. 당시의 사상가들은 진여와 생멸의 대립을 도가 철학의 무와 유의 대립으로, 상과 무상의 대립은 동(動)과 정(靜)의 대립으로, 열반과 생사의 대립은 무위와 유위의 대립으로 보고자 했다. 당시 불교인들 중에도 불교를 강론함에 있어 역시 유, 무, 동, 정, 유위, 무위 등의 관념을 사용했다. 따라서 그들이 비록 불법을 강론했지만 그들은 실상 현학의 한 일파라 할 수도 있다. 승조(僧肇)는 이들 가운데 가장 걸출한 인물 중의 한 사람이며, 그의 〈물불천론〉(物不遷論)과 〈부진공론〉(不眞空論) 등은 이런 유의 불학의 대표작이다. 왕필, 향수, 곽상이 도가 철학 속의 대립을 통일하려 했듯이 승조 역시 불학 속의 대립을 통일하려 했다. 그의 〈부진공론〉은 유와 무의 대립을 통일하려는 것이요, 〈반야무지론〉(般若無知論)은 유지(有知)와 무지(無知), 유위와 무위의 대립을 통일하려는 것이었다.

승조는 그의 〈물불천론〉에서 다음과 같이 말했다.

사람들이 말하는 동(動)은 곧 옛날에 있던 물(物)이 지금에 이르지 못한다는 것이다. 그러므로 동하고 정(靜)하지 않는다고 말한다. 내가 말하는 정 역시 옛날에 있던 물이 지금에 이르지 못한다는 것이다. 그래서 정하여 동하지 않는다고 한다. 동하고 정하지 않는 것은 오지 않기 때문이요, 정하고 동하지 않음은 가지 않음 때문이다. … 과거와의 관계에서 과거의 사물에 너의 관심을 기울여라. 그것들은 현재 존재하지 않는다. 현재에 그것이 존재하지 않는 까닭은 그것들이 현재로 내려오지 않았음을 보여주는 것이다. 그것들은 이미 과거에 존재하지 않았기 때문에 그것들이 아무것도 존재하지 않는 공허한 것이 되지 않았음을 우리는 안다. 이제 너의 관심을 현재로 돌려라. 현재는 과거 속으로 사라질 수 없다. 그들의 본성상 과거의 사물은 과거에 있고 현재로부터 떨어져 과거 속으로 사라지는 것이 아니다. 현재의 사물들은 본성상 현재에 존재하며, 과거로부터 현재로 내려온 것이 아니다. … 만약 이와 같다면 사물은 과거로나 미래로 사라지거나 나아가지 않음이 분명하다. 또한 사물이 과거나 미래로 옮겨 간다는 아무런 지표도 없다. 따라서 결론은 분명하다. "사물이 움직인다는 것은 불가능하다." 회오리바람이 엎드려 있거나 산을 타고 올라가도 항시 정(靜)하고, 강과 내가 경쟁하듯 벌판으로 흘러가도 흐르지 않으며, 아지랑이가 올라가도 움직이지 않으며, 해와 달이 하늘에서 빛나도 돌지 않으니, 무엇이 괴이한가?[35]

앞에서 우리는 유효표(劉孝標)의 《세설신어》 주석을 인용했었다.

---

35) 僧肇,〈物不遷論〉, "夫人之所謂動者 以昔物不至今 故曰動而非靜 我之所謂靜者 亦以昔物不至今 故曰靜而非動 動而非靜 以其不來 靜而非動以其不去 … 求向物於向 於向未嘗無 責向動於今 於今未嘗有 於今未嘗有以明物不來 於何未嘗無 故知物不去 覆而求今 今亦不往 是謂昔物自在昔 不從今以至昔 今物自在今 不從昔以至今 … 如此則物不相往來明矣 旣無往返之微朕 有何物而可動乎 然則旋風偃嶽而常靜 江河競注而不流 野馬瓢鼓而不動 日月麗天而不周 復何怪哉."

즉 닿음에는 먼저 닿음과 나중 닿음이 있고 떨어짐에도 먼저 떨어짐과 나중 떨어짐이 있다고 했다. 승조가 말한 것이 바로 이 뜻이다. 앞에 닿은 것, 먼저 떨어진 것은 과거로부터 현재로 이어지지 않으며, 나중 닿음과 나중 떨어짐 역시 현재로부터 과거로 사라지지 않는다. 어떤 순간의 어떤 사물에 있어서는 단지 어떤 순간 어떤 사물이 있을 뿐이다. 일반적으로 말하는 어느 다른 한 순간의 어떤 사물은 실상 다른 하나의 사물이다. 앞의 한 순간의 사물이 계속하여 내려온 것이 아니다. 〈물불천론〉에서 이르기를 "이런 까닭에 범지(梵志)가 출가했다가 늙어서 돌아갔다. 이웃 사람이 보고 말하기를 '아직 살아 있었나' 하니 범지가 대답하기를 '그러하네. 그러나 옛날의 나는 아니네'라 했다."[36] 오늘의 범지는 옛날의 범지와 단지 비슷할 뿐이다. 옛날의 범지는 옛날에 있었다. 과거에서 현재로 내려오지 않았다. 현재의 범지는 스스로 현재에 있을 따름이지 현재로부터 과거로 올라가는 것은 아니다. 간다고 하지만 가는 것이 아니다. 예나 이제나 항시 존재한다. 그래서 부동(不動)이다. 떠난다고 하지만 떠나는 것이 반드시 현재에서 과거로 가는 것이 아니다. 그래서 오지 않는다고 한다. 오지 않으므로 과거나 현재로 달려가지 않는다. 떠나지 않으므로 각각 한 세상에 머문다. 옛날에 모종의 사물을 경험했다면 그것은 단지 항시 그런 것으로 존재할 뿐 아니라 그 효용이 있다. 〈물불천론〉에 그런 구절이 있다.

이러므로 여래(如來)는 그 공(功)이 만세토록 흘러도 상존하며 도는 백겁(百劫)의 세월에 통하여 더욱 강한 힘을 지닌다. 산은 한 삼태기의 흙에서 비롯하여 이루어지고 천리 길도 한 걸음에서 시작된다. 이는 그 공업(功業)이 허물어지지 않기 때문이다. 공업이 썩지 않으므로

36) 같은 글, "是以梵志出家 白首而歸 鄰人見之曰 昔人尙存乎 梵志曰 吾猶昔人 非昔人也."

과거에 있어서 화하지 않는다. 화하지 않으므로 불천(不遷)이다. 불천이기에 담연(湛然)히 분명하다.[37]

비유해 보면 산을 만들려면 한 삼태기의 흙을 쌓는 일로부터 시작되며 길을 가는 것도 한 걸음 한 걸음의 공업에 의해서 가능하다. 현재 하나의 산이 쌓여 완성되었다면 최초의 한 삼태기의 흙에 의존해서 된 것이고, 현재 다 간 길도 최초의 한 걸음 덕이다. 최초의 한 삼태기의 흙과 한 걸음의 공업은 이미 옛날에 있었으나 변화하지 않았다. 변화하지 않았으므로 그것이 불천임을 알 수 있다.

일반적으로 사람들은 사물을 정적(靜的)으로 본다. 오늘의 사물은 바로 어제의 그 사물이라고 한다. 여기서의 정(靜)은 곧 동(動)에 상대적인 의미의 정이다. 사람들은 또한 사물을 동적(動的)으로 본다. 어제의 사물이 변하여 오늘의 사물이 되었다고 말한다. 이때의 동은 정과 대립적이다. 그러나 사실 오늘의 사물은 어제의 사물이 아니고, 어제의 사물이 변하여 된 것도 아니다. 동은 실상 동하는 것 같으나 고요하며, 가는(去) 것은 실상 가는 것 같으나 머물러 있다. 움직인다는 것은 실제로는 움직이는 것 같을 뿐이지 정과 대립되는 동이 아니며, 간다(去)는 것은 실상 가는 것처럼 여겨질 뿐 머무는(止) 것과 대립되는 것은 아니다. 〈물불천론〉에서는 다음과 같이 말한다. "우리가 부동(不動)을 찾을 때 어찌 동을 통해 정을 찾지 않을 수 있으랴. 반드시 여러 동에서 동을 구하고 여러 동에서 정을 구해야 한다. 그러므로 비록 동하나 항상 정하다. 동을 해석하지 않고 정을 구하므로 비록 정하나 동에서 떠나지 않는다. 비록 정하나 항상 동하며 정하나 동에서 떠나지 않는다. 동정이 서로 대립하지 않는다."[38] 이렇

37) 같은 글, "是以如來 功流萬世而常存 道通百劫而彌固 爲山假就於始簣 修途託至於初步 果以功業不可朽故也 功業不可朽 故在昔而不化 不化故 不遷 不遷故湛然明矣."
38) 같은 글, "尋夫不動之作 豈釋動而求靜 必求動於諸動 必求靜於諸動 故

게 말하면 일반적 의미의 동정의 대립은 소멸된다.

승조의 〈부진공론〉에 이르기를 "만물은 과연 불유(不有)의 까닭을 갖고 있으며 불무(不無)의 까닭을 지니고 있는가? 불유의 까닭이 있다면 비록 유(有)하나 비유(非有)일 것이요, 불무의 까닭이 있다면 비록 무(無)라 하나 비무(非無)이다."[39] 일체의 사물은 모두 인연이 모여서 생겨난다.

무릇 유가|참으로 유라면 유는 스스로 항상 유하니 어찌 인연을 기다린 후에야 유하게 되겠는가? 저것이 참으로 무라면 무는 스스로 항상 무일 것이니 어찌 인연을 기다린 후에야 무가 되겠는가? 만약 유가 스스로 유가 아니고 인연을 기다린 후에야 유하는 것이라면 그 유는 진유(眞有)가 아님을 알 수 있다. 유가 진유가 아니라면 비록 유이나 유라고 할 수 없다. 무는 담연부동(湛然不動)이므로 무라 할 수 있다. 만물이 무라면 아무것도 발생하지 않는다. 만일 무엇이 발생한다면 무라고 할 수 없다. 인연이 있어 발생하는 것이 분명하다면 그것은 분명 무일 수 없다. …그렇다면 만물은 과연 그들 속에 자신을 유가 되지 못하게 하는 것을 지니고 있어서 자신들이 유가 되지 못하게 하는가? 있다고 할 수 없다. 자신들을 무가 되지 못하게 하는 것을 자신 속에 지니고 있는가? 없다고 할 수 없다. 그렇다면 그것은 무엇인가? 유라고 말하려면 그 유는 참된 유가 아니요, 무라고 하려 하면 사상(事象)이 이미 형체를 드러내고 있다. 개별적 형상의 나타남은 무가 아니요, 비실재적인 유는 실유(實有)가 아니다. 따라서 부진공(不眞空)임이 분명하다. 그러므로 《방광경》(放光經)에 다음과 같은 기록이 있다. "여러 법이 이름을 빌리고는 있으나 참된 것은 아니다. 참된 것은 마치 도깨비와 같다. 도깨비가 없는 곳이 없으나 도깨비는 참사람이 아니다."[40]

雖動常靜 不釋動以求靜 故雖靜而不離動 雖靜而常動 靜而不離動."
39) 僧肇, 〈不眞空論〉, "萬物果有所以不有 有其所以不無 有其所以不有 故雖有而非有 有其所以不無 故雖無而非無."
40) 같은 글, "夫有若眞有 有自常有 豈待緣而後有哉 辟彼眞無 無自常無 豈

200

일체의 사물은 인연이 모여 생겨나고 인연이 떠나면 마치 도깨비처럼 소멸한다. 이런 식으로 말하면 만물은 불유(不有)의 까닭을 지니고 있다. 도깨비는 분명 실제 사람은 아니지만 역시 존재한다. 만물도 비록 생성 소멸 속에 있지만, 생멸하는 만물도 존재한다고 해야 한다. 결국 "공(空)은 공이지만 공이 아니다"는 말이 가능해진다. 만물은 불무(不無)하다고 할 만한 까닭이 있다. 보통 말하는 무는 곧 어떤 사물이 있지 않다는 것이고 유는 참으로 있다는 뜻이다. 기실 사물이 있다고 말하지만 참으로 존재하는 것은 아니다. 일반적으로 말하는 유무로써 사물이 있으나 참으로 있는 것이 아니라고 한다면, 이는 있는 것도 아니고 없는 것도 아니다. 따라서 있다고도 없다고도 할 수 없다. 〈부진공론〉에서 다음과 같이 말한다. "만약 유가 참이 아니라면, 그리고 무가 존재의 자취가 없다는 표현과 공식 관계가 아니라면, 비록 유, 무로 이름을 달리하고는 있으나 지시하는 대상은 한 가지이다."[41] 이런 식으로 말하면 일반적 의미의 유무간의 대립은 소멸, 통일되는 것이라 할 수 있다.

승조는 반야(般若)를 '성지'(聖智)라고 했다. 넓은 의미의 지식으로 말하면 성지도 역시 일종의 지식이다. 단 이 지식은 일반적 의미의 지식은 물론 아니다. 지(知)는 반드시 그 대상이 있어야 한다. 그런데 성지의 대상을 진제(眞諦)라 하는데 진제는 지의 대상이 될 수는 없다. 그 까닭은 진제는 이른바 '무엇'이 아니기 때문이다. 〈반야무지론〉에 "지(智)는 알려진 것을 아는 것으로 구성되어 있다. 어떤 성질

待緣而後無也 若有不自有 待緣而後有者 故知有非眞有 有非眞有 雖有不可謂之有矣 不無者 夫無則湛然不動 可謂之無 萬物若無 則不應起 起則非無 以明緣起故不無也 然則萬法果有其所以不有 不可得而有 有其所以不無 不可得而無 何者 欲言其有 有非眞生 欲言其無 事象既形 象形不卽無非眞非實有 然則不眞空義 顯於玆矣 故放光云 諸法假號不眞 眞諦如幻化人 非無幻化人 幻化人非眞人也."
41) 같은 글, "若有不卽有 無不夷跡 則有無稱異 其致一也."

들(象)이 그 대상으로 선택되므로 지(知)라 한다. 그런데 진제는 본
성상 상(相)이 없다. 그러니 어찌 진지(眞智)에 대한 지가 있을 수 있
겠는가?"라 했다. 하나의 사물을 보고 "이것은 무엇이다" 하는 것이
곧 그 사물의 성질이다. 그것이 무엇인지를 아는 지식이 곧 그 성질
을 취하는 것이다. 그런데 진제는 '무엇이다'고 할 수 없다. 상이 없
다는 말이다. 상이 없으니 일반적 의미의 지식의 대상이 될 수 없다.
달리 말하면 아는 것과 알려지는 것은 상대적이다. 앎이 있으면 알려
진 것이 있다. 알려진 것이 있으면 반드시 앎이 있다. 〈반야무지론〉
에 다음과 같은 말이 있다. "아는 것과 알려지는 것은 서로 더불어
있고 서로 더불어 없다. (있으면 함께 있고 없으면 함께 없다.)"[42]
"알려지는 것이 이미 아는 것을 낳으니 아는 것 역시 알려지는 것을
낳는다. 아는 것과 알려지는 것이 이미 '상생'(相生)하니 상생이 곧
연법(緣法)이다. 연법이므로 참이 아니다. 참이 아니므로 진제가 아
니다."[43] 지(知)의 대상은 그것이 알려졌기 때문에 존재한다. 따라서
앎의 대상은 인연의 태어남이다. 인연의 출생은 참이 아니다. 참이
아닌 것은 진제가 아니다. 따라서 진제는 지의 대상일 수 없다.

　그러나 반야는 진제에 대한 지이다. 이 지는 지의 대상이 될 수 없
는 것을 대상으로 삼는 지이다. 따라서 '반야지'와 일반적으로 말하는
지는 같지 않다. 〈반야무지론〉에서는 다음과 같이 말한다. "이 진지
로 진제를 본다면 대상을 취함이 없다. 성인의 지혜는 대상을 취하지
않는다. 그렇다면 이 지혜는 무엇으로 말미암아 생기는가?"[44] 반야
의 지가 무지(無知)라 일컬어지는 이유가 여기 있다. "성인은 무지의
반야로 저 대상 없는 진제를 비춘다." "적파(寂怕)하여 무지하나 부

42) 僧肇, 〈般若無知論〉, "夫知與所知 相與而有 相有而無."
43) 같은 글, "所知旣生知 知亦生所知 所知旣相生 相生旣緣法 緣法故非眞
　　非眞故非眞諦也."
44) 같은 글, "是以眞知觀眞諦 未嘗取所知 知不取所知 此知何由知."

지(不知)함이 없다. "[45] 무지이나 무부지이다. 이것이 바로 '무지의 지'이다.

그러나 진제가 사물 밖에 따로 있는 것이 아니다. 진제란 일체 사물의 진정한 모습이다. 이른바 제법(諸法)의 실상이다. 제법은 모든 인연아 모여 생겨난다. 마치 도깨비처럼 그것들은 하나의 허환(虛幻)이다. 그 상은 곧 무상(無相)이다. 무상이야말로 제법의 실상이다. 제법의 실상을 아는 지가 곧 반야이다. 무상은 지의 대상일 수는 없다. 그래서 반야는 무지이다. 승조는 〈답유유민서〉(答劉遺民書)에서 그렇게 말했다. "무릇 지(智)가 생기는 것은 형상을 지니는 것이 그 한계이다. 제법은 본래 상(相)이 없다. 그렇다면 성인의 지혜는 어떻게 해서 지(知)가 되는가?"[46] 성인의 지혜 역시 무상의 지이다. 무상의 지가 있으니 부지를 비춤(照)이 있다.

'부지의 비춤'이란 곧 제법의 실상을 비추는 것이다. 성인의 지혜가 제법에서 떨어지지 않는 까닭이 여기에 있다. 제법에서 떠나지 않는다는 것은 이른바 응회(應會) 혹은 무회(撫會)이다. 응회나 무회란 곧 사물에 응부(應附)하는 것이다. 성인에게 반야의 무지가 있다는 말은 곧 그 마음을 비운다는 뜻이고, 부지의 비춤이 있다는 것은 곧 '그 비춤을 참되게 함'(實其照)을 말한다. 텅 빈 것은 비추지 않음이 없고, 비추는 것은 텅 비지 않음이 없다. "그러므로 성인의 지혜에는 본질에 대한 완전한 시계(視界)가 있다. 그러나 무지이다. 그의 정신에는 사물을 다루는 기능은 있으나 그것들을 세심하게 배려하지 않는다. 세심히 배려하는 것이 아니므로 초월의 세계에서 능히 홀로 편안할 수 있다. 무지의 지를 지녔으므로 사물을 초월하는 것에 대하여 신비로운 빛을 던질 능력이 있다. 그의 지(知)가 사물 밖의 세계에 있지

---

45) 같은 글, "聖人以無知之般若 照彼無相之眞諦 寂怕無知 而無不知者 矣."
46) 僧肇, 〈答劉遺民書〉, "夫智之生也 極於相內 法本無相 聖智何知."

만 사물을 다룸에 실패가 없다. 그의 정신이 초월 세계에 있으나 언제나 동시에 현실 세계 속에 있다."[47] "그러므로 상이 없는 것을 비추되 사물을 다루는 공(功)을 놓치지 않으며, 변화에 대한 관찰에서 상에 대립하지 않는다. … 이러므로 성인은 텅 빈 듯하고 아무것도 모르는 것 같으나 변화와 유용의 영역에서 살아가며 무위의 경지에 머무른다. 또한 이름 붙일 수 있는 것의 장벽 안에 살면서 언어를 뛰어넘는 세계에서 산다. 그는 고요하고 외롭고 텅 비고 모든 것에도 열려 있는 상태로 되어 있어 무엇이라 형용할 수가 없다. 그는 바로 그런 사람이다."[48] "변화와 유용의 경계에 산다"와 "이름 붙일 수 있는 것의 장벽 안에 산다"는 말은 곧 성인의 행위를 나타낸 것이고, "무위의 경계에 머무른다"와 "형용할 수 없는 곳에 산다"는 그의 정신 경계를 말한 것이다.

〈반야무지론〉에는 다시 다음과 같은 말이 있다. "그러므로 보적(寶積)이 말하기를, '세심한 배려가 없는데도 행위한다' 하니 방광(放光)에서 '궁극의 계몽에 방해받음이 없으면, 만물은 튼튼해진다'고 했다. 이것은 곧 성인의 자취가 만 가지 단서를 지니지만 그것은 결국 하나로 돌아간다는 것을 말함이다. 이러므로 반야는 허(虛)하나 비출 수 있다. 진제는 없지만 알 수 있다. 만 가지 움직임은 있으나 고요하다. 사물에 대한 성인의 반응에 있어 행위 없는 행위가 가능하다. 이와 같다면 알지 못하나 아는 것이요, 하지 않으나 하는 것이다. 다시 무엇을 알겠는가? 다시 무엇을 하겠는가?"[49] 성인 역시 지(知)가

---

47) 僧肇, 〈般若無知論〉, "然則智有窮幽之鑒 而無知焉 神有應會之用 而無慮焉 神無慮 故能獨王於世表 智無知 故能玄照於事外 智雖事外 未始無事 神雖世表 終日域中."
48) 僧肇, 〈答劉遺民書〉, "是以照無相 不失撫會之功 觀變動不乖無相之旨 …是以聖人空洞 其懷無知 然居動用之域 而止無爲之境 處有名之內 而宅絶言之鄕 寂寥虛曠 莫可以形名得 若斯而已矣."
49) 僧肇, 〈般若無知論〉, "故寶積曰 以無心意而現行 放光云不動等覺 建立

있지만 무지이다. 유위이지만 동시에 무위이다. 이렇게 본다면 유무의 대립은 사라지고 양자는 통일된다.

승조, 왕필, 향수, 곽상이 말하는 성인의 경계는 모두 '추상과 초월의 세계에 도달'(經虛涉曠)한 것이며, 그 행사(行事)는 이른바 화광동진(和光同塵)이다. 즉 고명과 중용의 통일이다. 이는 본래 도가와 불교의 취약점으로 지적된 것들인데 현학가들이 보완하기 위해 노력한 것이다. 그러나 그들이 이루어 놓은 통일에도 역시 비판의 여지가 많다.

《장자》,〈재유〉(在宥)편에 "물이란 다룰 만한 가치가 없다. 그러나 다루지 않을 수도 없다"[50]는 구절이 있다. 현학가의 이른바 세속적 의무의 이행이나 세속적 요구에 부응함은 모두 이러한 태도인 것 같다. 그들은 "성인 역시 세속적 의무를 이행한다"고 말한다. 왕필의 《노자》, 4장 주에 "그 빛을 함께 하나 그 본체를 더럽히지 않고, 비록 티끌을 함께 하나 그 참모습을 감추지 않았다"[51]는 말이 있다. 이는 비록 성인도 세상의 요구에 응하고 속습을 따르지만 그런 것들에 걸리지 않음을 말한 것이다. 《장자》,〈대종사〉편에 대한 향수와 곽상의 주에 "밖에 노니는 자는 안에 의지하고 인간을 떠나는 자는 세속에 부합한다. 그러므로 천하를 다스리는 자는 천하로 하는 일이 없다. 이러므로 물을 버린 후에 능히 무리 속으로 들어가며, 좌망한 후에야 능히 세속적 의무를 이행한다. 버릴수록 더욱 얻는다"[52]고 했다. 이 역시 높은 경계에 도달한 사람이 가장 세속적 의무에 응함을

諸法 所以聖迹萬端 其致一而已矣 是以般若可虛而照 眞諦可亡而知萬動 可卽而靜 聖應可無而爲 斯則不知而自知 不爲而自爲矣 復何知哉 復何爲哉."

50) 《莊子》,〈在宥〉, "物者 莫足爲也而不可不爲."
51) 《老子》, 4장, 王弼의 註, "和光而不汚其體 同塵而不隳其眞."
52) 《莊子》,〈大宗師〉, 向秀 · 郭象의 註, "夫遊外者依內 離人者合俗 故有天下者 無以天下爲也 是以遺物而後能入群 坐忘而後能應務 愈遺之 愈得之."

말하는 것이다. 성인에 대해, 방내에 의존함이 곧 방외에 노닐음이라
거나 세속에 부합함이 곧 인간을 떠나는 것이라고 하지 않았다.

승조는 말한다. "성인은 변화와 효용의 영역에 거하고 무위의 경지
에 머무르고, 이름 붙일 수 있는 것에 처하고 절언(絶言)의 향(鄕)에
집 지어 산다." 이것은 곧 성인이 활동과 효용을 요구하는 지역(動用
之域)에 거함이 곧 무위지경(無爲之境)에 머무는 것에 장애가 되지 않
고 유명(有名)의 것에 처함이 곧 무위지향(無爲之鄕)에 사는 것에 장
애가 되지 않는다는 뜻이다.

현학가는 고명과 중용의 대립을 통일해 보려고 무던히 노력했다.
다만 그들이 찾은 것은 고명과 중용의 '양행'(兩行)이지 '일행'(一行)
이 아니었다. 그들이 추구한 것에 대하여 아직도 요구할 것이 있다.
이것이 선종에 주어진 과제였다.

제8장

선 종

선종(禪宗)의 기원은 도생(道生)에까지 거슬러 올라간다. 도생과 승조(僧肇)는 같은 시대에 태어나 함께 수학했다. 도생의 저술에는 〈선불수보의〉(善不受報義), 〈돈오성불의〉(頓悟成佛義), 〈변불성의〉(辨佛性義) 등이 있다. 이 저술들은 당대(唐代) 선종의 이론적 기초였다.

도생의 저작은 오늘날 거의 남아 있지 않다. 그의 《선불수보의》의 상세한 이론도 알 수가 없다. 다만 도생과 같은 시대에 살았던 혜원(慧遠)이 저술한 〈명보응론〉(明報應論)의 주제가 선불보의(善不報義)이기에 그 학설이 혹 도생의 영향을 받은 것이 아닐까 추측될 뿐이다. 혜원의 주장에 따르면 이른바 '응보'란 우리의 마음이 끌어들인 법칙이다. 마음에 탐애가 있으면 곧 집착하는 바가 있다. 집착하는 바가 있으면 그의 행위는 의도적인 것이 된다. 의도적 행위는 불가에서의 생사 윤회 가운데서 원인을 만드는 것인데, 원인이 있으면 곧 결과가 있다. 결과란 그 받은 바의 보응이다. 혜원은 〈명보응론〉에서 다음과 같이 주장한다.

무명(無明)이 그 본마음의 빛을 가린다. 그 결과 감정과 생각이 외부 사물에 집착한다. 탐애가 그 본성을 흐리게 하고, 지(地)·수(水)·화(火)·풍(風)의 네 가지 근원 요소가 결합하여 형체를 이룬다. 형체가 이루어지면 너와 나의 구별이 생긴다. 정(情)이 외물에 얽매이면 선악에 대한 분별이 생기고, 너와 나의 구별이 생기면 그 몸을 사사롭게 여겨 잊지 못한다. 선악의 구별이 생기면 살고자 하게 되고 그 윤회의 사슬을 끊지 못한다. 감미로운 큰 꿈에 빠지려 해도 망상에 사로잡히고 만다. 긴긴 밤 동안 온갖 의심이 가득하나 애착 외의 아무것도 아니다. 이런 까닭에 성패가 되풀이되고 화복이 서로 뒤따른다. 악이 쌓이면 하늘의 재앙이 저절로 이르게 되고, 죄가 되면 지옥이 곧 그 벌로 주어진다. 이는 필연의 운명으로서 의심의 여지가 없다. [1]

사물에 대응하는 성인의 자세는 무심(無心)에서 나온다. 그래서 비록 사물에 대응하나 사물에 걸리지는 않는다. 집착되는 바가 없으니, 그 사물에 대응함에 있어 비록 의도적 행위인 듯하지만 실상 의도가 없는 행위이다. 비록 행위가 있기는 해도 불가에서 말하는 윤회 속의 원인을 만들지는 않는다. 원인이 없으니 결과 또한 없다. 〈명보응론〉에서는 다음과 같이 말한다. "성인은 오고 가는 그 운동에 따라서 사물을 대할 뿐 그 사물의 취산(聚散)에 애착을 갖지 않는다. 그에게 모든 사물은 큰 꿈의 한 부분에 지나지 않고, 존재하는 사물의 세계 속에 살면서도 무와 자신을 동일시한다. 그러니 어떻게 그에게 다가오는 것에 의하여 제약될 수 있으며, 어떻게 그가 사모하는 것에 집착될 수 있겠는가? …만약 나 아닌 것과 내가 하나가 된다면, 마음속의 나와 나 아닌 것 사이의 상반적 대립은 없을 것이다. 그러하기

---

1) 慧遠, 《弘明集》, 권 5, 〈明報應論〉, "無用(當作明)掩其照 故情想凝滯
於外物 貪愛流其性 故四大結而成形 形結則彼我有封 情滯則善惡有主 有
封於彼我 則私其身而身不忘 有主於善惡 則戀其生而生不絕 於是甘寢大
夢 昏於所迷 抱疑長夜 所存帷著 是故失得相推 禍福相襲 惡積而天殃自
至 罪成則地獄斯罰 此乃必然之數 無所容疑矣."

에 칼을 사용하고 있을 때는 그 칼의 현묘한 의미에 탐닉한다. 전쟁이 계속되고 있어도 아무런 동요 없이 그 상황에 임한다. 적을 죽일 때 그 죽이는 행위가 그의 정신에 아무런 영향도 주지 않을 뿐만 아니라, 결국 그의 살해는 살해가 아니다. 만약 그렇다면…비록 전공을 세워도 상 받음이 없을 것이니 그에게 무슨 죄와 벌이 있겠는가?"[2] 그와 같이 성인은 행위함이 있어도 불가에서 말하는 생사 윤회의 원인을 만들지 않는다. 따라서 결과도 없다. 그가 비록 살인을 했다 해도 그것은 살인이 아니다. 그의 일상 생활은 유위에 처하여도 무(無)와 같다. 비록 행위를 해도 인과율의 지배를 받지 않는다.

도생이 저술한 《돈오성불의》의 내용은 사령운(謝靈運)의 《변종론》(辨宗論)에 나타나 있다. 성인은 비록 일상 생활의 유위에 처하여도 그 자신을 무와 동일시한다. 무와 같아짐이 곧 성인의 경계이다. 유유민(劉遺民)이 승조에게 보낸 편지에서 "무릇 성인의 마음은 명적(冥寂, 무분별과 초월적 침묵)하고 그 이치는 지극한 경지에 이르며(理極) 무와 일체가 된다(同無). …비록 이름 붙일 수 있는 것에 처하나 멀리 이름 붙일 수 없는 것과 더불어 일체가 된다"[3]고 했는데, 사령운의 《변종론》에서는 다시 다음과 같이 말한다. "성인은 무를 체득하여 제법(諸法)을 두루 비춘다. 그 이치는 궁극의 경지에 귀일되었다"(體無鑒周 理歸一極). 그가 말한 무는 무상(無相)을 뜻한다. 무상이야말로 제법의 실상이다. 제법의 실상에 대한 지식을 우리는 반야(般若)라고 한다. 그러나 제법의 실상은 인식의 대상이 될 수 없다. 따라서 반야는 무지의 지이다. 제법의 실상에 대한 지식을 지닌 사람

---

2) 같은 책, 같은 곳, "(聖人)乘去來之自運 雖聚散而非我 寓群形於大夢 雖處有而同無 豈復有封於所受 有係於所戀哉…若彼我同得 心無兩對 遊刃則泯一玄觀 交兵則莫逆相遇 傷之豈唯害於神 固亦無生可殺…若然者…雖功被猶無賞 何罪罰之有耶."
3) 《肇論》,〈與僧肇書〉, "夫聖心冥寂 理極同無…雖處有名之中 而遠與無名同."

은 사실상 그것과 하나가 된다. 이것이 이른바 '이극동무'(理極同無)
이다. 그가 體無鑒周 理歸一極이라 했을 때의 감(鑒)은 곧 감조(鑒
照)이고 주(周)는 주편(周遍)이다. 무와 더불어 한몸이 된다는 것은
제법을 두루 비춘다는 것이다. 그러므로 무를 체득하면 두루두루 비
추게 된다. 무를 체득하거나 무와 같아진 경계를 열반이라 한다. 열
반과 반야는 같은 것의 양면이다. 열반은 반야를 얻은 경지요, 반야
는 열반에 도달한 사람의 지혜이다. 열반에 도달한 사람은 반야를 얻
은 사람이요, 반야를 얻은 사람은 열반에 이르는 사람이다.

무와의 일체됨은 한 번으로 끝난다. 열반과 반야도 역시 일단 얻어
졌으면 그것으로 끝난다. 수행하는 사람이 오늘은 어느 부분의 무와
일체되었다가 내일은 다시 또 다른 부분의 무와 일체될 수 있는 것은
아니다. 왜냐하면 무는 조각으로 나누어질 수 없기 때문이다. 무와
일체가 되었으면 된 것이고 일체가 되지 못했으면 안 된 것이다. 일
단 무와 일체가 되었으면 열반, 반야에 도달한 것이다. 이를 이른바
'돈오 성불'(頓悟成佛)이라 한다. 돈오는 반야를 얻는 것이요, 성불은
열반에 도달하는 것이다. 《변종론》에서는 "적감(寂鑒)을 미묘(微妙)
로 생각하는 새로운 주장을 내세우는 학자가 있는데, 그는 점진적 성
취를 부인하고 있다. …어리석은 사람을 한 단계 한 단계 가르친다는
것은 옳다 할 수 있으나 참된 생각은 단번에 도달할 수 있다"[4]고 했
는데, 여기서 말하는, 새로운 주장을 내세웠다는 학자는 곧 도생을
가리킨다.

이른바 '무'는 무엇을 말하는가? 이에 대해서는 두 가지 해석이 있
다. 무는 어떤 것이 아니다. 무는 결국 공(空)일 뿐이다. 존재하는
모든 것에 반하는 무요, 그 자신의 무에 관한 무이다. 이것은 아무런
성질(相)도 없다. 아무 성질도 없으므로 무엇이라고 말할 수 없다.

4) 謝靈運, 《辯宗論》, "有新論道士 以爲寂鑑微妙 不容階級…階級敎愚之
談 一悟得意之論矣."

성인의 마음과 무는 동체(同體)이다. 그래서 성인의 마음을 허공(虛空)과 같다고 한다. 또 다른 해석은, 무는 곧 제법을 낳는 마음을 가리킨다는 것이다. 제법은 모두 마음이 빚어 낸다. 마음이 생기면 여러 가지 법(法)이 생기고 마음이 멸하면 모든 현상이 사라진다. 법의 생멸은 곧 심(心)의 생멸이다. 제법의 실상은 곧 중생의 본심, 본성 혹은 불성(佛性)이다. 제법의 실상을 본 것은 곧 명심견성(明心見性)한 것과 같다. 도생은 이를 다음과 같이 말했다. "혼미한 것에 등을 돌림이 궁극자를 얻는 것이요, 궁극자를 획득함이 근본을 얻음이다."5)

　승조는 첫번째 입장에 섰으나 도생의 불성의(佛性義)는 두번째의 의미를 취한 것 같다. 후대의 선사들 가운데 역시 두 가지 설명 방식이 있어 일파는 첫번째 해석을 취하여 항시 비심비불(非心非佛)을 주장했고, 또 다른 일파는 언제나 즉심즉불(卽心卽佛)을 말했다. 나의 표준으로 재면 두번째 해석은 첫번째 해석만큼 완전하게 형상을 초월하지는 못했다.

　선종에서는 첫번째 해석을 취하든 두번째 해석을 취하든 상관없이 대체로 아래의 다섯 가지를 주장한다. 첫째, 최고 원리는 설명이 불가능하다. 둘째, 도는 닦을 수 없다. 셋째, 궁극적으로는 얻는 것이 없다. 넷째, 불법은 복잡다단하지 않다. 다섯째, 물을 긷거나 장작을 쪼개는 것과 같은 단순한 일도 모두 오묘한 진리가 아님이 없다.

　최고의 진리는 설명할 수 없다. 왜냐하면 우리가 설명하고자 하는 최고의 진리는 모두 생각과 의식을 넘어서는 것이기 때문이다. 선종의 전통에 따르면, 제 5 조 홍인(弘引)이 장차 의발(衣鉢)을 전수하려 할 때 제자 신수(神秀)는 다음과 같은 게(偈)를 지어 정통이 되고자 했다.

　몸은 보리수요

─────────
5) 《湟槃經集解》, 권 1, 道生의 말, "反迷得極 歸極得本."

212

마음은 밝은 거울,
때때로 부지런히 떨쳐서
티끌에 오염되지 않게 하라.
(身是菩提樹 心是明鏡臺 時時勤拂拭 勿使惹塵埃)

그러자 이 게에 대하여 혜능(慧能)이 지은 게는 다음과 같다.

보리는 본래 나무가 아니고
밝은 거울 역시 형체를 지닌 것이 아니다.
본래 아무것도 없거늘
어디서 먼지가 일겠는가.
(菩提本非樹 明鏡亦非臺 本來無一物 何處惹塵埃)

　신수가 지은 게의 앞 두 구는 최고의 진리를 표현할 수 있다는 것을 말하고 있다. 표현할 수 있다 했으니 이는 곧 상(相)이 없는 것을 상이 있는 것으로 다룬 것이다. 뒤 두 구는 최고의 진리에 도달하려면 모름지기 수행 공부를 해야 한다는 것이다. 그런데 혜능의 게 앞 두 구는 최고의 진리는 설명될 수가 없다는 것이고, 뒤 두 구는 최고의 진리에 도달하기 위한 수행이 불가함을 밝힌 것이다. 수행이 불가하다는 것은 수행을 하지 말라는 뜻이 아니라 수행하지 않는 수행을 하라는 뜻이다. 선가(禪家)는 대체로 최고의 진리를 말하지 않는 것으로써 최고의 진리를 표현하는 방법을 삼는데, 그 방법 역시 말하지 않는 도(不道之道)이다. 이들은 모두 수행하지 않음으로써 수행의 방법을 삼는데 이것이 곧 무수지수(無修之修)이다.
　혜능의 고제(高弟) 회양(懷讓)의 어록에 다음과 같은 일화가 있다.

　마조(馬祖, 道一)가 남악 전법원에 살 때 한 조그마한 암자에서 홀로 좌선을 익혀 내방하는 사람을 전혀 돌아보지 않았다. … 조사(祖師)가

하루는 기와를 가지고 암자 앞에 와서 열심히 갈고 있었는데 마조는 역시 돌아보지 않았다. 시간이 꽤나 흘렀지만 선사가 기와 가는 일을 멈추지 않자 드디어 마조가 "무엇을 하고 있는가?" 하고 물었다. 이때 조사는 기와를 갈아서 거울을 만들고자 한다고 대답했다. 마조가 다시 "기와를 갈아서 어찌 거울을 만들 수 있단 말인가?" 하자, 조사는 "기와를 갈아서 거울을 만들 수 없다면 좌선으로 어찌 성불할 수 있겠는가?" 하였다.[6]

좌선으로는 성불할 수 없다고 한 것은 곧 도란 닦을 수 없는 것임을 말한 것이다. 마조의 어록에도 다음과 같은 말이 있다.

물음   어떻게 도를 닦습니까?
대답   도는 닦을 수 있는 성질의 것이 아니다. 만약 도가 수행을 통해 얻을 수 있다고 한다면, 마치 성문(聲聞)의 경우와 같이 이루어짐과 동시에 파괴된다. 만약 닦을 수 없다고 말한다면 범부와 같아진다.[7]

도를 깨닫는 방법은 수양도 아니고 수양하지 않음도 아니다. 수양도 수양하지 않음도 아니니 이는 곧 '무수지수'(無修之修)이다.

유수지수(有修之修)는 마음 먹은 행위로서 곧 유위이다. 유위도 곧 생멸법이어서 생이 있고 멸이 있어, 수(修)가 이루어지면 곧 무너진다. 황벽(黃檗, 希運)은 이렇게 말했다.

---

6) 《古尊宿語錄》, 권 1, 懷讓의 어록, "馬祖(道一)居南岳傳法院獨處一庵 惟習坐禪 凡有來訪者都不顧 … (師)一日將甎於庵前磨 馬祖亦不顧 時旣久 乃問曰 作什麼 師云 磨作鏡 馬祖云 磨甎豈可成鏡 師云 磨甎旣不成鏡 坐禪豈能成佛."
7) 같은 책, 馬祖의 어록, "問 如何是修道 師云 道不屬修 若言修得 修成還壞 如同聲聞 若言不修 卽同凡夫."

설령 영겁의 세월 동안 육도 고행을 행하여 불보리(佛菩提)를 얻는다
해도 이것이 구경(究竟)은 아니다. 왜 그런가? 인연 조작에 속하기
때문이다. 인연이 다한다면 다시 무상으로 돌아갈 것이다. …제행(諸
行)이 모두 무상으로 돌아간다. 세력은 다하는 때가 있다. 마치 화살
을 공중으로 쏘아 올릴 때, 오르는 힘이 다하면 다시 떨어짐과 같다.
모두가 다 생사 윤회로 돌아간다. 이와 같은 수행으로는 불의(佛意)를
깨치지 못하고 헛되이 신고(辛苦)할 뿐이니 어찌 큰 착오가 아니랴. [8]

마음 먹고 하는 수행은 곧 유위법이니 그 얻은 것 역시 만 가지 가
운데 하나의 진리에 지나지 않는다. 이는 모든 진리를 초월하는 것이
아니다. 모든 진리를 초월하는 것은 곧 선종에서 말하는 바 모든 진
리와 더불어 짝이 되지 않는 것이다. 방거사(龐居士)가 마조에게 물
었다. "모든 진리와 더불어 짝을 이루지 않는 자는 어떤 사람이냐?"
마조가 말했다. "네가 한 입에 서강 물을 모두 마실 때를 기다린 다
음에야 네게 말하겠다."[9] 모든 진리와 더불어 짝이 되지 않는다는 것
은 말로 설명할 수 없는 것이다. 말해지는 것은 단지 일법일 뿐이다.
이것은 모든 진리와 짝이 되는 것이다. 마조가 말한 "네가 한 입에
서강 물을 모두 마실 때까지 기다린 다음에야 네게 말하겠다"는 것은
곧 네게 말할 수 없다는 뜻이다. 네게 말할 수 없다고 말한 것은 곧
말할 것이 있는 것이다. 이것이 곧 말하지 않는 도(不道之道)이다. 모
든 진리와 짝이 되지 않는 것을 말하려고 한다면 모름지기 말하지 않
는 도를 말해야 하고, 모든 진리와 짝이 되지 않기 위해서는 반드시
무수의 수를 닦아야 한다.

---

8) 같은 책, 권 3, 黃檗의 어록, "設使恆沙刼數 行六度萬行 得佛菩提 亦
非究竟 何以故 爲屬因緣造作故 因緣若盡 還歸無常 … 諸行盡歸無常 勢
力皆有盡期 猶如箭射於空 力盡還墜 都歸生死輪廻 如斯修行 不解佛意
虛受辛苦 豈非大錯."
9) 같은 책, 권 1, 馬祖의 어록, "不與萬法爲侶者是甚麼人 … 待汝一口吸
盡西江水 卽向汝道."

유수(有修)의 수(修)의 수행 역시 일종의 수행이다. 행(行)이 있으면 곧 불법에서 이른바 생사 윤회 가운데 하나의 원인을 짓는 것이 된다. 원인을 이루면 반드시 보응을 받는다. 황벽이 말했다.

> 만약 무심을 이해하지 못하면 대상에 집착함이 모두 마업(魔業)에 속한다. 정토(淨土) 불사(佛事)를 행하는 데 이르러서도 모두 업을 낳는 행위가 된다. 이것이 곧 부처의 장애라 한다. 이것들이 모두 너의 마음에 장애가 되기 때문이다. 인과에 구속되면 가고 오는 데도 자유가 없을 것이다. 실제로는 보리와 같은 지혜가 있는 것은 아니다. 여래가 말씀하신 바가 모두 사람을 교화함인데 마치 누런 나뭇잎을 가지고 금돈이라고 하여 어린아이의 울음을 그치게 하는 것과 같다. 그러므로 아누보리(阿耨菩提)와 같은 것은 없다. 네가 만일 이 말을 깨닫는다면 어찌 구구하게 힘쓰랴. 단지 인연에 따라 구업(舊業)을 소멸시키고 새로이 앙화를 짓지 말 것이니라. [10]

새로운 업을 짓지 않으려는 것이 무수(無修)의 동기이다. 그러나 이러한 무수 역시 수양이다. 즉 무수의 수양이다.

새로운 업을 짓지 않는다는 것이 아무 일도 하지 않는다는 것을 뜻하지는 않는다. 이것은 곧 무심으로 일을 한다는 것이다. 마조는 말했다.

> 인간의 본성에는 본말이 이미 갖추어져 있다. 다만 선악의 일에 구속당하지 않으면 이것이 곧 수도하는 것이다. 선을 행하고 악을 버리려 하면, 그리고 공(空)을 보고 정(定)에 들려 하면 이는 곧 조작에 속한다. 다시 밖으로 향하여 찾으려 한다면 점차 소원해진다. … 경(經)에

---

10) 같은 책, 권 3, 黃檗의 어록, "若未會無心 著相皆屬魔業 乃至作淨土佛事 並皆成業 乃名佛障碍汝心故 被因果管來 去住無自由分 所以菩提等法 本不是有 如來所說 皆是化人 猶如黃葉爲金錢 權止小兒啼 故實無法名阿耨菩提 如今旣會意 何用驅驅 但隋綠消舊業 莫更造新殃."

216

여러 법으로 이 몸이 합성되었으니 일어날 때는 이 법이 일어나고 멸할 때는 이 법이 멸한다고 했다. 이 법이 일어날 때 내가 일어난다 말하지 않으며, 이 법이 멸할 때 내가 멸한다 하지 않는다. 앞의 생각, 나중 생각, 중간 생각 등 생각생각들이 서로 기다리지 않고 적멸한다. 이를 해인삼매(海印三昧)라 부른다. 11)

선악 등의 일에 얽매이지 않는다는 것은 곧 무심을 말함이다. 얽매이지 않는다는 말은 집착하지 않는다는 것이다. 이는 '부주'(不住)라고도 하고 '정에 매이지 않는다'고 표현되기도 한다. 백장(百丈)과 회해(懷海)의 어록에 보면, "'어째서 유정(有情)에는 불성이 없고 무정(無情)에는 불성이 있습니까?' 하고 물으니 사(師)가 답하기를 '사람의 단계에서 부처의 단계에 이르름은 성정(聖情)에 집착함이요, 사람의 단계에서 지옥에 이르름은 범정(凡情)에 집착함이다. 비록 범·성의 두 경지가 있다고 하겠으나 다같이 애욕의 마음에 오염되었으므로 유정이면 불성이 없다고 하는 것이다. 이제와 같이 성·범의 두 경계가 있으나 일체의 유무(有無) 제법이 모두 취하고 버리는 마음이 없으니 역시 취하고 버릴 줄을 모른다. 그래서 무정에는 불성이 있다고 하는 것이다. 정에 얽매임이 없는 까닭에 무정이라 한다. 그러나 결코 나무나 돌, 국화꽃이나 푸른 대나무가 정이 없음과는 같지 않다.' '만약 부처의 사다리를 오른다면 무정하게 되어 불성을 가질 것이다. 그러나 부처의 사다리를 오르지 않는다면 유정하게 되어 불성도 없게 된다.'"12)

11) 같은 책, 권 1, 馬祖의 어록, "自性本未是足 但於善惡事上不滯 喚作修道人 取善捨惡 觀空入定 卽屬造作 更若向外馳求 轉疏轉遠 …經云 但以衆法 合成此身 起時唯法起 滅時唯法滅 此法起時 不言我起 滅時 不言我滅 前念 後念 中念 念念不相待 念念寂滅 喚作海印三昧."
12) 같은 책, 권 1, 百丈懷海의 어록, "問 如何是有情無佛性 無情有佛性 師云 從人至佛 是聖情執 從人至地獄 是凡情執 只如今但於凡聖二境有染愛心 是名有情無佛性 只如今但於凡聖二境及一切有無諸法 都無取舍心

무심은 무념이다. 《육조단경》(六祖壇經)에서는 다음과 같이 말했다. "나의 법문(法門)은 위로부터, 먼저 무념을 세우는 것으로 종지(宗旨)를 삼고, 무상(無相)으로 바탕을 삼으며, 무착(無著)으로 근본을 삼는다. 무상이란 상에 있으면서 무상임을 말하고, 무념이란 념에 있으면서도 무념인 것이며, 무주(無住)는…염념(念念) 가운데 앞의 대상을 생각하지 않는 것이다. 제법에 있어 염념이 머물지 않으면 곧 매임이 없는 것이다. 이것이 곧 머물지 않음으로 근본을 삼는다는 것이다. 이른바 무념이란 어떤 것도 생각하지 않거나 일체의 생각을 없애는 것이 아니다. 어느 것도 생각하지 않는다면 이 또한 진리에 구속됨(法縛)이다."[13]

혜능의 제자 신회(神會)는 이렇게 말한다.

> 성문(聲聞)들이 공(空)을 닦으면서 공에 집착하는데, 이는 공에 속박당하는 것이다. 정(定)을 닦으면서 정에 집착하는 것은 정에 속박당하는 것이다. 정(靜)을 닦다 정에 매이게 됨은 정에 속박당하는 것이다. 적(寂)을 닦다 적에 집착하게 되는 것은 적에 속박당하게 되는 것이다.[14]

어떤 것도 생각지 않는다는 것은 곧 공(空)을 닦으려고 공에 집착하는 것과 같다. 무념이란 모든 경계에 있어 마음이 오염되지 않음이다. 항시 모든 경계를 떠나는 것이다. 《육조단경》에서 말하는 "모든

<hr/>

亦無取舍知解 是名無情有佛性 只是無其情繫 故名無情 不同木石太虛 黃華翠竹之無情…若踏佛階梯 無情有佛性 若未踏佛階梯 有情無佛性."
13)《六祖壇經》, "我此法門 從上以來 先立無念爲宗 無相爲體 無著爲本 無相者 於相而無相 無念者於念而無念 無住者…念念之中 不思前境…於諸法上念念不住 卽無縛也 此是以無住爲本 所謂無念 不是百物不思 念盡除卻若百物不思亦是法縛."
14)《神會遺集語錄》, 권 1, 臨濟의 어록, "聲聞修空住空被空縛 修完住定被定縛 修靜住靜被靜縛 修寂住寂被寂縛."

경계에 있어 마음이 오염되지 않는다"는 것은 곧 "제반 법에 있어 생각이 머물지 않는다"는 것이다. 이것이 곧 무주(無住)이다. 이것이 또한 상(相)에 있으면서 상을 떠나는 것이다. 이를 무상(無相)이라한다. 《육조단경》에서 "무념으로 종(宗)을 삼고 무상으로 체(體)를 삼고 무주로 본(本)을 삼는다"고 했지만, 핵심은 '무념'에 있다. 앞의 생각이 대상에 매이면 곧 번뇌요, 뒤의 생각이 대상을 떠나면 곧 보리이다. 이것이 곧 선에 보응이 없다는 것으로 돈오 성불의 뜻이다.

임제(臨濟, 義玄)는 이렇게 말한다.

> 오늘날 배우는 사람들이 깨닫지 못하는 까닭이 어디 있는가? 바로 자신이 믿지 못하는 데 있다. 네 스스로의 믿음이 미치지 못한다면 너는 망망한 상태에 응하게 되어 네 주변의 수많은 변화물들에 마음을 빼앗기고 그것들에 굴복하게 됨으로써 자유를 얻지 못하게 된다. 네가 만약 이리저리 오가는 마음을 안정시키는 데 성공한다면 너는 역대 조사(祖師)나 제불(諸佛)과 조금도 다름이 없다. 누가 조사이고 제불인지 알고 싶으냐? 내 앞에서 내 말에 귀를 귀울이고 있는 바로 네가 곧 조사요 제불이니라. …수행에 힘쓰고 있는 너희들, 부처의 가르침을 얻고자 하는 너희들에게 힘쓸 곳이 없다. 단지 평상무사하면 되는 것이니, 오줌 누고 싶으면 오줌을 누고 추우면 옷을 걸치고 배고프면 배를 채우는 것이며 피곤하면 드러눕는 것이다. 어리석은 사람은 나를 비웃을 것이나 지혜로운 사람은 내 말을 이해할 것이다. [15]

배우는 사람은 신념을 갖고 일체의 것을 버려야 한다. 일용 평상에 행하는 일 외에 따로 힘쓸 필요가 없다. 단지 일용 평상에 행하는 일

---

15) 《古尊宿語錄》, 권4, 臨濟의 어록, "如今學者不得 病在甚處 病在不自信處 儞若自信不及 便茫茫地徇一切境轉 被佗萬境回換 不得自由 儞若歇得念念馳求心 便與祖佛不別 儞欲識得祖佛麼 祇儞面前聽法底是 …道流 佛法無用功處 祇是平常無事 屙屎送尿 著衣吃飯 困來卽臥 愚人笑我 智乃知焉."

가운데서 '대상을 마주 보되 대상을 떠나고'(於相而離相) '생각을 하되 생각을 없애는'(於念而無念) 것이다. 이것이 공부하지 않는 공부요 수행함이 없는 수행이다.

임제는 다시 말한다. "사람을 제거시켰으나 그 대상을 제거하지 못하는 경우가 있고, 그 대상은 제거했으나 사람을 제거하지 못하는 경우가 있으며, 둘 다 제거하는 경우도 있고 둘 다 제거하지 못하는 경우도 있다."[16] 사람이 능히 앎의 주체라면 경(境)은 그 앎의 객체가 된다. 선종에서 전하는 말에 "명상좌(明上座)가 육조 혜능에게 향하여 법을 구하는 방법을 물었더니 혜능이 대답하기를 '너는 잠깐 동안 너의 욕망을 수렴하여 선과 악에 대해 도무지 생각하지 말라'고 했다. 명상좌가 그렇게 했다고 대답하니, 혜능은 다시 '선에 대해서도 생각 말고 악에 대해서도 생각하지 않으면 바로 이 순간이 명상좌 너의 부모가 너를 낳기 전의 참다운 모습이다'고 하자, 명상좌는 이 말에 홀연히 묵계(默契)하였다. 그러고는 절하며 말하기를 '사람이 물을 마심에 그 차고 따뜻함을 스스로 아는 것과 같습니다'라 했다."[17] 명상좌의 부모가 아직 그를 낳지 않았을 때는 명상좌가 없었다. 명상좌라는 사람이 없다는 말은 곧 이 사람의 대상(境)이 없는 것이다. 명상좌로 하여금 그 부모가 그를 낳기 전으로 돌아가라 한 것은 그로 하여금 앎의 주체와 대상을 모두 제거하라는 것이다. 앎의 주체와 대상이 모두 제거되면 무와 하나가 된다. 이를 묵계라 한다. 계(契)라는 것은 계합(契合)으로, 무와 더불어 계합하여 하나됨을 말한다. 이는 단지 무가 있음을 아는 것과는 다르다.

홀연히 묵계했다는 것은 이른바 돈오했다는 것이다. 이른바 "일념

---

16) 같은 책, 같은 곳, "有時奪人不奪境 有時奪境不奪人 有時人境俱奪 有時人境俱不奪."

17) 《六祖壇經》, "明上座向六祖求法 六祖云 汝其暫時斂欲念 善惡都莫思量 明上座乃禀言 六祖云 不思善 不思惡 正當與麼時 還我明上座 父母未生時面目來明上座於言下忽然默契 便禮拜云 如人飲水 冷暖自知."

이 상응하면 곧 정각(正覺)을 이룬다"는 것이 이것이다. '오'(悟)와 보통 말하는 지식은 다르다. 보통 말하는 지식은 아는 것과 알려지는 것의 대립이 있다. 오는 깨닫는 자와 깨닫게 되는 것의 대립이 있을 수 없다. 그 대상이 없기 때문에 무지라고 할 수도 있다. 단 오는 보통 말하는 무지는 아니다. 오는 지가 있는 것도 아니지만 무지도 아니다. 이것은 무지의 지이다.

조주(趙州, 從諗)의 어록에는 다음의 기록이 나온다.

> 사(師)가 남천(南泉, 普願)에게 물었다. "어떻게 하는 게 도인가?" 천이 대답했다. "정상심(正常心)이 도입니다." 사가 말했다. "도라는 것을 목표로 삼을 수 있느냐?" 천이 대답했다. "도에 대해 서술한다면 그것은 도가 아닙니다." 사가 말했다. "만일 도에 대해 묘사하지 않는다면 어찌 도가 도인 줄 아느냐?" 천이 대답했다. "도는 지나 부지(不知)로 분류될 수 있는 것이 아닙니다. 지는 곧 망각이요, 부지는 기억이 없는 것입니다. 만약 참으로 표현할 수 없는 도에 도달한다면 마치 태허처럼 확연할 것이니 어찌 억지로 옳고 그름을 따지겠습니까?"[18]

서주(舒州) 불안선사(佛眼禪師, 淸遠)는 이렇게 말했다.

> 선사(法演)께서 25세에 비로소 머리를 깎고 승려가 되었다. 성도에 있을 때 유식(唯識)에 대한 제반 이론을 듣고 익혔다. 한번은 그가 다음과 같은 강의를 들었다. "보살이 도의 경지에 들어가면 아는 것과 진리는 구별할 수 없고 대상과 정신도 하나가 된다. 그래서 증거하는 자와 증거되는 것 사이의 구별도 사라진다." 만약 증거하는 자와 증거되는 것 사이의 구별이 없다면 그 증거자가 증거하는 것은 없다는 근

---

18) 《故尊宿語錄》, 권 13, "師問 南泉如何是道泉云平常心是道 師云 還可趣向不 泉云 擬卽乖 師云 不擬爭知是道 泉云 道不屬知不知 知是妄覺不知是無記 若眞達不疑之道 猶如太虛廓然豈可强是非也."

거에서 위의 견해를 비판하는 다른 교리도 있을 것이다. 그때 어느 누구도 그들에게 답변하지 못했다. 그리고 모든 강의는 더 이상 계속되지 못하고 모두들 가사 장삼을 내던지고 집으로 돌아갔다. 후에 당(唐)의 삼장(三藏)이 "지식과 진리의 비분별 및 대상과 정신의 융합은 마치 사람이 물을 마실 때 그 물이 차가운지 뜨거운지 스스로 아는 것과 같다"고 말함으로써 그 교설을 되살렸다. 다음날 법연(法演)은 깊이 생각했다. 물이 차다든가 따뜻하다든가 하는 것은 옳다. 그러나 문제는 우리 안에서 무엇이 그것의 차고 뜨거움을 아느냐이다. 이는 의심하지 않을 수 없다. 그래서 그는 강사에게, 스스로 아는 이(理)가 어떠한지 모르겠다고 물었다. 그런데 강사는 대답을 못하였다. 후에 법연은 부도산에 와서 원감(圓鑑)을 만났다. 그는 그가 진리의 오묘한 경지에 이미 들어섰음을 알았다. 그가 말한 것은 모두 법연의 마음속에서 문제시되고 있던 것과 부합했다. 1년이 지난 후에 원감은 법연에게 "여래가 밀어(密語)를 하시니 가섭이 덮어 감추지 않았다"는 말을 읽도록 했다. 하루는 "자네는 어찌 속히 오지 않았는가? 내가 매우 늙었도다. 가서 백운단 화상(白雲端和尙)을 만나는 게 좋겠다"고 했다. 그래서 선사는 백운으로 갔다. 하루는 법당으로 올라가다가 문득 크게 깨닫고는 "석가모니가 비밀스런 가르침을 내리니 가섭이 숨기지 않았다" 하더니 "과연 그렇구나, 과연 그렇구나. 아는 것과 진리는 구별할 수 없고 대상과 정신도 하나임이 마치 사람이 물을 마시니 그 차고 따뜻함을 절로 아는 것과 같다 하니 참으로 옳도다" 하였다. 그리하여 찬양하는 시를 하나 읊었다. "산 앞에 한 조각의 공한지가 있어 팔장을 끼고 공손히 노인네에게 물었네. 몇 번이나 이 땅을 팔고 또 다시 샀소? 송죽이 일으키는 청풍을 좋아하기 때문이라오." 백운단 화상이 이를 보고 고개를 끄덕거렸다. [19]

진리는 앎의 대상이요 사물은 정신의 대상이다. 아는 것과 정신은 능동적이요 진리와 사물은 피동적이다. "아는 것과 진리는 구별할 수

---

19) 같은 책, 권 32, 舒州 佛眼禪師의 어록, "山前一片閒田地 叉手叮嚀問 祖翁 幾度賣來還自買 爲憐松引淸風."

없고 대상과 정신은 하나이다"는 말은 대상의 능동적임과 피동적임을 안다는 것이요, 명합(冥合)은 나누어지지 않는다는 것과 나누어지지 않으면서 또한 그것이 나누어지지 않음을 자각하는 것이다. 이것이 바로 마치 "사람이 물을 마실 때 그 차고 따뜻함을 안다"는 것이다. 또 남천이 말한 "도는 지(知)와 부지(不知)로 분류할 수 없다"는 뜻이다. 보통 지식이라 할 때의 지는 능히 아는 지와 알려지는 지가 있다. 도를 아는 지는 이런 분별이 있을 수 없다. 그래서 '지는 망각'이라 하고, 도는 지에 속하지 않는다 한다. 그러나 사람이 깨달음 속에서 얻은 능동적인 것과 피동적인 것의 나누어지지 않음은 자각함이 없는 것은 아니다. 그것이 자각함이 없는 것이라면, 혼돈 이외의 다른 것이 아니다. 그것은 하나의 원시적 무지일 것이요 완고한 공(空)에 지나지 않는다. 그래서 "부지는 무기(無記)이다" 하고 "도는 부지에 속하지 않는다"고 한다.

선종에서는 항상 "통 밑이 빠진 것 같다"(如桶底子脫)는 형용어로 '오'(悟) 즉 깨달음을 나타낸다. 통 밑이 빠지면 통 속에 담긴 내용물이 한꺼번에 쏟아져 나온다. 도를 얻은 사람은 그 깨달을 때 이전에 지니고 있었던 여러 가지 문제들이 모두 한꺼번에 해결된다. 그 문제의 해결이 적극적인 해결은 아니고, 깨달음 속에 있어서 이들 문제가 본래 아무런 문제도 되지 않는다는 것을 확실히 이해하는 것이다. 깨달은 후에 얻은 도가 의심할 수 없는 도가 되는 까닭이 여기에 있다.

깨달음에서 얻는 것은 적극적인 지식은 아니요, 또 본래 어떤 종류의 것에 도달한 것도 아니다. 서주(舒州)는 "만약 지금 이 순간 네가 이것을 깨달았다면 네가 전에 깨닫지 못한 것은 어디에 있는가? 도(道)란 전에 미혹 속에 있던 것이 이제 깨달음이 될 수 있고 이제 깨달음이 된 것이 전에 미혹 속에 있던 상태일 수 있다"[20]고 말하였다.

---

20) 같은 책, 같은 곳, "如今明得了 向前明不得底 在甚麼處 所以道 向前迷底 便是卽今悟底 卽今悟底 便是向前迷底."

선종에서는 항상 '산은 산, 물은 물'이라고 한다. 미혹 상태에 있으면
'산은 산, 물은 물'이다. 깨달음의 상태에 있을 때도 '산은 산이고 물
도 역시 물'이다. '산 앞에 한 조각의 공한지'와 '몇 번이나 팔고 다시
샀는가'의 의미가 이것이다. 땅은 본래 그 땅이다. 이는 본래 너의
것이었다. 이것 외에 따로 땅을 찾는 것을 마치 '나귀를 타고 나귀를
찾는 것'과 같다고 한다. 이미 나귀를 탔다는 것을 확인한 후 참으로
나귀를 새로 얻었다고 여기는 것을 일컬어 "나귀를 타고 내리려 하지
않는다"고 말한다. 서주는 다시 말한다.

　　두 가지 종류의 병통이 있다. 하나는 나귀를 타고 나귀를 찾는 것이
　요, 다른 하나는 나귀를 탄 후에 나귀에서 내리려 하지 않는 것이다.
　만일 어떤 사람이 나귀를 타고서 동시에 나귀를 찾고 있다면 그는 바
　보이므로 벌을 주어야 한다고 말할 것이다. 실로 그것은 중병이다. 나
　는 네게 말한다. 나귀를 찾지 말라고. 지혜로운 사람은 나의 말 뜻을
　이내 이해할 것이다. 나귀 찾기를 그만두면 혼란된 마음 상태도 이내
　가라앉을 것이다. 나귀를 찾았다고 생각하는 사람들이 이제 나귀에서
　내리려고 하지 아니함도 참으로 고치기 어려운 병이다. 나는 너에게
　말한다. 올라 타려고 하지 말라. 너 자신이 곧 나귀이다. 아니 산하
　대지가 모두 나귀이다. 왜 나귀를 타려고 하느냐? 만일 나귀를 타겠
　다고 한다면 너의 병은 고칠 수가 없다. 타려고 하지 않는다면 즉 너
　와 나귀가 하나 된다면, 시방 세계가 환하게 열려 있다. 이러한 두 가
　지 병통을 일시에 제거한다면 너의 마음에 영향을 주는 것은 아무것도
　남아 있지 않을 것이다. 이것이 이른바 도인(道人)이니 더 이상 필요
　한 일이 어떠한 것이겠는가?[21]

21) 같은 책, 권 31, "只有二種病 一是騎驢覓驢 一是騎驢不肯下 你道騎卻
　　驢了 更覓驢 可殺 是大病 山僧向你道 不要覓 靈利人當下識得 除卻覓驢
　　病 狂心遂息旣識得驢了 騎驢不肯下 此一病最難醫 山僧向你道 不要騎
　　你便是驢 盡山河大地是個驢 你作麼生騎 你若騎 管取病不去 若不騎 十
　　方世界廓落地 此二病一時去 心下無一事 名爲道人 復有什麼事."

깨닫기 전에는 닦아야 할 도가 없고, 깨닫고 난 후에는 이룰 수 있는 부처도 없다. 황벽(黃檗)의 어록에 다음과 같은 기록이 있다.

물음 깨달은 바로 그 순간에 부처는 어디에 있습니까?
대답 어·묵·동·정 일체의 듣고 봄이 모두 부처의 일이다. 어디 가서 부처를 찾겠는가? 머리 위에 머리를 놓을 수 없고 부리 위에 부리를 놓을 수 없다. [22]

이룰 수 있는 부처도 없을 뿐만 아니라 얻을 수 있는 깨달음도 없다. 마조는 "미혹에 대해서 깨달음을 말하는 것일 뿐이다. 본래 미혹이란 것이 없으면 깨달음 역시 성립하지 않는다"[23]고 말한다. 이것이 이른바 '얻은 것이 없는 얻음'(得無所得)이요, 또한 "궁극적으로는 아무것도 얻은 것이 없다"(究竟無得)는 말인 것이다.

성인의 일상 생활은 평상인의 생활과 다름이 없다. 선종에서는 항시 "옷 입고 음식 먹고 대소변 본다"고 말한다. 범인의 하는 일은 이처럼 평상적인 일들이다. 성인의 하는 일도 이와 같은 평상적인 일들이다. 《속전등록》(續傳燈錄)에 실려 있는 영은사의 혜원 선사와 송 효종(孝宗)간의 담화는 다음과 같다.

사가 말했다. "옛날 섭현성에 선사 한 분이 제자를 거느리고 있었습니다. 그 제자가 한주 십방수사원에 가서 게를 지어 그곳에 있는 사람들에게 보이며 '방수 깊은 연못 속에 거북이의 코를 한 뱀이 있다. 그 모습을 생각하면 얼마나 기이한가? 누가 그 뱀의 머리를 뽑아낼 것인가?'라고 했습니다." 송 효종이 말했다. "한 구절이 더 있어야 하지 않는가?" 이에 선사는 "그 시는 세 구로 되어 있습니다"라고 대답했

22) 같은 책, 권 3, 黃檗의 어록, "問 今正悟時 佛在何處 語默動靜 一切 聲色 盡是佛事 何處覓佛 不可更頭上安頭 嘴上安嘴."
23) 같은 책, 권 1, 馬祖의 어록, "對迷說悟 本既無迷 悟亦不立."

다. 효종이 "어째서 세 구뿐인가?" 하니, 선사가 답하기를 "그의 생
각은 기다리는 것이었습니다. 즉 누구인가 그 시를 완성시켜 주기를
기다린 것입니다. 후에 대수사의 원정(元靖)이라는 노승이 위의 세 구
를 읽은 후에 자기 자신의 글로 덧붙이기를 '방수라는 깊은 연못 속에
거북의 코를 한 뱀이 있다'라고 하였습니다."[24]

　뱀의 모가지를 뽑아낸 후에도 여전히 방수에는 거북의 코를 한 뱀
이 있다는 것이다. 이것이 이른바 '결국 아무것도 얻어진 것이 없다'
는 뜻이다.
　선종의 주요 사상은 비록 여러 가지 역설들에 의해 베일에 가려져
있기는 하지만 실제로는 명백 간단하다. 서주(舒州)는 말한다. "선사
가 말씀하시기를 참선은 황금과 똥의 방법으로 나타낼 수 있다. 깨닫
기 전에는 황금으로 보이더니 깨달은 후에는 똥처럼 보였다."[25] 이
말은 역설적이기는 하지만 기이하거나 비밀스러운 것이 전혀 없다.
선종에서는 항시 "석가모니가 밀어(密語)를 두셨으나 마하 가섭존자
는 그 비의(秘義)를 덮어 두지 않았다"고 말한다. 운거(雲居, 道膺)는
말한다. "네가 만약 깨닫지 못한다면 그것은 석가모니의 밀어요, 네
가 만약 깨닫는다면 그것은 가섭존자의 숨겨 두지 않음이다."[26] 밀어
를 '밀'(密)이라 하는 것은 중생이 깨닫지 못함 때문이다. 불과(佛果,
1135)는 말한다. "가섭존자가 감추지 않은 것은 곧 석가모니의 참된

---

24) 《續傳燈錄》, 권 28, 靈隱・慧遠禪師와 宋孝宗의 담화, "師云 昔時葉
　　縣省禪師有一法嗣 住漢州什邡水禪院 曾作偈示衆曰 方水潭中鼈鼻蛇 擬
　　心相向便揷椰 何人拔得蛇頭出 上曰 更有一句 師曰 上有三句 上曰 如何
　　只有三句 師對 意有所待 後大隋云靖長老擧前三句了 乃著語云 方水潭中
　　鼈鼻蛇."
25) 《古尊宿語錄》, 권 32, "先師祇道 參禪喚作金屎法 未會一似金 會了一
　　似屎."
26) 《傳燈錄》, 권 17, 雲居의 어록, "如來有密語 迦葉不覆藏 雲居云 汝若
　　不會 世尊密語 汝若會 迦葉不覆藏."

226

밀어이다. 그 말이 감추어지지 않았으면 그것은 비밀이다. 그것이 비밀일 때는 비밀로 지켜지지 않는다."27) 비밀로 지켜지지 않은 비밀은 공개된 비밀이라 하는 것이다.

본래 불교 철학 속의 우주론, 심리학 등은 모두 "말장난의 분뇨와 같다"(百丈語, 《古尊宿語錄》, 권 2)고 말할 수 있다. 그것은 또한 "쓸모없는 가구"(藥山(惟儼) 禪師의 말, 《傳燈錄》, 권 14)라고 말해지기도 한다. 말장난의 분뇨는 내버려야 할 것이요, 실제로 아무 소용도 없는 가구 역시 폐기되어야 한다. 이들을 가져다 모두 일소해 버리면 부처의 가르침 가운데 남는 것은 단지 몇 가지의 공개된 비밀에 지나지 않는다. 임제(臨濟)는 말한다. "황벽 선사 계신 곳에 있을 때 나는 세 번 불법의 대의(大義)에 대하여 물어 보았다가 세 번 다 공박을 받았다. 그 후 대우(大愚)가 머무는 곳에서 나는 크게 깨닫고 다음과 같이 말했다. '황벽의 불법에는 본래 많은 것이 있지 않다'라고."28) '황벽의 불법에만 많은 것이 없는 게 아니요 불법 자체가 본래 많은 내용이 있는 게 아니다. 《전등록》(傳燈錄), 권 11에도 기록되어 있는 임제의 이 말은 말하자면 불법에는 그것, 즉 우주론, 심리학에 관한 것이 많지 않다는 것이다.

미혹의 상태에서 벗어나 깨달음의 상태로 갔다는 말의 뜻은 곧 범인에서 성인으로 옮겨 갔다는 말이다. 성인의 생활은 일반인의 생활과 다를 바가 없다. 평상심이 곧 도이다. 성인의 마음은 곧 평상심이다. 이를 일러 성인에서 범인으로 들어간다고 하는 것이다. 성인에서 범인으로 가는 것을 타락이라고 한다. 그러나 이는 또한 성인을 초월하는 것이라고도 할 수 있다. (이 말은 모두 曹山의 어록 가운데 나온

---

27) 《佛果禪師語錄》, 권 15, "迦葉不復藏 乃如來眞密語也 當不覆藏卽密 當密卽不覆藏."
28) 《古尊宿語錄》, 권 4, "在黃檗先師處 三度問佛法大意 三度被打 後於大愚處大悟云元來黃檗佛法無多子."

다.) 성인을 초월하는 것을 일러 100자나 되는 막대 끝(百尺竿頭)에서 다시 한 걸음 나아감(進一步)이라 한다. 남천(南泉)은 "저편의 세계를 이해하고 난 후에는 다시 이쪽으로 돌아와 여기서 산다"[29]고 했다. 조동(曹洞)의 어록에 남천의 인용문이 있는데 "먼저 알기 위해 저편으로 건너간 후 다시 돌아와 여기서 산다"[30]고 했다. 어떤 세계로 가는 것은 범인에서 성인으로 가는 것이요, 다시 돌아와 이편에서 사는 것은 성인에서 범인으로 돌아오는 것이다.

성인이 일반인의 하는 일을 하므로 이를 성인에서 범인에로 들어감(從聖入凡)이라 한다. 비록 그가 하는 일이 평상인과 같지만 그가 그것을 행하는 바의 의미는 평상인이 하는 것과는 같지 않다. 백장(百丈, 懷海)은 "깨닫지 못하고 이해하지 못한 때를 탐진(貪瞋)이라 부르고 깨달은 후를 불혜(佛慧)라고 부른다. 따라서 옛날 그 사람과 다른 사람이 아니요, 단지 옛날에 행하던 것과 다를 뿐이다"[31]고 했다. 황벽은 "일체의 마음이 없어지면 곧 무루지(無漏智)라 한다. 매일 가고 머물고 앉고 눕는 것과 일체의 언어를 의도적 행위에 집착하지 말라. 그렇게 되면 나오는 말과 눈으로 본 것이 다 완전한 지혜가 된다"[32]고 했다. 방거사의 게에 이르기를 "신통(神通)과 묘용(妙用)이 물 긷고 장작 쪼개는 일 속에도 들어 있다"(神通幷妙用 擔水及砍柴)고 한다. 물 긷는 일과 장작 쪼개는 일은 평상인이 하는 일이다. 그러나 이 물 긷는 일과 장작 쪼개는 일도 성인이 하면 곧 신통 묘용이다.

이처럼 차이가 있기에 성인의 행위는 비록 평상인의 행위와 다를 바 없지만 이른바 생사 윤회 속의 인과응보를 받지 않는다. 황벽의

---

29) 《古尊宿語錄》, 권 12, 南泉의 어록, "直向那邊會了 卻來這裏行履."
30) 같은 책, 같은 곳, "先過那邊知有 卻來這裏行李."
31) 같은 책, 권 1, 百丈의 어록, "未悟未解時名貪瞋 悟了喚作佛慧 故云 不異舊時人 異舊眩行履處."
32) 같은 책, 권 2, 黃蘗의 어록, "但無一切心 卽名無漏智 每日行住坐臥 一切言語 但莫著有爲法 出言瞬目 盡同無漏."

어록에는 이렇게 기록되어 있다.

물음 풀을 베고 나무를 자르고 땅을 파고 토지를 개간하는 것은 죄가 됩니까?

대답 죄가 된다고 할 수도 없고 죄가 아니된다고 말할 수도 없다. 죄가 있다 없다 하는 것은 그 사람에게 달려 있다. 만약 그가 일체의 유무(有無) 등의 법(法)에 탐염(貪染)되고 그의 마음이 취사(取捨)하게 되었다면, 그리고 삼구(三句)를 넘어서지 못한다면 이런 사람은 확실히 죄가 있다. 만약 그가 삼구를 넘어서고 마음이 허공과 같으나 또한 허공에 대해 전혀 생각하지 않는다면 이 사람은 무죄라 할 것이다. … 선종에서 전해 오는 가르침에 따르면 마음은 허공과 같으며 일물(一物)도 거리끼지 않고 또한 허공에 대해서도 의식조차 않는다. 그러니 어디서 죄가 달라 붙겠는가?[33]

성인은 비록 평상인이 하는 일을 하지만 이런 일에 빠지거나 얽매이지 않는다. 황벽은 말한다. "종일토록 음식을 먹으나 일찍이 한 낱알의 쌀알도 씹지 않았다. 종일토록 걸었으나 한 치의 땅도 밟지 않았다. 타인과 관계된 것이나 나에 관계된 것이라도 대상에 무의미한 상태에서, 그리고 온종일 일체의 사물과 떠나 있지 않았으나 그것들에 현혹되지 않은 사람을 자재인(自在人)이라고 이름한다."[34] 운문(雲門, 文偃)도 말한다. "종일토록 일에 대해 논하지만 입술이나 치아를

33) 같은 책, 권 1, 黃檗의 어록, "問 斬草伐木 掘地墾土 爲有罪相否 師云 不得定言有罪 亦不得定言無罪 有罪無罪 事在當人 若貪染一切有無等法 有取捨心在 透三句不過 此人定言有罪 若透三句外 心如虛空 亦莫作虛空想 此人定言無罪 … 禪宗下相承 心如虛空 不停留一物 亦無虛空相 罪何處安著."
34) 같은 책, 권 3, 黃檗의 어록, "但終日吃飯 未曾咬著一粒米 終日行未曾踏着一片地 與麼時 無人無我相等 終日不離一切事 不被諸境惑 方名自在人."

교차시키지도 않았고, 한 마디도 말하지 않았다. 종일토록 옷 입고 밥 먹었어도 한 낱알의 쌀도 씹지 않았고 한 벌의 비단 옷도 걸치지 않았다."35) 《동산어록》(洞山語錄)에는 "사(師)가 밀사백(密師伯)과 내를 건너다가 물었다. '내를 건너는 것은 어떤 종류의 행위인가?' 이에 밀사백이 '다리를 적시지 않았습니다'라고 대답했다. 사가 다시 말했다. '존경하는 분이여! 당신은 그렇게 선언하셨습니다.' 백이 말했다. '당신은 어떻게 말씀하시겠습니까?' 이에 사가 '다리가 물에 의해 젖지 않는다'라 했다."36) 내를 건너는데 다리가 물에 젖지 않는다는 것은 일을 하되 그 일에 물들지 않는다는 것이요, 거리끼는 일을 하지 않는다는 것이다. 성인은 이런 종류의 자재인이요, 선종 역시 이런 사람을 자재인이라 칭한다.

이것이 무수지수(無修之修)의 성취이다. 수행할 때 생각생각이 대상에 집착하지 않아야 한다. 대상에 있으나 대상에 매이지 않는다. 성취했을 때에도 대상에 있으나 대상에 매이지 않는다. 수행할 때 이러함은 곧 노력에서 나오는 것이다. 성취했을 때 이같이 됨은 노력을 요하지 않고 저절로 된다. 이 말은 수행하는 사람이 일종의 습관을 기른다는 것을 뜻하지는 않는다. 노력할 필요가 없는 까닭은 저절로 이렇게 되기 때문이다. 수행하는 사람이 성취했을 때, 그는 무와 하나되었음을 돈오한다. 노력이 필요없이 저절로 이렇게 된다.

성인의 경계란 이른바 사람과 대상을 모두 잊은 경계이다. 이러한 경계 속에 있으면 산은 다시 산이요 물은 다시 물이다. 단지 그것을 대하는 사람이 지난날의 그가 아닐 뿐이다. 왜냐하면 그는 이미 범인에서 성인으로 변해 있기 때문이다. 백장이 인용하였듯이 "옛날의 그

---

35) 같은 책, 권 15, 雲門(文偃) 어록, "終日說事 未嘗掛著脣齒 未曾道著一字 終日著衣吃飯 未曾觸著一粒未 掛著一縷絲."

36) 《洞山語錄》, "師與密師伯過水次 乃問曰過水事作麼生 伯曰不濕脚 師曰老老大大 作道個話 伯曰爾作麼生道 師曰脚不顯."

와 다르다는 것은 다만 옛날과 그 행위가 다르다는 것이다."도덕적
으로 엄격하게 말하면 "단지 옛날의 사람과 다를 뿐, 옛날에 행하던
것과는 다르지 않다."이런 사람은 성인에서 범인으로 들어간 사람이
다. 비록 사람도 있고 대상도 있으나 사람도 없고 대상도 없는 것과
같다. 사람과 대상이 함께 사라져 버린 것이 범인에서 성인으로 들어
가는 공부이다. 사람과 대상이 다 사라지지 않는 것이 성인에서 범인
으로 들어가는 경계이다.

   7장에 나오는 현학가들이, 성인도 역시 주어진 일을 하고 세상의
요구에 따른다고 했는데, 그 뜻은 곧 성인은 능히 그렇게 할 수 있다
는 것이었다. 승조가 말한 "성인은 적극적 활동과 쓰임의 지역에 거
하나 아무런 의도도 개입되지 않은 경지에 머문다"는 것은 곧 적극적
활동과 쓰임의 지역에 거하는 것이 아무런 의도도 개입되지 않은 경
지에 머무른 것에 거리끼지 않는다는 말이다. 이같이 말한다면 성인
의 현원(玄遠)은 그 세속적 의무를 실천함과 적극적 활동과 쓰임의
영역과 아무런 의도도 개입됨이 없는 경지와 더불어 양행(兩行)이지
일행(一行)이 아니다. 선종에서 주장하는 것에 따르면 세속적 의무의
이행은 성인에 대하여 묘도(妙道)이다. 적극적 활동 영역은 아무 의
도도 없는 경지이다. 이와 같이 말하면 단지 일행이 있을 뿐 양행은
없다.

   선종은 진일보하여 고명과 중용을 다시 통일하였다. 물을 긷고 나
무를 쪼개는 일과 같은 것이 묘도라면 수도하는 사람이 어찌하여 출
가하는가? 어찌하여 부모나 군왕을 섬기는 것이 묘도가 못 되는가?
이 점이 다시 문제된다. 송명 시대의 도학의 사명은 바로 이러한 문
제에 관심을 갖고 해답을 구하려고 한 것이다.

제 9 장

도 학

장횡거(張橫渠)의 〈서명〉(西銘)은 도학파의 중요한 문헌 가운데 하나이다. 〈서명〉에 다음과 같은 내용이 있다.

하늘을 아버지로 삼고 땅을 어머니로 삼는데 내 작은 몸이 혼연히 그 가운데 있다. 본래 천지간에 가득 찬 기운은 나의 몸이요, 천지를 이끄는 것은 나의 본성이다. 백성(民)은 나의 동포요, 만물(物)은 나의 친구이다. …나이 든 사람을 존숭하는 것은 그 어른을 어른으로 섬기는 것이요, 어렵고 약한 사람을 자애롭게 대하는 것은 그 아이를 아이로 대함이다. 성인은 천지와 더불어 덕을 합한 자요, 그 중 빼어난 자가 현인이다. …그 조화를 알기 때문에 그 일을 잘 계승하고 신묘한 경지를 다하니 그 뜻을 잘 잇는다. …부귀와 복택은 그로써 내 생명을 도탑게 하는 것이요, 가난과 미천한 신분, 온갖 근심과 걱정은 그로써 나를 단련하여 이루는 것이다. 살아서는 사리를 따르고 죽어 편안히 쉰다. [1]

---

1) 張橫渠, 《正蒙》, 〈乾稱〉, "乾稱父 坤稱母 余茲藐焉 乃混然中處 故天

횡거 당시와 이후의 도학가들은 모두 이 〈서명〉을 높이 평가했다. 정명도(程明道)는 "서명의 대의를 나도 이미 깨달았지만 그것을 표현할 사람은 오직 장횡거뿐이다. 다른 사람은 불가능하다. 맹자 이후 이 경지에 이른 사람은 없다. 이 글을 얻으면 더 이상의 많은 말이 필요없다"[2]고 말했다.

장횡거는 기(氣)로써 만물의 근본을 삼았다. 기의 전체를 다른 말로 하면 태화(太和) 혹은 도이다. "태화는 도이다. 머금음, 뜨고 가라앉음, 오르고 내림, 움직이고 정지함, 서로 감응하여 영향을 줌은 기의 본성이요, 이것이 서로 뒤섞여 이기고 짐, 굽히고 펴나감의 단초를 낳는다."[3] 기 속에 음과 양의 두 가지 성질이 있다. 기 가운데서 음성을 지닌 것은 정적(靜的)이고 가라앉아 아래로 내려가며, 양성을 지닌 것은 동적(動的)이고 떠올라 상승한다. 기는 이처럼 오르내리고 쉬는 때가 없고, 서로 뒤섞이고 감응하여 영향을 준다. 그러므로 모이고 흩어짐이 있다. 모이면 물(物)이 되고 흩어지면 다시 기가 된다. "기가 태허에서 취산하는 것은 마치 얼음이 물에서 엉기고 풀리는 것과 같다."[4]

건(乾)과 곤(坤)은 천과 지의 다른 이름이다. 인(人)과 물(物)은 다같이 천지 사이에서 태어나므로 천과 지는 인과 물의 부모라 말할 수 있다. 〈서명〉에서는 "건은 아버지라 하고 곤은 어머니라 한다"고 했다. 사람과 만물은 다같이 건곤을 부모로 한다. 인과 물에 다름이

地之塞吾其體 天地之帥吾其性 民吾同胞 物吾與也 … 尊高年所以長其長 慈孤 弱所以幼其幼 聖其合德 賢其秀也 … 知化則善述其事 窮神則善繼其 志 … 富貴福澤將厚吾之生也 貧賤憂戚 庸玉 汝於成也 存吾順事 没吾寧 也."

2)《二程全書》, 권 2 上, "西銘某得此意 只是須得他子厚有此筆力 他人無 緣做得 孟子後未有人及此 得此文字 省多少言語."

3) 張橫渠, 앞의 책, 〈太和〉, "太和所謂道 中涵浮沈升降動靜相感之性 是 生絪縕相盪勝負屈伸之始."

4) 같은 책, 같은 곳, "氣之聚散於太虛 猶冰凝釋於水."

있는 것은 사람은 사람의 형체를 가진 외에 다시 천지지성(天地之性)을 갖고 있기 때문이다. 나와 천지 만물은 모두 일기(一氣)의 모임이며 나와 천지 만물은 본래 한몸이 된다. 그래서 "천지간에 가득 찬 기운은 나의 몸이다"고 말하게 된다. 나의 칠척(七尺)의 몸으로 말한다면 나는 천지간에 있어서 보잘것없이 작은 존재이다. 그러나 내 형체와 심성의 본원을 가지고 말한다면 나와 천지만물은 한몸이다. 이 것을 이해하면 "백성은 나의 동포요, 만물은 나의 친구이다"는 말을 알 수 있다. 횡거는 말한다. "성(性)은 만물의 동일한 근원(一源)이요, 내가 사사롭게 얻은 것이 아니다. 오직 대인만이 능히 그 도를 다한다. 이런 까닭에 섬에 반드시 함께 서며, 앎에 반드시 두루 알며, 사랑함에 반드시 다같이 사랑하며, 행함에 홀로 이루지 않는다. 저 스스로 가리어 자기 몫의 이치를 따를 줄을 알지 못하는 자들은 도저히 어찌할 수 없다."[5]

성뿐만 아니라 기 역시 만물의 보편적 근원이고 내가 사사롭게 얻은 것이 아니다.

사람의 성이 발동하여 지각이 된다. 성과 지각을 합하여 심(心)이라 부른다. 사람에게는 마음(心)이 있어 능히 지각하고 이해하게 되며 성과 기는 모두 만물의 공통 근원이다. 성인이 이러한 지각과 이해를 가졌기에 "섬에 함께 서며, 앎에 두루 알며, 사랑함에 반드시 다같이 사랑하며, 행함에 홀로 이루지를 않는다"고 하게 된다. 이는 곧 '그 마음을 다하고 그 성(性)을 다함'이다. 횡거는 말한다. "그 마음을 크게 하면 천하 만물을 그 몸으로 할 수 있다. 만물에 나의 몸이 되지 않은 것이 있다면 곧 내 마음에 바깥이 있게 된다. 세상 사람들의 마음은 듣고 본 좁은 것에 그치고 만다. 성인은 그 본성을 다

---

5) 같은 책, 〈誠明〉, "性者 萬物之一源 非有我之得私也 惟大人爲能盡其道 是故立必俱立 知必周知 愛必兼愛 成不獨成 彼自蔽而不知順吾理者 則亦未如之何矣."

하므로 듣고 본 것이 그 마음을 곡망(牿亡)시키게 하지 않는다. 성인은 천하의 사물을 대함에 한 가지라도 자기 아님이 없다고 여긴다. 맹자는 '마음을 다하면 본성을 알고 본성을 알면 하늘을 안다'고 했다. 하늘은 바깥이 없다. 그러므로 밖이 있는 마음으로는 밖이 없는 하늘의 마음에 일치할 수 없다."6)

밖이 없다(無外) 함은 곧 지대(至大)요 대전(大全)인데 하늘은 밖이 없다. '그 마음을 크게 한' 사람은 하늘의 마음에 합한다. 그러므로 그 역시 밖이 없다. 하늘의 마음에 합한 자는 일거 일동이 모두 '천지의 화육을 돕는다.' 〈서명〉에서 "나이 많은 분을 높이는 것은 그 어른을 어른으로 대접하는 것이요, 외롭고 약한 자를 사랑하는 것은 그 아이를 아이로 대함이다" 하였는데, 여기에 나오는 '그'(其) 자는 모두 천을 가리켜 말한 것이다. 나이 많은 이를 높이고 외롭고 약한 사람을 사랑하는 것이 만약 사회의 어른을 어른으로 높이는 것이고 사회의 어린이를 어린이로 대하는 것이라면, 그 일은 모두 도덕적인 것이 된다. 이런 일을 하는 행위들은 곧 도덕 행위가 된다. 단 사회의 어른은 또한 하늘의 어른이고 사회의 아이는 곧 하늘의 아이이다. 하늘의 마음에 합치한 자는 본래 그 지각과 이해에서 나이 많은 이를 높이고 외롭고 약한 자를 사랑했다 해도 그 행위의 의의는 곧 하늘의 어른을 어른으로 대함이요, 하늘의 아이를 아이로 보살핌이 된다. 그 행위의 의의는 곧 도덕을 초월하는 것이다. 하늘의 마음에 합치한 자에게서는 과학적인 자연의 탐구나 이용은 모두 '궁신지화'(窮神知化)의 일환이 된다. 여기서 '궁신'이라 함은 곧 하늘의 신을 궁(窮)하는 것이요, '지화'라 함은 곧 하늘의 조화를 인식하는 것이다. 이 같은 일은 하늘이 완성하지 않은 일을 계승하는 것이 된다. 하늘의 마음에

---

6) 같은 책, 〈大心〉, "大其心則能體天下之物 物有未體 則心爲有外 世人之心 止於聞見之狹 聖人盡性 不以聞見牿其心 其視天下無一物非我 孟子謂盡心則知性知天 以此 天大無外 故有外之心 不足以合天心."

합치한 자가 이러한 일들을 하는 것은 마치 자식이 그 어버이의 뜻을 계승하고 그 어버이가 하시던 사업을 이어받아 완성하는 것과 같다. 이와같이 그 행위는 곧 '하늘을 섬김'(事天)의 의의가 있다. 하늘의 마음에 합치한 사람은 그의 깨달음에 근거하여 사회 속에서 자신에게 부여된 임무를 수행한다. 부귀, 빈천, 장수, 요절 어느 것도 물리칠 까닭이 없다. 그는 나날의 생활 속에서 자기에게 주어진 사회적 의무를 다한다. 어느 날 죽게 되면 그는 영원한 휴식을 얻는다. 이것이 이른바 "살아서 사리를 따르니 죽어 편안히 쉰다"(存吾順事 歿吾寧也)이다.

여기서 말하는 생활 태도는 곧 일종의 수양 방법이며 이러한 수양 방법이 이른바 '집의'(集義)의 방법이다. 도학가들의 '성인이 되는 공부'(聖功)는 모두 이런 방법을 사용한다. 이것이 바로 그들이 직접 맹자(孟子)를 계승했다고 주장하는 까닭이 된다. 하늘의 마음에 합치한 자가 행하는 일은 비록 도덕적인 것이지만 그들이 행하는 일의 의의는 도덕을 초월하는 것이며, 그들의 경계가 역시 도덕을 초월하는 것이기 때문에 그들은 사회에 구속받지 않는다. 그들에게는 방내(方內)와 방외(方外)의 구분도 없다. 고명과 중용의 대립은 이처럼 통일된다. 횡거의 〈서명〉은 이 같은 원리를 밝힌 것이다. 이 점에 〈서명〉의 가치가 있다.

정명도(程明道)는 "나는 〈서명〉에서 이런 뜻을 깨달았다"고 말한다. 이런 뜻이란 곧 '만물일체'의 뜻이다. 정명도의 〈식인〉(識仁)편에서도 역시 이런 뜻을 밝혔다.

배우는 사람은 모름지기 먼저 인(仁)을 알아야 한다. 인자는 혼연히 만물과 한몸이 된다. 의(義)·례(禮)·지(知)·신(信)이 모두 인이다. 이런 이치를 깨달아 성실과 경건으로 보존할 따름이다. …이 도는 물(物)과 상대하지 않는다. 크다(大)는 표현도 그것을 나타내기에는 부족하다. 천지의 작용이 곧 나의 작용이다. 맹자는 "만물이 모두 내 안에 갖추어져 있다"고 했다. 모름지기 네 몸에 반성하여 참되다면 그 것이 큰 즐거움이 된다. 만약 몸에 돌이켜 참되지 못하다면 이는 나와 외부 사물 두 가지가 서로 상대가 되는 것이어서 자기를 저것에 합치 시키려 하나 끝내 되지 못하니 또한 어찌 즐거움을 얻겠는가. 정완(訂頑, 西銘)의 뜻은 이런 '일체'에 대한 진술들로 되어 있다. 이러한 뜻 을 지닌다면 더 이상 할 일이 무엇이겠는가.[7]

여기서 말하는 인(仁)은 도학가들의 이른바 '만물 일체의 인'이다. 명도는 다시 다음과 같이 말한다. "의학 책에 손발이 마비되는 것을 불인(不仁)이라 하는데 이 말이 인을 가장 잘 나타낸 것이다. 인자는 천지만물로 한몸을 삼으니 모든 것이 자기 아님이 없다. 모든 것을 자기로 인득하니 어디엔들 이르지 않으랴? 만약 자기에게 두지 않는 다면 스스로 자기와 서로 간섭함이 없을 것이니, 마치 손발이 불인하 여 기가 이미 통하지 않으니 모두 자기에게 속하지 않았다고 여기는 것과 같다. 그러므로 널리 베풀고 중생을 제도함이 성인의 역할이 다."[8] 위의 4장에서 도가는 반지(反知)의 방법을 써서 혼연의 '하나' 에 도달하는데, 그것은 지식에 있어서 혼연의 '하나'이고, 유가가 집 의적 방법을 써서 도달하는 혼연의 '하나'는 정감상의 혼연의 '하나'라 는 말을 했다. 명도가 말하는 '혼연히 만물과 한몸이 된다'고 하는 인 (仁)은 바로 정감상의 혼연한 '하나'이다. 인자는 정감에 있어 만물과

---

7) 《二程遺書》, 권 2, "學者須先識仁 仁者渾然與物同體 義禮智信皆仁也 識得此理 以誠敬存之而已 … 此道與物無對 大不足以明之 天地之用 皆我 之用 孟子言萬物皆備於我 須反身而誠 乃爲大樂 若反身未誠 則猶是二物 有對 以己合彼 終未有之 又安得樂 訂頑(卽西銘)意思 乃備言此體 以此 意存之 更有何事."
8) 같은 책, 권 2 上, "醫書言手足痿痺爲不仁 此言最善名狀 仁者以天地 萬物爲一體 莫非己也 認得爲己 何所不至 若不有諸己 自與己不相干 如 手足不仁 氣已不貫 皆不屬己 故博施濟衆 乃聖人之功用."

혼연일체가 된다. 이 일체(一體)는 모든 것을 포괄한다. 이 일체는 하나의 '대전'(大全)이다. 이 대전은 하나의 형식적 대전에 그치지는 않는다. 실제로 대전 중의 모든 것은 그 밖의 모든 것과 내적 관련을 갖고 있다. 명도는 말한다. "천지가 지닌 위대한 힘을 생(生)이라 한다. 만물이 갖고 있는 생명에의 의지는 가장 찬양할 만하다. 이것이 이른바 인이다. 인과 천지는 하나(一物)이다. 그런데 사람들이 스스로를 작게 여기니 무슨 이유인가?"⁹⁾ 만물는 곧 천지의 인이요, 정감에 있어 '혼연히 만물과 한몸이 됨'은 곧 인자(仁者)의 인이다. 인자의 인은 천지와 더불어 그 넓고 큼(廣大)을 같이하니 '인과 천지는 하나이다'고 하게 된다.

인과 천지는 그 넓고 큼이 같으므로 "이 도와 물(物)은 서로 상대가 되지 않아 '크다'라는 글자로는 이름 붙일 수 없다"고 하게 된다. 실제로 모든 사물은 천지의 생명에의 의지 속에 있다. 즉 천지의 인 속에 있다. 그러나 모든 사물이 이렇다는 사실을 깨닫고 있는 것은 아니다. 대부분의 사람들 역시 그것이 이렇다는 것을 깨닫지 못하고 있다. 이것이 이른바 '물(物)이 스스로 작게 여긴다'는 것이다. 성인은 천지의 일단의 생명에의 의지 속에 있으며 또한 그것이 참으로 이러하다는 것을 자각하고 있다. 이것이 이른바 "몸에 돌이켜 보아 참되다"는 것이다. '몸에 돌이켜 본다'(反身)는 뜻에서 반(反)은 회광반조(廻光返照)와 같다. 이것은 사람이 깨달음을 위해 스스로 돌이켜 보는 것이다. 스스로 돌이켜 보아 참으로 '만물이 나 안에 갖추어져 있음'을 자각하는 것, 이것이 이른바 몸에 돌이켜 참되다는 것이다. 만약 몸에 돌이켜 참되지 못하다면 곧 남과 나의 구분이 있게 된다. 나는 나요 천지는 천지이다. 나를 저것에 합치시키려 하면 끝내 더불어 합해지지 못한다. 이것이 이른바 끝내 합해지지 못한다는 것이다. 이

---

9) 같은 책, 권 11, "天地之大德曰生 … 萬物之生意最可觀 斯所謂仁也 人與天地一物也 而人特自小之 何哉."

런 이치를 깨닫는 것이 《신원인》(新原人)에서 이른바 '하늘을 앎'(知天)이다. 또한 참마음 참뜻으로 항시 이런 이치에 주의하는 것이 이른바 "성실과 경건으로써 보존한다"는 것이다. 이러한 자세가 오래 가면 만물과 혼연히 한몸이 되는 경험을 하게 되는데 이것이 《신원인》에서 말한 '하늘과 같아짐'(同天)이다.

맹자에게 호연지기를 기르는 방법은 '집의'(集義)였다. 집의를 맹자는 '필유사언'(必有事焉)이라 했다. 항시 집의하여 중간에 멈추거나 끊어지지 않게 하라는 것이 '물망'(勿忘)이다. 집의가 오래 쌓이면 호연지기는 저절로 생겨난다. 속히 효험을 보려고 조장하지 말라는 것이 '물조'(勿助)이다. 집의를 함에 반드시 물망, 물조해야 한다. 이것이 집의의 방법이다. 명도는 "성실과 경건으로 보존할 따름이다. 다시 무슨 일을 더하랴"고 했는데 "성실과 경건으로 보존해라"가 '필유사언'이고 '물망'이며, "이 밖에 무엇이 더 있겠는가"가 '물조'이다.

진정한 인자는 성인이다. 성인은 천지 만물과 한 몸을 이루므로 천지 만물은 그에게 있어 밖에 있는 것도 아니고, 그렇다고 그가 천지 만물 안에 있는 것도 아니다. 그와 천지만물은 두 개(二物)로서 서로 상대하는 것이 아니다. 양자 사이에 내외의 구분이 없다. 그가 세상 일을 처리함에 있어서도 역시 내외 구분이 없다. 명도는 장횡거에게 답하는 글에서 다음과 같이 말했다.

> 이른바 정(定)이라는 것은 동(動)도 정이요, 정(靜)도 정이어서 보내거나 맞아들임도 없고 내외도 없습니다. 진실로 외물을 밖으로 보아 자기를 이끌어 좇고자 하면, 이는 자기의 성(性)에 내외가 있게 하는 것입니다. 또한 자기로써 밖의 물(物)에 좇는다면 응당 그 밖에 있을 때에는 무엇이 안에 있겠습니까? 이는 밖의 유혹을 끊어 버리는 데 뜻을 두어 성에 내외가 없음을 알지 못하는 것입니다. 이미 내와 외로 근본을 둘로 하였으니 어찌 정(定)을 말하겠습니까? 무릇 천지의 변함없는 바는 그 마음을 만물에 두루 미치게 하여 사(私)를 두지 않으

며, 성인의 변함없는 바는 그 정으로 만사를 좇아 사정(私情)을 두지 않습니다. 그러므로 군자의 학문은 확연하게 크게 공(公)하고 물(物)이 옴에 순응하지 않음이 없습니다. …사람의 정은 각기 가리는 바가 있어 도에 나아가지 못합니다. 대개 문제는 스스로 사사롭게 하고 자기 꾀를 도모하는 데 있습니다. 스스로 사사롭게 하니 유위로써 대응하지 못하고, 자기 꾀를 쓰므로 밝은 깨달음(明覺)으로 자연을 삼지 못합니다. 밖은 그르다 하고 안은 옳다고 하는 것은 내외를 모두 잊는 것만도 못합니다. 둘 다 잊으면 깨끗이 아무 일도 없을 것이요, 아무 일도 없으니 정(定)하고, 정(定)하니 명(明)하고, 명하니 사물을 대함에 무엇이 장애가 되겠습니까.[10]

　명도의 이 편지 글을 후세 사람들은 〈정성서〉(定性書)라 일컫는다. 이 편지 글에서 말한 것은 선종에서 말한 것과 많은 점에서 일치한다. 선종의 교리를 가지고 그 논리적 결론을 이끌어 낸 것이 〈정성서〉의 내용이다.

　도학가들이 말하는 동·정의 대립은 내가 윗장에서 말한 입세와 출세, 방내에서 노니는 것과 방외에서 노니는 것의 대립에 해당한다. 출세지인(出世之人)과 방외에서 노니는 사람은 속세를 떠나 현원한 곳으로 가는데 이들은 고요함을 위주로 한다. 입세지인(入世之人)과 방내에서 노니는 사람은 세상사에 관여하고 주로 동(動)을 위주로 한다. 노자와 장자 그리고 원시 불가는 모두 주정적(主靜的)이다. 초기 도학가들도 역시 정을 중시했다. 주렴계는 "성인은 중정인의(中正仁義)로 정(定)하고 주정(主靜)하여 이에 인극(人極)을 세운다"[11]고 〈태

10) 程明道, 《明道文集》, 권 3, "所謂定者 動亦定 靜亦定 無將迎 無內外 苟以外物爲外 牽己而從之 是以己性爲有內外也 … 聖人之常 以其情順萬事而無情 故君子之學 莫若廓然而大公 物來而順應 … 人之情各有所蔽 故不能適道 大率患在於自私而用智 自私則不能以有爲爲應迹 … 用智則不能以明覺爲自然 與其非外而是內 不若內外之兩忘也 兩忘則澄然無事矣 無事則定 定則明 明則尚何應物之爲累哉."
11) 주렴계, 〈太極圖說〉, "聖人定之以中正仁義而主靜 立人極焉."

극도설〉(太極圖說)에서 말한 바 있다. 후기 도학가들은 경계를 말함에 있어 정(靜)을 말하지 않고 정(定)을 말했다. 방법을 말함에 있어서는 정(靜)을 말하지 않고 경(敬)을 말했다. 이것은 실로 커다란 변화이다. 정(靜)은 동(動)과 대립적인 것이지만 정(定)과 경(敬)은 동(動)과 대립적인 것은 아니다. 이것은 오히려 정(靜)과 동(動)의 통일이다. 경계로서 말하면 "동(動)도 정(定)이요, 정(靜)도 정(定)이다." 방법으로 말하면 "동(動)도 경(敬)이요, 정(靜)도 경(敬)이다."

성인은 동(動)도 정(定)이고 정(靜)도 정(定)이다. 그에게서는 내외의 구분이 없다. 그는 이미 "혼연히 만물과 같은 몸"이기 때문이다. 만물은 모두 나 안에 갖추어져 있고 천지의 작용은 모두 나의 작용이다. 그러므로 그에게 외물(外物)이라 칭할 것이 없다. 고요함을 수양의 주된 방법으로 하는 사람은 세간의 일을 외물이라 한다. 그리고 외물을 일종의 유혹으로 본다. 그것들은 그의 정(靜)을 어지럽힐 수 있다는 것이다. 성인에게서는 이미 외물이라 부를 것이 없으므로 외부의 유혹을 끊고자 할 필요가 없다. 그의 마음과 천지는 그 넓이와 크기를 같이한다. 또한 천지가 사사로움이 없듯 그 역시 사사로움이 없다. 그 마음은 마치 거울처럼 비어 있고 저울처럼 평평하다. 그에게 부딪쳐 오는 사물이 있으면 마음의 명각(明覺)은 자연 반응으로 그에게 응한다. 이것이 이른바 '확연하여 크게 공변되고'(廓然而大公) '외부 사물과 만남에 이에 순응한다'(物來而順應)라는 것이다.

성인은 스스로 제멋대로 하지도 않고 자기 꾀를 쓰지도 않는다는 것은 현학가와 선종에서 말하는 무심(無心)이다. 현학가와 선종에서는 모두 성인은 무심하다고 말한다. 그러나 도학가는 천지는 무심하나 성인은 유심(有心)하다고 한다. 명도는 "천지는 언제나 그 마음으로 만물에 고르게 하니 무심하다. 성인은 언제나 그 정(情)으로 만물을 좇으니 무정하다"고 하였고, 이천은 "천지는 무심하나 조화(造化)를 이루고 성인은 유심하나 무위이다"고 했다. 현학가와 선종에서 말한 '성인은 무심하다'는 것은 곧 성인은 유심하나 외물에 물들거나 얽매이는 바가 없다는 것을 말한 데 지나지 않는다. 결국 위의 명도와 이천이 말한 것과 같은 내용이다. 〈정성서〉에 이르기를 "자기의 사사로움으로 하면 유위를 응적(應跡)으로 간주할 수 없고, 자기 꾀를 쓰면 밝은 깨달음으로 자연을 삼을 수 없다"[12]고 하면서, 성인은 "확연대공하여 일에 당하면 이에 순응한다"고 밝히고 있다. 사물에 대응함을 무심으로 하는 것이 유위로써 사물을 대함을 삼는 것이요, 밝은 깨달음으로 자연을 삼는 것이다. 사물에 대응할 때 밝은 깨달음의 자연을 좇는 것이 이른바 '어념이무념'(於念而無念)이고 유위로 사물에 대응한다는 것은 '어상이무상'(於相而無相)이니 이와 같다면 유위는 곧 무위이다. 이렇게 말하면 명도의 〈정성서〉의 내용이 선종과 매우 비슷한 점이 많음을 알 수 있다. 선종에서 출가와 출세를 말하는 것은 물(物)을 밖으로 하는 마음을 미워하는 것이요, 무물(無物)의 경지를 비추려 함에 지나지 않는다. 그들은 도리어 내외를 둘 다 잊지 못한다. 하나의 생각을 할 뿐 문제를 붙들고 논리적 결론에 도달하지 못한다. 그들은 오히려 십분 철저하지 못하다. 만약 진정으로 내외를 모두 잊은 사람이라면 세간의 일이나 출세간의 일이 모두 그에게 분별되지 않는다. 물 긷고 나무 쪼개는 일만이 오묘한 도가 아니며 부모 섬김과 임금 섬김 역시 오묘한 도이다. 그들의 경계로 말하면 확연대공하여 마치 천지의 마음이 만물에 두루 미치나 무심한 것과 같다. 그들의 행위로써 말하면 곧 '물래이순응'(物來而順應)에 해당하니, 물에 있어 가리는 바가 없고 가한 것도 불가한 것도 없다. 고명과 중용의 대립이 이와 같이 통일되고 있다.

　이천과 명도를 전에는 이정(二程)이라 불렀고 두 사람의 사상이 동일하다고 여겼으나, 실상 명도는 도가나 선종에 가까우며 도학가 중

12)《明道文集》, 권 3, "自私則不能以有爲爲應迹　用智則不能以明覺爲自然."

에서는 심학(心學) 일파의 비조가 되고 있다. 이천은 《역전》(易傳)에서 말하고 있는 도에 관심을 깊이 가지고 있었고, 그는 새로운 이(理)의 세계를 밝혀 내어 도학가들 가운데 이학(理學) 일파의 영수가 되고 있다. 이천은 "천하 만물은 모두 이(理)로써 밝힐 수 있다. 물이 있으면 반드시 법칙이 있다. 하나의 물에는 반드시 하나의 이가 있다"[13]고 한다. 엄격하게 말하면 그는 "어떤 종류의 물에는 반드시 어떤 종류의 이가 있다"고 말했어야 했다. 그의 말이 뜻하는 바는 이것이다. 중국어에서 물(物)이 많다는 것을 나타낼 때 만물 혹은 백물이라 하고, 이(理)가 많다는 것은 만리(萬理) 혹은 백리(百理)라고 한다. 이천은 "만약 도를 논하면 온갖 이치가 갖추어진다"[14]고 하고, 또한 "천리(天理)라 하면 온갖 이치가 갖추어진 것이니 본래 조금도 빠뜨림이 없다"[15]고 한다. 온갖 이치는 모두 본래 있던 것이요, 그것들은 처음에는 없다가 나중에 있을 수 있는 것도 아니고 처음에 있다가 나중에 없어질 수 있는 것도 아니다. 이천은 말하기를 "천리(天理)라 하는 것은 도리이니 어찌 없어짐이 있으랴. 그것은 성인 요(堯)를 위하여 존재하는 것도 아니요, 폭군 걸(桀) 때문에 없어지는 것도 아니다. … 천리에 관하여서는 존망, 가감을 말할 수 없다. 어느 것도 결코 없어지지 아니하며, 온갖 이가 다 갖추어진다" 하고, 또한 "이것은 부족하지도 남지도 않는다. 단지 사람들이 제각기 자기 안목으로 바라볼 뿐이다"[16]고도 한다. 어떤 사람은 그렇게 보는데 다른 사람은 그렇게 보지 못한다는 것은 그것이 곧 형상을 초월한다는 것을 뜻한다.

---

13) 《二程遺書》, 권 18, "天下物皆可以理照 有物必有則 一物須有一理."
14) 《遺書》, 권 15, "若論道則萬理具備."
15) 같은 책, 권 18, "天理云者 萬理具備 元無少欠."
16) 같은 책, 권 2 上, "天理云者 這一個道理更有甚窮已 不爲堯存 不爲桀亡 … 這上頭更怎生說得存亡加減 是佗元無小欠 百理具備 … 此個亦不少 亦不剩 只是人看他不見."

이(理)는 불변적인 것이다. 이천은 "천하에 펼쳐져 있는 이는 하나
요 같은 이이다. 사해에 펼쳐 놓아도 최고의 표준이 된다. 천지에 물
어 봐도, 고대의 세 성군을 고찰해 봐도 그것은 바뀌지 않는 이이
다"[17]라 했다. 이(理)는 또한 불변한다. 이천은 말한다. "천리는 모
두 갖추어진 것으로 본래 조금의 빠뜨림도 없다. 요를 위하여 있는
것도 아니고 걸 때문에 없어지는 것도 아니다. 부자와 군신 사이에서
항상 그 이는 바뀌지 않는다. 어찌 일찍이 움직일 수 있겠는가?"[18]

실제의 사물들은 이 이(理)의 실례이다. 이(理)가 본래 이와 같으
니 사람이 안다 모른다 하는 것이 그것의 존재에 아무런 영향도 미치
지 않는다. 일리(一理)가 실제의 예가 있다 없다 하는 것도 그것의
존재에 아무런 영향도 주지 않는다. 이천은 말한다. "모든 이(理)는
공평하게 존재한다. 제왕의 도리를 다한 요가 그것을 덧붙였다고 말
할 수도 없고, 자식의 도리를 다한 순이 그것을 덧붙였다고 할 수도
없다. 지난날이나 오늘날이나 그 도는 동일성을 유지한다."[19] 요는
제왕의 도리를 다함으로써 제왕의 도리에 대한 실례를 세웠고, 순은
자식의 도를 다하여 자식의 도리에 대한 실례를 세웠다. 제왕의 도리
는 그 실례가 있음으로 해서 늘어난 것도 아니요, 실례가 없다 해서
줄어드는 것도 아니다. 본래 항상 같은 것이다. 이것이 이른바 요에
의해 보존된 것도 아니요, 걸에 의해 파괴된 것도 아니라는 뜻이다.

이(理)의 세계에는 온갖 이치가 갖추어져 있다. 비록 그것을 아는
자도 있고 알지 못하는 자가 있다 해도 이는 늘어나지도 줄어들지도
않고 여일(如一)하다. 이의 세계는 이른바 "충막무짐 만상삼연"(冲漠

---

17) 같은 책, 같은 곳, "理在天下 只是一個理 放諸四海而準 須是質諸天地
    考諸三王 不易之理."
18) 같은 책, 같은 곳, "天理具備 元無少欠 不爲堯存 不爲桀亡 父子君臣
    常理不易 何曾動得."
19) 같은 책, 같은 곳, "百理具在平鋪放著 幾時道堯盡君道 添得些君道多
    舜盡子道 添得些子道多 元來依舊."

無朕 萬象森然)이라고 묘사된다. 충막무짐이란 형상을 초월함을 말하는 것이고, 만상삼연은 모든 이가 두루 고르게 갖추어져 있음을 말하는 것이다. 《주역》(周易), 〈계사전〉(繫辭傳)의 "형이상자를 도라 하고 형이하자를 기(器)라 한다"는 구절을 이천은 "이는 형이상자요, 사물은 형이하자"라고 해석했다. 형이상자는 본래 이와 같으므로 먼저 없다가 나중에 있을 수도 없고 먼저 있다가 나중에 없을 수도 없다. 이것은 생성, 소멸이 없는 것이다. 혹은 생멸적인 것이 아니다. 그러나 형이하자는 생성, 소멸이 있는 것이다. 생성은 기가 모여 되고, 소멸은 기가 흩어져서 된다. 형이하의 사물의 존재는 이를 그 형식으로 삼고 기를 그 원질로 삼는다. 아리스토텔레스적 용어를 빌리면 이는 사물 존재의 형상이요, 기는 사물 존재의 질료인이다.

이학(理學)의 계통은 주희(朱熹, 1130~1200)에 이르러 비로소 완전한 체계를 갖추었다. 형상(形上)과 형하(形下)의 분별은 주자에 의해 더욱 명료해졌다. 주자는 "형이상자는 모습과 그림자가 없으니 곧 이요, 형이하자는 내용과 모양이 있으니 곧 기(器)다"[20]고 했다. 형상 방면에 반드시 어떤 이가 있은 연후에야 형하 방면의 어떤 사물이 있게 된다. 주자는 "어떤 일이 있으면 곧 그 속에 어떤 이가 있다. 무릇 천지가 어떤 물을 낳으면 곧 그 속에 이가 있다"고 하고, 또한 "섬돌에는 섬돌의 이가 있고 대나무 의자에는 대나무 의자의 이가 있다"고 한다. 어떤 이가 있은 후에 어떤 사물이 있을 수 있다. 어떤 사물이 있으면 반드시 어떤 이가 이다. 단 어떤 이가 있다 해서 반드시 그에 해당하는 사물이 있어야 할 필요는 없다. 주자는 "만약 이에서 본다면 아직 물이 있기 전이라도 이미 물의 이가 있다. 그러나 역시 단지 어떠한 이가 있을 따름이지 실제로 이러한 물이 있는 것은 아니다."[21]

---

20) 朱熹, 《語類》, 권 95, "形而上者 無形無影 是此理 形而下者 有情有狀 是此器."

어떤 유의 사물의 이는 이런 사물의 가장 완전한 형식이고 최고의
표준이다. 표준은 또한 극(極)이라고도 일컬어진다. 《어류》(語類)에
이르기를 "사물에는 모두 각각의 극이 있는데 이는 도리의 극지(極
至)이다"고 한다. 장원진(蔣元進)은 말한다. "왕의 인(仁)이나 신하의
경(敬) 등이 모두 극이다. 선생은, 이는 일사일물의 극이고 천지만물
의 이를 총괄하여 태극(太極)이라 한다고 말했다."[22] 태극은 모든 이
의 총화요, 또한 천지 만물의 최고 표준이다.

태극은 본래 이와 같은 것이다. 주희는 "요컨대 이(理) 일 자는 유
와 무로 논할 수 없다. 천지가 있기 이전에도 이미 이와 같았다"고
한다. 우리는 "태극이 어디 있는가" 하고 물을 수 없다. 주자는 "태
극은 방향도, 형체도, 지위도 없다"[23]고 한다. 태극에는 또한 동정
(動靜)도 없다. "태극은 이(理)다. 이가 어떻게 동정하는가. 형상이
있다면 동정도 있다. 태극은 형상이 없다. 동과 정으로 말할 수 없
다."[24] 태극은 조작도 할 수 없다. 주자는 "이는 순수 관념(潔靜空闊)
의 세계로서 형체나 자취도 없고 조작 능력도 없다"[25]고 한다.

그와 같이 **형상**을 초월한 세계로서, 어떤 사람은 그 세계를 보기도
하고 또 다른 사람은 그것이 비실재라고 여기기도 한다. 주희는 항상
이(理)를 실리(實理)라고 말하고 그것은 확실히 있고 결코 그것의 존
재는 허망한 것이 아니라 했다.

주자는 "태극에는 음양 오행의 이가 다 있다. 결코 비실재는 아니

21) 朱熹,《文集》, 권 46,〈答劉叔文〉, "若在理上看 則雖未有物而已有物
之理 然亦但有其理而已 未嘗實有是物也."
22) 朱熹,《語類》, 권 94, "如君之仁 臣之敬 便是極 先生曰 此是一事一物
之極 總天地萬物之理 便是太極."
23) 같은 책, 같은 곳, "太極無方所 無形體 無地位 可頓放."
24) 朱熹,《文集》, 권 56, 鄭子上의 물음에 답한 것, "太極理也 理如何動
靜 有形則有動靜 太極無形 不可以動靜言."
25) 朱熹,《語類》, 권 1, "若理則只是個潔靜空闊底世界 無形迹 他都不會
造作."

다. 만약 이것이 공(空)의 것이라면 그것은 석가가 말한 성(性)과 비슷할 것"이라고 하였고, 또한 "석가는 단지 껍데기는 보면서 그 속의 허다한 도리는 보지 못한다. 그들은 모두 군신, 부자 관계를 환망(幻妄)으로 여기고 있다"[26]고 하였으며, "석가가 말한 공(空)은 전적으로 그릇된 것은 아니다. 그러나 공적인 것의 이면에는 도리가 있다. 만약 우리가 공이라 하고 참된 이(理)가 있는 곳을 모른다고 하면, 그것은 확실히 잘못이다. 예를 들어 한 연못의 맑은 물이 매우 맑고 투명하여 마치 물이 없는 것과 같다. 불가에서는 이 연못이 참으로 텅 비었다고 말하고 결코 연못에 손을 넣고 그 물이 찬지 더운지 검토해 보지 않는다. 그들은 거기에 참으로 물이 있는지 알지 못한다. 불가의 견해는 이와 같다"[27]고 했다.

도가도 불가도 모두 이(理)의 세계에 대해서는 언급하지 않았다. 그들은 초월의 경계에 대하여 말했지만 그들이 말한 초월은 모두 말로 설명할 수 없고 생각할 수 없다는 것이다. 그래서 그들은 무와 공을 말했던 것이다. 이는 형상을 초월하는 것이지만 설명도 생각도 가능하다. 엄격하게 말하면 이가 있다는 것은 곧 설명도 생각도 가능하다는 것이다. 그리고 이야말로 진정으로 설명과 생각의 대상이다. 엄격하게 말하면 구체적 사물은 설명도 생각도 불가능하다. 그것들은 단지 감각될 뿐이다. 이는 진정으로 명칭(名)을 갖는다. 구체적 사물은 명칭이 있는 것이 아니다. 단지 이름을 붙일 수 있을 뿐이다. '이것'이라고 하는 정도의 이름을 들 수 있을 뿐이다. 감각할 수 없는 것

---

26) 같은 책, 권 94, "太極是五行陰陽之理皆有 不是空底物事 若是空時 如釋氏說性相似 … 釋氏只見得皮殼 裏面許多道理 他都不見 他皆以君臣父子爲幻妄."

27) 같은 책, 권 126, "釋氏說空 不是便不是 但空裏面須有道理始得 若只說道 我是個空 而不知有個實底道理 卻做甚用 譬如一淵淸水 淸冷徹底 看來一無如水相似 他便道此淵只是空底 不曾將手去探 是冷是溫 不知道 有水在那裏面 釋氏之見正如此."

은 생각할 수 없다고 말할 수 있을 것이다. 이것은 이름이 없다. 단지 생각할 수 있을 뿐 감각할 수가 없다. 이것은 이름이 있다. 생각할 수는 없으나 감각할 수는 있는 것은 이름을 둘 수 있다.

이의 세계에 대한 발견은 사람들로 하여금 형상을 초월하는 '결정공활'(潔淨空闊)의 세계를 획득하게 했다. 그것은 늘지도 줄지도 생겨나지도 사라지지도 움직이지도 고요하지도 않는다. 모종의 실제적 사물이 있으면 반드시 어떤 이가 있다. 그러나 어떤 이가 있다고 일정한 종류의 실제적 사물이 있는 것은 아니다. 이 세계를 본 사람은 그가 이전에 보았던 세계가 형상에 구애된 것임을, 마치 우물 안 개구리와 같은 소견을 지녔음을 안다. 이 같은 새로운 발견은 만고의 심흉(心胸)을 개척한 것이라고 할 수 있다. 이것은 정신의 최대의 해방이다.

이는 조작의 능력도 없고 동정도 없다. 능히 동정하고 조작하는 것은 기이다. 기는 형하 세계를 구성하는 원질이다. 주희는 다음과 같이 말한다. "천지 사이에 이가 있고 기가 있다. … 이라는│것은│형상의 도이고 물을 낳는 근본이다. 기는 형하의 기(器)로 물을 낳는 도구이다. 그러므로 사람과 물의 생겨남에 반드시 이 이를 품수한 연후에야 성(性)이 있게 되고, 반드시 이 기를 품수한 연후에야 형체가 있게 된다."[28] "기의 운동이 이에 의존한다는 것이 의심스럽다. 무릇 기가 모이면 이도 또한 거기에 있게 된다. 무릇 기는 능히 엉기고 작동하나 이는 감정도 헤아림도 조작도 없다. 다만 기가 응취하는 곳에 이도 그 속에 있다."[29]

이학의 계통에서 기의 지위는 도가에서의 도의 위치와 비슷하다.

---

28) 朱熹, 《文集》, 권 58, 〈答黃道夫〉, "天地之間 有理有氣 … 理也者 形而上之道也 生物之本也 氣也者 形而下之器也 生物之具也 是以人物之生 必稟此理 然後有性 必稟此氣 然後有形."
29) 朱熹, 《語類》, 권 1, "疑此氣 是依傍這理行 及此氣之聚 則理亦在焉 蓋氣則能凝結造作 理郤無情意無計度無造作 只此氣凝聚處 理便在其中."

이 점에서 정자와 주자는 횡거를 이어받았는데 그들이 말한 기는 횡거가 말한 기와 유사하다. 횡거가 말하는 기는 아지랑이와 같으니 이 역시 일종의 물이다. 주희가 말하는 기는 비록 아지랑이와 같은 것이라고 말하지는 않았으나 맑고 혼탁함, 바르고 치우침으로 설명할 수 있으니 역시 일종의 물이요, 이름 붙일 수 있으니 무명(無名)이 아니다. 그것은 형상을 초월하는 것이 아니다. 횡거와 정자와 주자 계통에서 기에 대한 관념은 형식적인 것이 아니라 적극적인 것이다. 기가 모이면 어떤 물이 되는데 이것은 반드시 어떤 이를 품수하게 마련이다. 그 품수한 이가 곧 성(性)이다. 그래서 "사람과 만물이 남에 반드시 이 이를 품수한 후에야 비로소 성이 있게 된다"고 말하게 되는 것이다. 그 형체는 기가 응취한 것이므로 기를 받은 연후에 그 형체가 있게 된다고 말하게 된다.

사람에게는 하늘로부터 받은 지각영명(知覺靈明)의 성과 인의예지의 성이 있다. 지각영명이 있기에 측은, 수오, 사양, 시비의 정이 있게 된다. 지각영명의 성과 인의예지의 성은 미발(未發)이지만 실제의 지각영명 및 측은, 수오, 사양, 시비의 정은 이발(已發)이다. 미발을 성(性)이라 하고 이발을 정(情)이라 한다. 심(心)은 미발과 이발을 포괄한다. 이것이 이른바 '심통성정'(心統性情)이다.

사람의 마음속에는 위에서 언급한 이만 있는 것이 아니다. 거기에는 모든 이의 총체가 포함되어 있다. 말하자면 인간의 마음속에는 태극이 있다. 사람만이 이러한 것이 아니라 개개의 물도 모두 같다. 주희는 "사람마다 하나의 태극이 있고 사물마다 하나의 태극이 있다"고 하며, "통체(統體)가 하나의 태극이다. 그러나 하나의 사물마다 각각 하나의 태극을 지니고 있다"고 한다. 어떤 사람이 주희에게 물었다. "그렇다면 이 태극이 분열되는가?" 이에 주희는 대답했다. "본래 하나의 태극이다. 그러나 만물이 각각 품수한 바가 있고 또한 스스로 각각 하나의 태극을 갖고 있다. 마치 하늘에 떠 있는 달은 하나뿐이지만 흩어져 강과 호수마다 있어 어느 곳에서나 달을 볼 수 있는 것과 같다. 그러나 달이 나누어졌다고 말할 수는 없다."[30]

비록 사람마다 하나의 태극이 있고 사물마다 하나의 태극이 있지만 그 받은 기에 맑음과 혼탁함, 치우침과 바름의 차이가 있어 어떤 사람은 알고 어떤 사람은 알지 못한다. 사람 이외의 만물은 그 받은 기가 비교적 혼탁하고 치우친 것이어서 이가 있고 태극이 있음을 충분히 알지 못한다. 사람이 받은 기는 비교적 맑고 바르기 때문에 그 받은 바에 이와 태극이 있음을 안다. 비록 알 수는 있으나 반드시 공부를 해야만 비로소 알게 된다고 할 것이다. 주희의 견해에 따르면 이것은 곧 《대학》(大學)에서 말하고 있는 '격물치지'(格物致知)의 공부이다.

주희는 《대학장구》(大學章句), 〈격물장〉(格物章), 보전(補傳)에서 이렇게 이른다.

이른바 치지(致知)가 격물(格物)에 있다는 것은 곧 나의 지(知)를 치(致)하려면 물(物)에 즉하여 그 이(理)를 궁구하는 데 있다는 것을 말한다. 무릇 사람 마음의 영(靈)에는 지(知)가 있지 않음이 없고 천하의 물에는 이가 있지 않음이 없다. 단지 이에 있어 궁진함이 없으므로 그 지에도 미진함이 있다. 이런 까닭에 대학에서 가르침을 시작함에 반드시 배우는 사람으로 하여금 천하의 모든 물에 즉하여 이미 알고 있는 이치로 인하여 더욱 탐구하여 그 지극함에 이르기를 구하지 않음이 없다. 그 힘씀이 오래 됨에 이르면 하루 아침에 활연히 관통하게 되니 모든 사물의 일체의 내용(表裏精粗)을 알지 못함이 없고, 나의 마음의 온전한 모습과 큰 작용(全體大用)이 밝아지지 않음이 없다.[31]

---

30) 같은 책, 권 94, "本只是一太極 而萬物各有稟受 又自各全具一太極爾 如月在天 只一而已 及散在江湖 則隨處而見 不可謂月已分也."

31) 朱熹, 《大學章句》, "所謂致知在格物者 言欲致吾之知 在卽物而窮其理 也 蓋人心之靈 莫不有知 而天下之物 莫不有理 惟於理有未窮 故其知有 不盡也 是以大學始敎 必使學者 卽凡天下之物 莫不因其已知之理 而益窮

주희의 이 말은 바로 플라톤의 '상기설'(想起說)과 같다. 플라톤에 의하면 사람의 영혼은 그가 지니는 관념에 대하여 본래 완전한 지식을 갖고 있었지만 그 육체에 구애됨으로 인하여 영혼이 그 본유의 지식을 기억하지 못할 뿐이다. 철학자나 시인은 영감 혹은 수학이나 과학적 탐구로써 그 영혼을 상승시켜 육체의 구속에서 벗어나 그 본래 지닌 지식을 회복할 수 있다. 이때 철학자나 시인은 마치 동굴에서 나와 다시 태양을 본 것과 같다. 그가 동굴에 있을 때 본 것은 단지 사물의 그림자나 등불의 빛에 지나지 않는다. 일단 동굴에서 나오면 그는 비로소 진실한 사물을 보고 해와 달의 광명을 본다. 이것은 플라톤의 이상 국가에 나오는 비유인데 그는 이 비유로 일종의 경계를 그려 내고 있다. 이 경계는 주희가 말하는 '하루 아침에 활연히 관통함'이나 '모든 사물의 표리정추(表裏精粗)가 이르지 않음이 없음'이나 '내 마음의 전체와 대용이 밝지 않음이 없음'의 경계이다. 이런 경계를 지닌 인간을 플라톤은 철학자나 시인이라 한 것에 반해 주희는 성인이라 한다.

이런 경계에 도달한 사람이 하는 일은 곧 군신부자, 인륜일용의 일이다. 이런 일들은 그에게 단순한 일이 아니라 영원한 이(理)의 실례이다. 그의 경계는 지극히 고명하나 그가 행하는 일은 바로 일반인이 하는 일이다. 고명과 중용의 대립이 이와 같이 통일되고 있다.

명도의 뒤를 계승한 심학(心學)의 영수는 육상산(陸象山, 1135~1193)이다. 상산은 선종의 교리에서 한 걸음 더 나아간 사람이라 할 수 있다. 상산의 철학과 수양 방법은 선종의 방법이다. 혹은 적어도 그들의 방법과 가깝다고 할 수 있다.

선종의 방법으로 정자와 주자의 두 학파를 보면 그들이 추구한 것이 너무 많고, 말한 것도 너무 많음을 알 수 있다. 이것을 상산은 '지

之 以求至乎其極 至於用力之久 而一旦豁然貫通焉 則衆物之表裏精粗無
不到 而吾心之全體大用 無不明矣."

리'(支離)하다고 했다. 상산은 어렸을 때 어떤 사람이 이천의 말을 암송하는 것을 들었는데 그 내용은 "마치 상처를 입은 것처럼 자각했다"는 것이었다. 후에 그는 어떤 사람에게 "어째서 이천의 말이 공자나 맹자의 말과 다른가?" 하고 물은 적이 있는데 그후 그는 고서를 읽다가 우주(宇宙)라는 두 글자에 이르러 "사방과 상하를 우(宇)라 하고 왕고내금(往古來今)을 주(宙)라 한다"는 풀이를 보고 홀연히 깨닫고는 "우주 안의 일이 곧 내 몸 안의 일이요, 내 몸 안의 일이 곧 우주 안의 일이다"고 말하였다. 또한 일찍이 "우주는 곧 내 마음이요, 내 마음은 곧 우주이다"(宇宙便是吾心 吾心便是宇宙)고 했다. 그의 크게 깨달음은 곧 선종에서 말하는 '오'(悟) 즉 깨달음이다. 이런 깨달음이 있은 후 그에게 필요한 일은 자신을 믿는 것이요, 일체의 것을 내버리는 일이었다. 명도의 〈식인〉(識仁) 편에서는 "이 이치를 깨달으면 성실과 경건으로 보존할 것이요, 방해하거나 검토하거나 애써 찾을 필요가 없다"고 했는데 바로 이런 뜻이다. 배우는 사람은 먼저 모름지기 이런 깨달음이 있어야 한다. 이것이 이른바 맹자의 "먼저 그 큰 것을 세운다"는 것이다. 상산은 "근래에 나를 비판하는 사람이 있는데 그들은 나에게 '먼저 그 큰 것을 세운다는 구절만 없애면 도무지 기량이 없다'고 말한다. 나는 그 말을 듣고는 참으로 그렇다고 말했다"고 한다. 먼저 그 큰 것을 세웠을 때 비로소 자신을 얻을 수 있다. 자신이라는 것은 곧 "만물이 방촌 안에 가지런히 꽉 차 있어 마음에 가득 차 피어나고 우주에 가득 차는 것이 이 이(理) 아님이 없다"[32]는 것을 믿는 것이다. 이 점에 대해 자신을 갖게 되면 도가 천하에 꽉 차서 조금도 빈 곳이 없음을 알게 된다. "사단(四端)과 온갖 선이 모두 하늘이 내게 내려 준 것이요, 사람이 그것을 수식하는 노고는 필요하지 않다. 다만 사람에게 결함이 있어 도와 멀어졌을 뿐이

---

32) 陸象山,《全集》, 권 34, "萬物森然於方寸之間 滿心而發 充塞宇宙 無非此理."

다."³³⁾ 수식하는 노고가 필요하지 않음을 안다면 수식해서는 안 된다. 병이 있음을 안다면 병을 제거해야 한다. 이것이 이른바 '일체를 내버린다'는 것이다.

상산은 말한다. "이 이(理)는 우주간에 있어서 어찌 거리끼는 바가 있겠는가. 스스로 끌어내리고 파묻고 티끌 속에 묻히게 함은, 그리고 깊은 구덩이 속에 떨어져 빛에서 멀어지고 그래서 고원한 것을 알지 못하게 함은 바로 너 자신이다. 구덩이를 깨뜨려 버리고 너를 가두고 있는 옥을 부수어 버려라." 또한 "분발하고 용기를 내어 너를 얽어맨 그물을 찢고 네 길을 막고 있는 가시망을 태워 버려라. 진흙으로 더럽혀진 몸을 깨끗이 씻어라."³⁴⁾ 또한 그는 말한다. "돼지나 닭은 온종일 바삐 오고 가나 그들에게는 조금도 초연한 뜻이 없다. 한 칼로 내리쳐 둘로 잘라 놓은 후에는 그들이 바삐 오고간 것이 무엇에 쓰이겠는가?" 이것은 다분히 임제(臨濟)의 '만나는 것마다 죽인다' (逢著就殺)의 뜻과 통한다. 곧 일체를 내팽개쳐 버리는 것이다.

상산은 자기의 방법을 스스로 단순화(減)라 했으며, 주희의 방법을 복잡화(添)라 했다. 《어록》에 다음과 같이 씌어 있다.

유정부(劉定夫)가 말한 바에 의하면 습관적 대응은 제거하기가 쉽지 않다고 한다. 만약 한 가지 습관을 버리면 나머지 습관도 모두 버릴 수 있다. 그래서 나는 주희를 괴롭히는 것은 그가 이런 구습을 제거하기 어려운 데 있다고 했다. 선생은 말했다. 너는 그를 가지고 비교하지 말라. 그는 사물을 복잡하게 만든다.³⁵⁾

---

33) 같은 책, 권 15, "道遍滿天下 無些子空闕 四端萬善 皆天之所予 不勞人妝點 但是人自有病 與他相隔了."
34) 같은 책, 권 35, "此理在宇宙間 何嘗有所礙 是儞自沈理 自蒙蔽 陰陽地在個陷穽中 更不知所謂高遠底 要決裂破陷穽 窺惻破羅網."
35) 같은 책, 같은 곳, "因說定夫舊習未易消 若一處消了 百處皆可消 予謂晦庵諸事爲他消不得 先生曰 不可將此相比 他是添."

성인의 말씀은 저절로 명백하다. 그것은 마치 제자가 들어가서는 효하
고 나가면 공손하다고 한 것과 같이 가정에서는 효, 사회에서는 공손
등으로 분명하게 네게 말하고 있다. 상세한 설명이나 주석이 무슨 소
용이 있는가. 그것 때문에 배우는 사람들이 오히려 정신적으로 피곤해
진다. 부담만 더욱 가중될 뿐이다. 누구든 나에게 오면 그는 그의 짐
을 많이 덜 것이다. [36]

　단순화의 방법은 곧 일체를 내던져 버리는 방법이다. 일체를 내던
져 버린 후에는 단지 나의 한 마음만 남는다. 나는 한낱 사람이다.
상산은 말한다. "머리를 들어 북두성을 바라본다. 몸을 돌려 북극성
에 기댄다. 고개를 곧추세우고 하늘 저편을 바라본다. 그곳에는 나와
같은 사람은 없다." 여기서 말하는 나는 바로 이른바 대인, 대장부이
다. 상산은 "참으로 위대한 세계를 우리는 누리지 못하고 있다. 우리
는 단지 작은 길을 가고 있다. 우리는 대인이 되고자 하지 않는다.
어린아이와 같다. 실로 안타깝다"고 말한다. 이런 경계에서는 주석을
다는 것 같은 부담은 필요하지 않다. 즉 "6경(六經)은 필요하지 않
다. 이것이 이른바 '학문은 실로 근본을 아는 것'이니 6경은 모두 나
에 대한 주석에 지나지 않는다"는 것이다.
　자기 자신에 대한 확고한 신념을 갖고 일체를 내던져 버린다면 사
단과 온갖 선이 모두 내 본성 속에 고유한 것이므로 단지 좇아 행하
기만 하면 된다. 상산은 말한다. "사람의 정신이 외적인 데 쏠리면
그는 그의 전생애를 통해 아무런 평화도 얻지 못할 것이다. 모름지기
수습하여 주재가 되게 하라. 정신을 거두어 네 안에 두어라. 측은히
여겨야 할 때는 측은히 여기고 수오하게 되어서는 수오하면 뉘라서
너를 기만하겠는가? 분명히 그것을 붙들고 쉼없이 수양해 나간다면

---

36) 같은 책, 같은 곳, "聖人之言自明自　且如弟子入則孝　出則弟　是分明說
　　與你　入便孝出便弟何須得傳註　學者疲精神於此　是以擔子越重到某這裏
　　只是與他減擔."

얼마나 훌륭해지겠는가?"[37] 정신을 수습한다는 것은 곧 자기에게 주의한다는 것이다. 곧 반신(反身), 즉 자기 몸에 돌이켜 본다는 것이다. 이는 선종에서 말하는 회광반조(廻光返照)와 같다. 보통 사람들은 모두 단지 외계의 사물에만 주의한다. 이것이 이른바 '정신을 밖에 두면 평생토록 평화가 없다'는 것이다. 정신을 수습하고 회광반조하면 능히 우주가 곧 내 마음이요, 내 마음이 곧 우주임을 깨닫게 된다. 그리 되면 이른바 외물 또한 내 몸 밖이 아니게 된다. 그러니 외물에 대응해도 괴롭지 않다. 괴롭지 않게 되는 것은 그 마음이 이미 '확연이대공(廓然而大公)해졌기 때문이다. 그 사물에 대응함이 '물래이순응'(物來而順應)이 되었기 때문이다. 상산은 말한다. "무릇 모든 사물에 애착을 갖지 말아라. 나는 내 평생 이것에 능했다. 말하자면 사물에 애착하지 않았다. 어느 것도 나를 얽어매지 못했다. 어떤 일을 다룰 때 모든 본질적인 것들, 즉 혈, 맥, 골, 수 등이 모두 나의 통제 속에 있다. 그러나 나 자신은 아무것도 할 일이 없는 한가로운 사람 같았다. 나는 올가미에 사로잡히지 않았다."[38] 이 말은 선종의 표현, 즉 "종일 밥을 먹어도 밥알 하나 씹지 않았고 종일 옷을 입고 있어도 명주실 한 올 걸치지 않았다"는 것과 어찌 다르겠는가.

위에 말한 것에서 상산의 철학과 수양 방법이 선종에 매우 가까움을 알 수 있다. 그의 철학과 수양 방법을 '이간'(易簡), '직첩'(直捷)이라 하는데 틀리지 않는다. 정자 주자 계열에서는 상산을 선(禪)에 가깝다고 말하는데 역시 틀리지 않는다. 그러나 상산은 자기가 선에 가깝다는 것을 인정하지는 않았다. 그것도 틀리지 않는다. 그가 부모

---

37) 같은 책, 같은 곳, "人精神在外 至死也勞攘 須收拾作主宰 收得精神在內 當惻隱卽惻隱 當羞惡卽羞惡 誰欺得儞 誰瞞得儞 見得端的後 常涵養 是甚次弟."

38) 같은 책, 같은 곳, "凡事莫如此滯滯泥泥 某平生於此有長者不去著他事 凡事累自家一毫不得 每理會一事時 血脈骨髓…都在自家手中 然我此中者似個閑閑散散 全不理會事底人 不陷事中."

를 섬기고 군주를 섬기는 일 또한 인간의 성분내(性分內)의 일이고, 또한 '오묘한 도'라 했기 때문이다. 이 점에 의해 그는 도학자이지 선 승이 아니다.

심학파 최후의 학자는 왕양명(王陽明, 1472~1529)이다. 양명의 철 학과 수양 방법도 자기에 대한 신뢰와 일체를 내던져 버리는 것에 대 한 강조이다. 자기에 대한 신뢰란 곧 자기에게 선과 악을 아는 양지 (良知)가 있다는 것을 믿는 것이다. 일체를 내던져 버린다는 것은 모 방이나 계산에 의하지 않고 단지 양지에 따라 행하는 것을 뜻한다. 양명은, 《대학문》(大學問)에서 《대학》의 3강령을 다음과 같이 해석 했다.

대인은 천지만물로 한몸을 삼는다. 그는 천하를 일가처럼 보고 중국을 한 사람으로 본다. 모양에 따라 분류하고 그래서 너와 내가 다르다는 구별을 하는 사람은 소인이다. 대인이 천지만물을 일체로 삼을 수 있 는 능력은 의지에서 나온 것이 아니다. 그 마음의 인(仁)이 본래 천지 만물과 더불어 하나이기 때문이다. 어찌 대인만 그렇겠는가? 비록 소 인의 마음이라도 그렇지 않음이 없으나 그는 스스로를 작게 여길 따름 이다. …그러므로 진실로 사욕의 폐가 없다면 비록 소인의 마음이라도 그 일체로 여기는 인에서는 대인이나 진배없다. 하나라도 사욕의 폐가 있다면 비록 대인의 마음이라도 그 나누어지고 천박해짐이 소인이나 다름없다. 그러므로 대인의 학을 한다는 것은 오직 그 사욕의 폐를 제 거하고 그 명덕을 스스로 밝혀 천지만물 일체의 본연으로 돌아갈 따름 이다. 본체 밖에 따로 늘어나거나 덧붙여지는 바가 있는 것이 아니다. …밝은 덕을 밝힌다는 것은 그 천지만물과 일체가 되는 바탕을 세우는 것이요, 백성을 친히 한다는 것은 그 천지만물 일체의 쓰임을 극대화 하는 것이다. 그러므로 명덕을 밝히는 것은 반드시 친민(親民)함에 있 고 친민함 또한 명덕을 밝히는 까닭이 된다. …지선(至善)이란 명덕 친민의 극칙(極則)이다. 천명의 성은 수연(粹然)하고 지선하여 그 신 령하고 밝아 어둡지 않음은 그 지선의 발현이니 명덕의 본이요, 이른

바 양지이다. 지선의 발현은 옳으면 옳다 하고 그르면 그르다 하여 경
중후박에 모두 그러하며, 외부 자극이 있을 때는 양지가 항상 감응하
는 것이다. 환경은 끊임없이 변화하지만 천연의 중(中)이 있지 않음이
없으니 이것이 인간에 대한 최고의 표준이요, 만물에 대한 불변의 법
칙이다. 그 사이에 조금도 덧붙이거나 덜어 내려는 지적 계산이 있을
수 없다. 조금이라도 그런 것이 있다면 이것은 곧 사사로운 생각이요,
보잘것없는 지혜이니 지선이라 말할 수 없다. [39]

　사람의 양지는 곧 명덕의 발현이다. 양지의 명령에 따라 행하는 것
이 치양지(致良知)이다. 양지에 대해 만약 증손(增損)을 모색한다면
이는 사사로운 생각, 보잘것없는 지혜가 된다. 사사로운 생각, 보잘
것없는 지혜는 명도가 〈정성서〉에서 말한 자사(自私), 용지(用智)이다.
　양지는 인간의 명덕의 발현이므로 치양지는 인간의 명덕의 본체를
회복하는 것이 된다. 양명은 말한다. "사람의 마음은 하늘의 못과 같
아서 그 속에 담기지 않은 것이 없다. 본래 하나의 하늘이니 사적인
욕망의 저해로 인해 하늘의 본체를 상실했다." 이와 같이 언제나 모
든 생각이 양지를 다 발휘하는 데 둔다면 이들 장벽과 방해물은 모두
제거될 것이다. 그렇게 되면 본체가 이미 회복되니 이것이 천연(天
淵)이 아니겠는가. 상산은 말한다. "우주는 일찍이 인간을 따로 떼어

---

39) 王陽明, 《王文成公全書》, 권 26, "大人者 以天地萬物爲一體者也 其
視天下猶一家 中國猶一人焉 若夫間形骸而分爾我者 小人矣 大人之能以
天地萬物爲一體也 非意之也 其心之仁 本若是 其與天之萬物而爲一也 豈
惟大人 雖小人之心 亦莫不然 彼顯自小之耳 … 是故苟無私欲之蔽 則雖小
人之心 而其一體之仁 猶大人也 一有私欲之蔽 則雖大人之心 而其分隔隘
陋 猶小人矣 故夫爲大人之學者 亦惟去其私欲之蔽 以自明其明德 復其天
地萬物一體之本然而已耳 非能於本體之外 而有所增益之也 … 明明德者
立其天地萬物一體之體也 新民者 達其天地萬物一體之用也 故明明德必在
於親民 而親民乃所以明其明德也 … 至善者明德親民之極則也 天命之性粹
然至善 其靈昭不昧者 此其至善之發現 是乃明德之本 而卽所謂良知也 …
少有擬議增損於間 則是私意小智 而非至善之謂矣."

놓고 막은 적이 없다. 우주에서 스스로 떨어져 나온 것은 바로 인간 자신이다." 양지를 다한다는 것은 곧 이와 같은 장벽을 제거하는 것이다.

치양지는 곧 명덕을 밝히는 것이다. 명덕이란 천지만물과 일체가 되는 인(仁)으로서, 명덕을 밝힌다는 것은 곧 인을 실행하는 것이다. 그래서 "명덕을 밝히는 것은 반드시 친민함에 있고 친민은 곧 명덕을 밝히는 것이다"고 말하게 된다. 치양지는 곧 일을 함에 있어 양지를 다 발휘하는 것이다. 양지의 명령에 따라 일을 행한 후에야 비로소 양지의 지가 완성된다. 이것이 이른바 양명이 말하는 '지행합일'(知行合一)이다. 《전습록》(傳習錄)에 다음과 같이 적혀 있다.

서애가 말한다. "예를 들어 오늘날 사람들은 부모에 효도하고 형에게는 공손해야 함을 매우 잘 알고 있으면서도 오히려 효도하지 못하고 공손하지 못합니다. 이로 본다면 지와 행은 분명 별개입니다." 양명이 대답한다. "이는 이미 사욕에 의해 격단된 것이고, 지와 행이 하나라는 본체와 일치하는 것이 아니다. 알고서 행하지 않는 경우는 없다. 알고서도 행하지 않는다는 것은 알지 못한 것과 같다. 성현들이 하고자 힘쓴 것은 이 같은 기본 성질을 회복하려는 것이다. 그들은 우리를 현재의 우리와 같은 상태로 '방치해 두기를 원하지 않는다. 나는 언제나 지는 행의 기본 의미를 제공하고, 행은 앎의 실제적 측면이라고 말한다. 지는 행의 시작이요, 행은 지의 완성이다. 이 말뜻을 이해한다면 우리는 지만 말했어도 이미 그 속에 행이 들어 있는 것이며, 단지 행만 말했어도 이미 그 속에 지가 들어 있는 것이다."[40]

40) 같은 책, 권 1, "愛曰 如今人誠有知得父當孝 兄當弟者 卻不能孝 不能弟 便是知與行分明是兩件 先生曰此已被私欲隔斷 不是知行本體了 未有知而不行者 知而不行 只是未知 聖賢人知行 正是變復那本體 不是著你只恁的便罷 某嘗說 知是行的主意 行是知的工夫 知是行之始 行是知之成 若會得時 只說一個知 已有行在 只說一個行 已自有知在."

258

마음의 본체가 사욕에 의해 가려진 바가 없을 때에는 지와 행은 하나이다. 마치 어린아이가 막 우물 속으로 빠지려 할 때 곧 측은히 여기는 마음이 생기는 것과 같다. 이런 마음의 자연스러운 발로를 좇아가면 곧 달려가 어린애를 구하게 된다. 이 달려가 구하는 행위는 이른바 '지가 행의 시작이고 행이 지의 완성'이라는 것이다. 만일 이 때 망설임이 있다면 그것은 구하는 일이 어려워서 두려워하거나 어린아이의 부모를 미워하기 때문이다. 앎은 있으나 행함이 없으면, 이는 모두 자기의 사사로운 생각이나 자기의 보잘것없는 지혜를 사용하고자 하는 데에서 나온 것으로서, 지와 행의 본체가 이와 같은 것은 아니다. 또한 사람이 마땅히 부모에게 효도해야 함을 알아 이 앎의 자연스러운 발로를 따라가면 반드시 효를 실행할 것이다. 효를 행하지 못하는 것은 역시 그 마음이 사욕에 가려진 것이다. 그 마음이 사욕에 가려지면 양지가 있으나 능히 다 발휘하지 못함이요, 그 양지의 지 역시 완성되지 못함이다. 치양지란 그 사욕의 폐를 제거하여 그 지행의 본체를 회복하는 것이니 곧 명덕의 본체를 회복함이다.

왕양명의 《전습록》에 "선생이 일찍이 말하기를 '석가는 대상에 집착하지 않는다 하나 실상은 집착하며, 우리 유학에서는 대상에 집착하는 듯하나 실상 집착하지 않는다' 했다. 어째서 그러냐고 그 까닭을 물었더니, 석가는 부자 관계에 속박당할 것이 두려워 부자 관계를 떠나며, 군신 관계에 얽매일까 하여 군신 관계를 떠나고, 부부 관계에 구속될까 하여 피한다. 이 모두는 결국 군신, 부자, 부부 관계에 얽매인 것이니 피할 수밖에 없다. 그러나 유학에서는 부자 관계에서는 인으로 하고, 군신 관계에서는 의로 대하고, 부부 관계에서는 구별로써 대하니 어찌 이들 관계에 얽매이는 것이랴"[41]는 기록이 있다.

---

41) 王陽明, 《傳習錄》, 권 1, "先生嘗言 佛氏不著相 其實著了相 吾儒著相 其實不著相 請問 曰 佛怕父子累 郤逃了父子 怕君臣累 郤逃了君臣 怕夫婦累 郤逃了夫婦 都是爲個君臣父子夫婦著了相 便須逃避 如吾儒有個父

이는 선종의 이론으로써 미루어 그 논리적 결론을 이끌어 낸 것이다. 선종에서는 "대상을 취하면서 그에 얽매이지 않음"(於相而無相), "의욕을 갖고 있으면서도 의욕에 얽매이지 않음"(於念而無念)을 말하는데 과연 이와 같다면 부자, 군신, 부부 관계에서도 역시 어상이무상(於相而無相)이어야 하고 부모를 섬기고 군왕을 섬기는 마음도 역시 '어념이무념'(於念而無念)이어야 하지 않겠는가? 이것이 선종이 조금 못 미친 곳이니 역시 철저하지 못한 곳이다. 심학은 이 점에서 선종을 비판하고, 또한 이 점에서 선종과 맞닿아 있다.

양지는 지요, 치양지는 행이다. 일심일의(一心一意)를 모두 치양지에 쏟는 것은 곧 용경(用敬)이다. 참으로 양지가 만물을 일체로 하는 명덕의 발현임을 알고 또한 일심일의라도 일을 함에 있어 양지를 다 하는 데 기울인다면 고명과 중용의 대립은 통일될 것이다. 양명의 형이상학은 명도나 상산의 그것만큼 훌륭하지는 못하다. 선종의 용어를 빌리면 그의 형이상학은 곧 진흙과 물을 뒤섞어 놓은 것(拖泥帶水)과 같은 점이 있다. 그러나 그의 형이상학은 실제에 대해 매우 긍정하는 것이 많다. '치양지'(致良知) 세 글자는 심학의 수양 방법으로서 명도나 상산보다 훨씬더 명확하고 더욱 잘 정의내려졌다고 할 수 있다.

이상에서 말한 것에 비추어 보면 도학가는 이미 고명과 중용, 내·외, 본·말, 정·추 등의 대립을 통일하고 있다. 명도는 이렇게 말한다. "거처에 공손하고 일에 당해서는 경건하며 사람들과 더불어서는 충(忠)을 다한다는 것은 곧 상하에 꿰뚫는다는 말이다. 성인은 본래 두 말씀을 하시지 않았다."[42] 이천은 말한다. "후세 사람들은 성(性)과 명(命)을 따로 나누어 다루고 있다. 그러나 성명(性命) 효제(孝弟)

子 還他以仁 有個君臣 還他以義 有個夫歸 還他以別 何曾著父子君臣夫婦的相."
42) 《二程遺書》, 권 2 上, "居處恭 執事敬 與人忠 此是徹上徹下語 聖人元無二語."

는 하나의 범주에 들어오는 것이다. 물 뿌리고 비로 쓸고, 응대하는 것과 진성지명(盡性至命)하는 것이 모두 하나로 이어지는 일이다. 본 말, 정추가 없다. 그러나 오늘날 효제하는 사람으로 진성지명하지 못 하는 경우가 없지 않으니 이는 모두 알지 못함에 기인하는 것이 다."[43] 성인이 하는 일은 바로 이런 일들이다. 비록 이런 일들을 하지만 이런 일들도 성인이 하면 곧 모두 '오묘한 도'가 된다. 이것이 이른바 미혹의 상태이면 범인이요, 깨달음이 있으면 성인이라는 것이 다. 철상(徹上)과 철하(徹下)가 모두 일통(一統)의 일이다. 이것은 일 행(一行)이지 양행(兩行)이 아니다. 부모를 섬기고 군주를 섬기는 일 이 모두 '오묘한 도'이다. 이 점이 선종이 미처 도달하지 못한 곳을 파악하여 꿰뚫어 본 것이다. 이것이 이른바 "백척간두에서 다시 한 걸음 더 나아간다"는 말을 하게 되는 까닭이다.

도학가들의 방법을 사용하여 성인이 된 사람은 그 삶의 자리에서 그 일용의 평상성을 즐긴다. 또한 그 마음이 항상 직접 천지만물과 상하 동류한다.[44] 정명도의 시를 보자.

> 근래 한가로워 아무 일 없고
> 잠에서 깨어나니 동창이 이미 밝았구나.
> 고요히 만물을 바라보니 모두 자득함이 있어
> 사시의 아름다운 풍광은 남과 다름없다.
>
> 도는 천지의 형상 없는 세계와 이어지고
> 생각은 비구름의 변화무쌍한 것과 함께하도다.
> 부귀도 나를 타락시키지 못하니 빈천 또한 즐거워라.

---

43) 같은 책, 권 18, "後人便得性命別作一般事說了 性命孝悌 只是一統底 事 至如洒掃應對 與盡性至命 亦是一統底事 無有本末 無有精粗然… 今 時非無孝悌之人 而不能盡性至命者 由之而不知也."
44) 《論語》, 曾點 言志章 朱子註 참조.

남아가 이 경지에 이르면 이 아니 호웅(豪雄)인가. [45]

　이는 곧 도학가들이 말하는 공자와 안연의 낙처(樂處)이다. 동시에 이것은 천지 경계에 도달한 사람의 즐거움이기도 하다.

45) 程明道, 《明道文集》, 권 1, "年來無事不從容 睡覺東窓日已紅 萬物靜觀皆自得 四時佳興與人同 道通天地有形外 思入風雲變態中 富貴不淫貧賤樂 男兒到此是毫雄."

제 10 장

새로운 체계

송·명 시대의 도학은 직접적으로 명가의 세례를 받은 바는 없었다. 그 결과 도학자들이 말한 것들은 형상을 지닌 것들에 의한 영향을 피할 수 없었다. 6장에서 나는 음양가의 종교와 과학은 도가와 혼합되어 도교가 되었다고 했는데, 초기 성리학자의 우주론도 도교에서 유래된 것이다. 주렴계(周濂溪)의 〈태극도〉(太極圖)나 소강절(邵康節)의 선천역(先天易)이 도교에서 나왔다는 것은 이미 분명해졌다. 장횡거(張橫渠)의 기론(氣論)도 도교에 기원을 갖고 있는 것 같다. 그의 〈서명〉(西銘)에서 "건을 아버지라 부르고 곤을 어머니라 부른다"고 한 것은 그가 아직 도식적·회화적 사고에서 벗어나지 못했다는 흔적이 된다. 그가 말한 기는 형상 세계 안의 것이다. 그의 기론은 모두 실제에 관한 주장들이다.

정자 주자의 기론은 비록 횡거의 기론에 비하여 비교적 형상의 제약을 덜 받는 것이기는 하지만 역시 형상을 지닌 것에 관계한다. 그러나 그들의 '이'(理)는 추상적인 것이다. 단 그들이 추상에 대해서 완전한 이해를 가진 것은 아니다. 예를 들면 주회(朱熹)는 "음양 오행이 그 질서를 잃지 않는 것, 이것이 이(理)다"고 말한다. 이것은 곧 질서를 이로 본 것이다. 질서를 이라 할 수는 있으나, 추상적 이는 구체적 사물들 사이의 질서는 아니다. 질서가 질서이게 되는 것, 곧 어떤 질서가 바로 그 질서가 되게 하는 것이 바로 추상적 이이다.

어떤 사람은, 주회는 도가(道家)요 육상산(陸象山)은 선가(禪家)라 말하기도 하는데 이 말은 근거가 없는 것이 아니다. 도학 중의 이학 일파는 도교의, 심학 일파는 선종의 영향을 많이 받았다. 심학파가 선종의 영향을 받은 것은 틀림없으나 선종과 같이 마음이 곧 부처라고는 해도 마음이 아니면 부처가 아니라고는 하지 않는다. 이러한 점에서 심학파가 말하는 것은 오히려 형상에 집착하는 경향이 있다. 양명의 경우는 더 심하다.

송·명대 도학가의 철학은, 선종에서 말하는 '진흙과 물을 뒤섞어 놓은 것'(拖泥帶水) 같은 결함이 있다고 할 수 있다. 이 때문에 이들 도학자들은 그들의 철학을 통해서 초월의 경지에 도달하는 데 성공하지 못했다. 그들은 고명과 중용의 대립을 극복했지만 그들의 고명은 아직 극고명은 아니다.

청대(1644~1911)의 사상가들은 한대의 사상가들과 매우 비슷하다. 그들은 상상은 하되 사색은 하지 못했다. 청대의 학자들이 한대학을 좋아한 것은 결코 우연이 아니다. 중국 철학 정신의 발전은 한대에 와서 일차 역전되었고 청대에 와서 재차 역전되었다. 청대의 사상은 대체로 송명 도학가에 대한 비판이나 수정에 한정되어 있다고 할 수 있다. 도학에 대한 그들의 비판과 수정은 곧 도학으로 하여금 다시 고명에 접근하지 못하게 하는 것이었다. 우리의 도학에 대한 비판은 그것이 현허(玄虛)하지 못하다는 것이었는데, 청대인의 그것은 오히려 도학이 지나치게 현허하다는 것이었다.

중국 철학 정신의 발전은 한대에 일단 역전된 후 3, 4백 년이 경과

한 위·진 시대의 현학에 의해 비로소 바른 길에 접어들었는데 청대에 와서 재역전된 후 다시 2, 3백 년이 경과한 지금에 이르러서야 다시 바른 길에 접어들었다. 우리는 이 장에서 나의 《신이학》(新理學)을 예로 삼아 최근의 중국 철학 정신의 전개를 설명하겠다.

서양에서는 최근 50년 동안 논리학이 현저히 발달했다. 그런데 서양의 철학자 가운데 논리학의 성과를 이용하여 새로운 형이상학을 수립한 경우는 매우 드물다. 논리학자들 가운데 신논리학의 성과를 이용하여 형이상학을 제거하려는 사람들이 많다. 그들은 이미 자기들이 형이상학을 제거했다고 믿고 있으나, 실상 그들이 제거하려는 형이상학은 곧 서구 전통 속의 형이상학이지 형이상학 자체는 아니다. 형이상학은 제거될 수 없다. 그들의 비판을 거치고 난 형이상학은 과거의 전통적 형이상학과는 매우 다를 것이다. 그것은 실제에 매이지 않는 것이어야 한다. 형상에 매이는 것이 아니라 초월해야 한다. 새로운 형이상학은 실제에 대해 아무런 주장하는 바도 없어야 한다. 실제에 대해 말한다 하더라도 적극적으로 '그것은 무엇이다'는 식의 주장은 없어야 한다. 서양 철학의 전통 속에는 이런 형태의 형이상학은 없었다. 따라서 서양 철학의 전통 속에서는 이 말을 쉽게 이해하지 못할 것이다. 중국 철학사에서 선진 시대의 도가나 위진 시대의 현학 및 당대의 선종은 이 같은 전통을 지켜 온 것들이다. 《신이학》도 이런 종류의 전통적 계시에서 나온 것으로서, 현대 논리학의 형이상학 비판을 이용하여 새로이 전혀 실제에 매이지 않는 형이상학을 구축한 것이다.

그러나 《신이학》은 또한 송명 시대의 이학과 접착되어 있다. 송명대의 도학자들의 실천적 방면은 선진 유가의 '도중용'(道中庸)과 유사하고 그들이 말한 이(理)는 명가의 지(指)와 비슷하다. 동시에 이(理)는 중국 철학의 용어인 '유명'(有名)에 해당한다. 송명대 도학자들이 말한 기는 도가들이 말한 도와 유사하며 동시에 중국 철학에서 무명(無名)이라 불린 것에 적절한 위치를 제공한다. 송명 도학가들은, 무엇에 대해 말했으나 실상 아무것도 주장한 바가 없다는 점에서 도가와 현학 및 선종과 유사성을 지닌다. 극고명 방면에서의 《신이학》의 공헌은 선진 유가나 송명 도학가를 훨씬 능가한다. 그것은 중국 철학의 각 방면의 가장 좋은 전통들과 접착되어 있을 뿐 아니라, 전통적 형이상학에 대한 현대 논리학의 비판도 거친 후 성립시킨 형이상학이다. 《신이학》은 실제에 집착하지 않으므로 공(空)적이라 할 수도 있으나 그 공은 형이상학적 내용이 공이지 형이상학이 인생이나 세계를 공으로 여긴 것이 아니다. 이 공은 도가, 현학, 선종에서 말하는 공과 서로 다르다. 이것이 비록 송명대의 이학에서 주장하는 것과 관계가 있다는 점에서 전혀 새로운 형이상학은 아니라 하더라도 최소한 형이상학적 사고에의 새 길을 열어 놓았다고는 할 수 있다.

《신이학》의 형이상학 체계 속에는 네 개의 주요 개념이 있는데 곧 이, 기, 도체(道體), 대전(大全)이다. 이들은 모두 형식 개념들이다. 이 개념 속에는 적극적 내용이 없고 모두 공허하다. 《신이학》의 형이상학 체계에는 네 개의 주요 명제가 있다. 이것도 모두 형식 명제들이다.

제1의 명제는, 곧 모든 사물은 반드시 어떤 사물이며, 그것은 반드시 어떤 사물의 유(類)에 속하지 않을 수 없다는 것이다. 만일 어떤 사물의 유가 있으면 '그것에 의해' 바로 그 사물의 유가 되게 하는 것이 있다. 중국 철학의 전통적 표현을 빌리자면, "사물(物)이 있으면 반드시 법칙이 있다"(有物有則).

무릇 모든 사물은 반드시 '어떤 것'이 있다. 예를 들면 산은 산이요, 물은 물이다. 산은 그것이 산이라 말해질 수 있고 물은 그것이 물이라 말해질 수 있다. 이미 그것이 어떤 것이니 그것은 어떤 유에 속한다. 예를 들면 하나의 산은 산류(山類)에 속하고 하나의 강은 강류(江類)에 속한다. 형이상학은 실제 세계에 그와 같은 유가 있다고 주장할 수는 없다. 그러나 무릇 모든 사물은 반드시 어떤 유에 속하지 않을 수는 없다.

　산은 산이고 물은 물이다. 산은 산 아닌 것이 아니요, 물은 물 아닌 것이 아니다. 산은 산이고, 산 아닌 것이 아닌 까닭은 반드시 산에는 산이 산 되는 까닭이 있기 때문이다. 물도 마찬가지이다. 이것이 바로 산과 물에 대한 형식적 해석이다. 산이 산 되는 까닭과 물이 물 되는 까닭은 이 산이나 저 산, 이 물이나 저 물에만 있는 것이 아니다. 저 산 또한 산이 산 되는 까닭을 지녔고 저 물 또한 물이 물 되는 까닭을 지니고 있다. 저 산과 이 산은 다르다. 그러나 다같이 산 되는 까닭을 갖고 있다. 저 물과 이 물이 서로 다르지만 다같이 물이 물 되는 까닭을 갖고 있다. 일체의 산이 산 되는 까닭을 공유하고, 일체의 물이 물 되는 까닭을 공유한다. 이것이 《신이학》에서 이른바 산의 이(理), 물의 이(理)라고 말하는 것이다. 산이 있으면 산의 이가 있고, 물이 있으면 물의 이가 있다. 어떤 사물이 있으면 그 사물의 이가 있다. 어떤 사물의 이에는 이름이 있다. 어떤 종류에 속한 사물은 그것을 위한 이름을 가질 수 있다.

　어떤 사물이든지 그 사물이 그 사물 되는 까닭이 있다. 이를 다음과 같은 명제의 형태로 말할 수 있다. "어떤 종류의 사물이 있다는 것은 곧 어떤 종류의 사물이 그러한 어떤 종류의 사물이 되는 까닭이 있다는 것을 함온(函蘊)한다." 이 명제가 의미하는 것 이상의 의미를 말할 수는 없다. 여기서 "어떤 종류의 사물이 있다"는 것은 곧 "그것에 의해서 어떤 사물이 바로 그 사물이 되게 하는 어떤 것이 있다"를 포함한다. 어떤 사물이 바로 그런 사물로 될 수 있는 까닭이 '있다'는 것은 곧 어떤 종류의 사물이 있다는 것 이상의 뜻을 갖지 않는다. 어떤 종류의 사물이 '있다'고 할 때의 '있다'는 말은 신이학에서는 실제로 '있다'고 한다. 이것은 시공 속에 존재한다. "어떤 사물이 어떤 사물로 되는 까닭이 있다"고 할 때의 '있다'를 《신이학》에서는 '진제(眞

際)의 유(有)'라고 한다. 이것은 비록 시공 속에 있는 것은 아니지만 그렇다고 무(無)라 말할 수도 없다. 전자의 '있다'는 현대 서양 철학에서 말하는 존재(existence)이고, 후자의 '있다'는 잠존(潛存, subsistence)이다.

이 명제로부터 우리는 두 개의 다른 명제를 추론해 낼 수 있다. 하나는 "어떤 종류의 사물이, 실제로 그런 종류의 사물이 되지 않고서도, 그런 종류의 사물일 수 있다는 것이 가능하다"이고, 다른 하나는 "어떤 종류의 사물로 하여금 그러한 종류의 사물이 되게 하는 것이 실제의 사물이 되는 것보다는 논리적으로 선행한다"이다. 예를 들면 "산이 있다"는 말은 산들이 산들일 수 있는 까닭이 있음을 의미한다. 이 명제에서 만일 "산이 있다"는 것이 참이라면, "산이 산되게 하는 것이 있다"는 명제 역시 참이 된다. 단 "산이 산 되게 하는 것이 있다"는 명제가 참이라고 해서 "산이 있다"는 명제가 꼭 참이 되는 것은 아니다. 즉 후건이 긍정된다 해도 전건이 반드시 긍정되는 것은 아니다. 다시 말하면 산이 있다고 하면 반드시 산이 산 될 까닭이 있다고 할 수 있지만, 산이 산 될 까닭이 있다 해서 반드시 산이 있는 것은 아니다. 그렇다면 산이 산 될 수 있는 까닭은 산이 없어도 있다고 해야 한다. 또다시 예를 들어 보자. "산이 있다"는 명제는 곧 산이 산 될 수 있는 까닭이 있다는 것을 함의한다. 이 명제에서 보면 산이 있으면 반드시 먼저 산이 산 될 수 있는 까닭이 있다. 이것은 마치 "갑이 사람이다"는 명제가 "갑이 동물이다"는 것을 함의한다면, 갑이 사람이면 그는 반드시 먼저 동물일 것이다. 여기서 앞선다고 하는 것은 논리적인 관점에서이지 시간적·실제적으로 앞선다는 뜻은 아니다. 산이 산 되는 까닭은 시간 속에 있는 것도 아니요 실제적인 것도 아니다.

인식론적 측면으로 말하면 만약 어떤 종류의 사물이 없다면 우리는 어떤 사물이 그 사물로 되는 까닭이 있다는 것을 알 수가 없다. 어떤 이(理)가 없으면 그 사물도 없다는 것을 미루어 알 수 있지만 사물이 없다 해서 그 사물의 이도 없다고 할 수는 없다. 이렇게 보면 이는 실제적 사물의 종류보다 많다고 할 수 있다. 이가 여러 개의 항목이 있다면 이의 수는 실제 사물의 종류의 수보다 많을 것이다.

전체로서의 이(理)를 《신이학》에서는 '태극' 혹은 '이의 세계'라 한다. 이의 세계는 논리상 실제 세계에 선행한다. "아무런 형상과 조짐도 없는(沖漠無朕) 가운데 만상이 가지런히 꽉 차 있다(萬象森然)"고 표현된다. 그리고 도식적 용어를 사용하면 이의 세계 속에 있는 것이 실제 세계 속에 있는 것보다 훨씬 많다. 실제에 대한 형식적 설명으로부터 우리는 하나의 새로운 세계, 즉 주희가 말한 순수 관념의 세계를 발견하게 된다.

《신이학》의 형이상학 체계 속의 제2의 주요 명제는 다음과 같다. "사물들은 반드시 존재한다. 존재하는 모든 사물은 존재할 수밖에 없다. 존재할 수 있는 사물들은 그들로 하여금 존재하게 하는 것을 소유해야 한다." 중국 철학의 고전적 용어를 빌리면 "이가 있는 곳에 반드시 기가 있다."

제1의 명제의 주제는 사물의 종류에 관한 숙고였다. 그러나 여기서의 주제는 하나하나의 사물에 관하여 고찰해 보는 것이다. 제1의 명제에서 우리는 어떤 종류의 사물이 있으면 반드시 그 사물로 하여금 그런 사물이 되게 하는 까닭이 있지만, 까닭이 있다 해서 곧 그런 사물이 있는 것은 아님을 알았다. 이(理)로부터 사실로 밀고 갈 수 없고, 이(理)에서 사실을 추출할 수도 없다. 존재의 이(理)로부터 존재를 추출할 수 없다. 존재의 이는 존재가 존재 되는 까닭이다. 존재가 존재 될 까닭이 있다 해서 존재가 있을 필요는 없다. 그러나 하나하나의 사물은 존재한다. 우리는 개개의 사물에 대하여 생각함으로써 각각의 존재에 대하여 형식적 해석을 내릴 수 있으니 곧 위에서 말한 여러 명제들이다. 능히 존재할 수 있는 사물은 모두 그것에 의해서

270

존재할 수 있는 것을 지니고 있다. 그리고 이것은 《신이학》에서 말한 바에 따르면 기(氣)라 불린다. 실제의 사물은 모두 어떤 종류의 사물이다. 즉 실제의 사물은 모두 어떤 이를 실현한다. 이는 스스로 자신을 실현할 수 없다. 반드시 존재하는 사물이 있어야 가능하다. 사물은 반드시 그것이 존재할 수 있게 하는 것을 지니고 있어야 비로소 존재할 수 있다. 그래서 "이가 있으면 기가 있다"고 말하게 된다. 이 말은 곧 실현된 이가 있으면 반드시 그 이를 실현시킨 기가 있다는 뜻이다.

기에는 상대적 의미와 절대적 의미가 있다. 상대적 의미로 말하면 기 역시 일종의 사물이다. 예를 들면 한 개인이 있다면 그는 무엇에 의해 존재할 수 있게 되는가 하고 물을 수 있다. 이에 대한 대답은 아마도 피와 살, 힘줄과 뼈에 의해서가 될 것이다. 사람의 피와 살, 힘줄과 뼈는 그 사람의 기라고 할 수 있다. 이것은 기를 상대적으로 말한 것이다. 피와 살, 힘줄과 뼈 즉 혈육과 근골은 일종의 사물이다. 혈육 근골도 반드시 그것이 존재하는 까닭을 갖고 있다. 어떤 종류의 유기적 원질이라고 할 수 있다. 이것이 혈육 근골이 존재하는 까닭이 된다. 그런데 어떤 종류의 유기적 원질 역시 일종의 사물이다. 개개인이 지닌 유기적 원질은 반드시 그것이 존재하게 되는 까닭을 갖고 있다. 이처럼 물어 간다면 아무것도 말할 수 없는 곳에 다다르게 된다. 이 무엇이라고 할 수 없는 것이 일체 사물의 존재 근거이니 그 자체는 단지 하나의 가능적 존재일 뿐이다. 단지 가능적 존재이므로 그로써 능히 존재하게 되는 바가 무엇이냐고 물을 수는 없다. 이를 《신이학》에서는 '진원지기'(眞元之氣)라 했다. 기에 대해 진원(眞元)이라 함은 이 기가 절대적이라는 뜻을 갖는다. 내가 말하는 기는 모두 절대적 의미의 기이다.

우리는 기에 대해서 '그것은 무엇이다'고 말할 수는 없다. 여기에는 두 가지 이유가 있다. 첫째, 기에 대해 그것이 무엇이다고 말하게 되면 존재하는 사물에 대해 이것은 무엇에 의해 구성되었다고 말해야 한다. 이렇게 말하면 이는 실제에 대하여 주장하는 바가 있는 것이다. 그리고 이것은 형상 속에 있다. 둘째, 만약 기가 어떤 것이라고 말한다면 기는 하나의 능히 존재하는 사물이요, 일체 사물이 존재하게 되는 바의 것은 아니다. 기는 어떤 무엇이 아니다. 그래서 기는 이름 붙일 수 없다. 그래서 무극(無極)이라 칭하여진다.

《신이학》의 형이상학 체계에서 제 3 의 주요 명제는, 곧 존재는 하나의 유행(流行), 곧 계속적인 진행 상태라는 것이다. 모든 존재는 사물의 존재이다. 사물의 존재는 그 기가 어떤 이를 실현한 것이거나 혹은 어떤 이의 유행이다. 실제의 존재는 무극이 태극의 유행을 실현하는 것이다. 모든 유행을 소유한 것을 '도체'라 부른다. 일체의 유행은 움직임(動)을 함의한다. 일체의 유행이 함의하는 움직임을 우리는 건원(乾元)이라 부른다. 고전적 용어를 빌리면 "무극이면서 태극이다" 또는 "건도(乾道)가 변화하여 각기 그 성명(性命)을 바르게 한다"이다.

이 명제는 실제 사물에 대한 형식적 해석에서 나왔다. 이 명제는 모든 사물들에 대해 필연적으로 적용된다고 할 수 있다. 존재는 하나의 유행이다. 존재하는 것은 그 자체 운동하고 있고 무엇인가 하고 있다. 하나의 운동은 반드시 계속되어야 한다. 그렇지 않으면 정지하고 만다. 존재는 계속 존재해야 한다. 그렇지 않으면 존재하기를 멈추고 만다. 계속한다는 것은 곧 유행이다. 사실상 존재의 존재는 없다. 따라서 모든 존재는 사물의 존재이다. 존재자는 사물이요, 이 사물은 반드시 어떤 종류의 사물이다. 어떤 사물 혹은 어떠어떠한 종류의 사물은 어떤 이(理) 혹은 다른 이를 실현하는 것이다. 어떤 종류의 이를 실현하는 것은 기이다. 기가 어떤 종류의 이를 실현하면 어떤 종류의 사물에 속하게 된다. 존재하지 않는 사물은 없다. 또한 존재하지만 사물이 아닌 것도 없다. 또 사물로서 어떤 종류에 속하지 않는 것도 없다. 모든 사물의 존재는 곧 그 기가 그 이를 실현한 것이라고 말하게 되는 까닭이 여기에 있다.

태극이 이의 전체이듯 실제(實際)는 사물의 전체이다. 실제적 존재는 무극이 태극을 실현하는 유행이다. 일체의 유행을 총괄하여 도체라 부른다. 도체는 무극이면서 태극인 것의 과정과 질서이다.

일체의 유행은 운동을 함온(函蘊)한다. 유행 그 자체가 변화와 운동이므로 기에 의한 변화와 운동의 이의 실현은, 논리적 의미에서 다른 이의 실현보다 선행한다. 사실상 그 같은 유행은 없다. 모든 유행은 어떤 종류의 이를 실현하는 유행이다. 예를 들면 동물은 모두 어느 종류에 속한다. 어떤 종류의 동물이라는 것은 곧 하나의 동물이 되었다는 것을 함온한다. 논리적으로 말하면 어떤 종류의 동물이 되기 위해서는 먼저 동물이 된 후에야 어떤 종류의 동물이 된다. 그러나 사실에서는 특정 종류의 동물이 아닌 동물은 없다. 다시 말하면 현실에 존재하지 않는 동물은 없다. 사실상 존재하지 않는 그런 동물이라도 어떤 종류의 동물일 수는 있다. 논리상으로는 그 같은 동물이 어떤 특정의 동물보다 선행한다. 시간적으로 앞선다고 본다면 이는 동물의 선조가 될 것이지만 여기서 앞선다고 한 것은 시간적 선후가 아니다. 일반적으로 동물에 대해 말할 때 우리는 동물의 조상에 대해서가 아니라 오직 동물에 대해서 말할 뿐이다.

사실상 순수한 의미의 유행은 없다. 그러나 그런 유행은 어떤 종류의 유행 속에도 들어 있다. 논리적으로 말하면 그것은 어떤 종류의 유행에도 앞선다. 그것은 이른바 '제1의 동자(動者)'이다. 도식적 사고에 있어 제1의 동자는 만물의 창조자, 즉 상제이다. 그러나 이 제1의 동자는 창조자도 상제도 아니다. 단지 일체의 유행이 함온한 운동이다. 이 운동이 이미 운동하면 이 기는 벌써 동(動)의 이(理)를 실현한 것이다.

《신이학》에서 나는 이것을 '기의 동자'라 불렀다. 후에 다시 기의 동자를 건원(乾元)이라 불렀다. 건원은 도식적 사고에서의 창조자와 유사하지만 나는 이를 순수한 기의 활동으로 말하려 한다. 순수한 활동이라 함은 그것이 동(動)의 이를 실현한 것이지 아직 다른 이를 실현한 것은 아니라는 뜻에서이다. '아직'이라 함도 논리적인 의미에서 쓴 것이지 시간적으로 말한 것은 아니다. 건원이라 함은 실제에 대해 형식적 해석을 한 것이지 적극적 해석은 아니다. 건원이 있다는 말은 실제에 대해 아무런 긍정하는 바가 없다. 그러나 상제나 창조자가 있다는 것은 실제에 대해 긍정하는 바가 있다.

《신이학》의 형이상학 체계에서의 제4의 명제는 다음과 같다. 모든 일체의 존재는 '대전'(大全)이라 부른다. 대전은 존재의 총체이다. 전통적인 표현을 빌리면 "일즉일체(一卽一切) 일체즉일(一切卽一)"이다.

대전은 일체의 존재에 대한 또 다른 이름이다. 그래서 대전을 일체의 존재라고 하는데 실상 이는 중복하여 서술한 명제일 뿐이다. 일체의 사물은 모두 대전에 속한다. 다만 대전에 속하는 것은 일체 사물만이 아니다. 형이상학적인 과제는 실제의 모든 사물에 대하여 형식적 해석을 하는 것이다. 이러한 해석을 했다면 이미 이의 세계를 밝혀 냄이 있다. 형이상학의 대상은 곧 모든 것이다. 형이상학적 활동을 했을 때 형이상학은 이른바 일체를 보게 되는데 그것은 실제 중의 일체이다. 그러나 그 과업이 끝나면 형이상학은 일체를 보게 되지만 그때의 일체는 실제적인 일체에 국한하지 않는다. 그것은 진정한 의미의 일체이다. 이것을 우리는 진제(眞際)라 부르는데 진제는 실제를 포괄한다. 실제의 존재도 있고 진제의 존재도 있다. 이 모든 일체를 대전이라 부른다. 일체의 존재로 말미암았기에 대전이라 한다. 이때의 전(全)은 결코 부분의 전체가 아니다. 전중국이니 전인류니 할 때의 전이 아니다. 그러기에 대전이라 한다.

대전은 또한 우주라 불린다. 여기서 말하는 우주는 물리학이나 천문학에서의 물질적 우주가 아니다. 물질적 우주도 전(全)이라 말할 수는 있지만 그것은 부분의 전이지 대전은 아니다. 여기서의 우주는 물질적 우주가 아니라 대전으로서의 우주이다.

대전은 또 '하나'(一)라 불리기도 한다. 중국 선진 시대의 철학자들이나 불가 및 서양의 철학자들도 항시 '하나'를 말한다. 그들이 말하는 하나는 보통 말하는 하나가 아니다. 선진 시대 철학자들은 대일 (大一) 혹은 태일(太一)을 말했다. 불가는 항시 묘일(妙一)을 말한다. 서양의 철학자들도 항상 One으로 그 뜻을 나타낸다. 《신이학》에서는 불교적 용어를 빌려 "일즉일체 일체즉일"이라 했다.

비록 불가의 용어를 빌리기는 했으나 그 뜻은 불가와는 다르다. "일즉일체 일체즉일"이라 했지만 일체의 사물 사이에 내부적 관련이나 혹 내재적 관계가 있다는 주장을 하는 것이 아니다. 여기서 '하나'라는 것은 단지 하나의 형식적 통일을 나타낸다. '하나'는 모든 것에 대한 총괄적 칭호이다. "일즉일체 일체즉일"이 실제에 대해 주장하는 바는 전혀 없다.

이상 네 개의 명제는 모두 분석 명제들로서 형식 명제라 할 수 있다. 이 네 개의 형식 명제는 곧 네 개의 형식 개념인데 곧 이 개념, 기 개념, 도체 개념, 대전 개념이다. 《신이학》에서는 이를 진정한 형이상학의 임무로 여기고 이를 설명하고자 한다.

이와 기는 인간이 사물에 대하여 이지적으로 분석하여 얻어 낸 개념들이다. 도체와 대전은 인간이 사물에 대해 이지(理智)를 써서 총괄적으로 얻어 낸 개념들이다. 5장에서 나는 《역전》(易傳)에서의 도는 내가 말하고자 하는 이의 불명확한 관념이라고 했다. 도가에서의 도는 내가 말하려는 기의 명확하지 못한 관념이라 했다. 그들이 명확하지 못했다고 하는 것은 《역전》의 도와 도가의 도가 재분석될 수 있기 때문이다. 《역전》과 도가에서의 도는 모두 생산 능력을 갖고 있다. 생산력을 지니는 것은 반드시 그것이 생산력을 지니게 되는 까닭이 있을 것이다. 이것이 바로 이이다. 실제에 있어 능히 생산하는 것

은 곧 존재적이다. 존재는 반드시 그것이 능히 존재하게 되는 어떤
것을 갖고 있다. 이것이 바로 기이다. 《역전》에서 말하는 도는 내가
말하는 이에 가깝기는 하나 꼭 같지는 않다. 도가에서 말하는 도와
내가 말한 기는 비슷하나 역시 똑같지는 않다. 그래서 나는 이들 개
념이 명확 순수하지 못하다고 했다. 그들이 묘사한 것은 물(物)의 시
초가 아니다. 이 시초는 시간적 관계가 아니라 논리적으로 하는 말이
다. 이와 기는 물의 시초이다. 그것이 사물을 분석하여 최후에 얻어
낸 것들이기 때문이다. 여기서 더 나아갈 수는 없다. 이와 기는 사물
에 선행한다. 이것보다 논리적으로 선행하는 것은 없다.

이에 대한 개념은 그리스 철학의 플라톤, 아리스토텔레스나 근세의
헤겔 철학에서 말하는 존재 개념과 유사하다. 기 개념은 그 중의 무
개념과 비슷하고, 도체는 변화와, 대전은 절대의 개념과 비슷하다.
서양의 전통적 형이상학에 비추어 보면 형이상학의 임무는 이러한 개
념들을 설명하는 것이었다. 《신이학》에서 도달한 이들 네 개의 개념
은 서양의 전통적 형이상학 속의 네 개의 관념과 비슷한 데가 있다.
《신이학》의 네 개의 관념이 모두 형식주의적 방법을 사용하여 얻어
낸 것들이기 때문이다. 완전히 형식적인 관념들이기에 그 속에 적극
적 요소는 없다. 그런데 서양의 전통적 형이상학 속의 네 개의 관념
은 꼭 형식주의적 방법으로 얻어질 필요는 없다. 그 속에는 적극적
성분이 있다. 적극적 성분이 있다는 것은 실제에 대해 주장하는 것이
있다는 뜻이다.

엄격하게 말하면 대전이란 개념은 그것이 나타내고자 하는 것과는
서로 대응하지 않는다. 대전은 하나의 관념이요 모든 관념은 사고 속
에 있다. 그리고 이 관념이 나타내는 것은 사고의 대상일 수는 없다.
대전이 이미 일체의 존재라면 밖이 있을 수 없다. 혜시(惠施)는 "지
극히 커서 밖이 없는 것을 태일(太一)이라 한다"고 했는데, 대전은
태일처럼 밖이 있을 수 없다. 대전에 밖이 있다면 그것은 이미 대전

이 아니다. 태일에 밖이 있다면 이는 하나가 아니라 둘이다. 둘이라면 태일이 아니다. 대전을 대상으로 간주한다면 이때의 사고의 대상이 되는 대전은 이러한 사고를 포괄하지 못한다. 사고를 포괄하지 못한다면 이때의 대전은 밖이 있는 것이 된다. 그런데 밖이 있는 것은 대전이 아니다. 대전은 생각할 수 없는 것이다. 대전이 생각할 수 없는 것이라면 표현도 할 수 없다. 표현되어진 대전은 이 표현을 포괄하지 못한다. 표현을 포괄하지 못하면 표현된 대전은 밖이 있는 것이 되고 밖이 있다면 이는 대전이 아니다. 생각할 수 없고 표현할 수도 없으며 완전한 이해도 불가능하고 설명도 할 수 없다. 그러나 이것이 혼돈 상태라는 것을 뜻하지는 않는다. 단지 대전이 결코 완전한 이해의 대상이 될 수 없음을 말한 것이다.

이 같은 관점에서 말한다면 도체 역시 생각할 수도 없고 표현할 수도 없다. 왜냐하면 도체는 일체의 유행이기 때문이다. 생각하거나 말하는 것 역시 하나의 유행이다. 생각, 설명 속의 도체는 이들 유행을 포괄하지 않는다. 이들 유행을 포괄하지 못하면 일체 유행이라 할 수 없다. 일체 유행이 아니니 도체가 아니다.

기 역시 생각되거나 설명될 수 있는 대상이 아니다. 그러나 그 까닭에서는 대전이나 도체의 경우와는 다르다. 대전이나 도체가 생각할 수도 없고 표현할 수도 없는 까닭은 그것을 대상으로 삼을 수 없기 때문이었다. 생각이나 표현의 대상이 되는 대전이나 도체는 진정한 의미의 대전이나 도체가 아니다. 그런데 기가 생각이나 표현으로 될 수 없음은 바로 기에 이름 붙이는 것이 불가능하기 때문이다. 만약 하나의 일반적인 이름을 붙인다면 이(理)는 곧 일종의 어떤 사물이라는 뜻이 되고 그 이에 일치하는 사물이 된다. 그러나 기는 어떤 종류의 사물도 아니요, 어떤 이에 일치하는 것도 아니다. 이것이 바로 내가 《신이학》에서 기라는 이름이 주어졌어도 이를 고유명사로 간주해야 한다고 말했던 이유이다. 형이상학은 역사가 아닌데 어찌 고유명사를 갖는가? 이것이 참으로 어려운 문제이다. 기라는 이름은 도가에서 억지로 이름 붙여 도라고 하였듯이 역시 어쩔 수 없어 붙인 이름이다.

청대의 학자들이 도학을 비판한 것은 그것이 공허한 학문이었기 때문이라고 말하는 사람이 있을 것이다. 말하자면 실용이 없다는 것이다. 안습재(顏習齋)는 "성인이 나온다면 반드시 천지를 위하여 승평(承平)의 사업을 이룩할 것이다"고 했다. 북송과 남송에 걸쳐 도학은 크게 성행했다. 그러나 "위기를 붙들고 난국을 건져 낼 공(功)을 보이지 못했고 재상이나 장수로 쓸 인재도 내지 못했다. 성인도 많고 현인도 많은 세상에 어찌 이와 같은가?"[1] 도학은 이미 공허무용(空虛無用)이다. 만약 《신이학》의 몇 개 주요 개념이 모두 형식적 개념이라면 사람들로 하여금 실제에 대한 지식을 갖게 하지는 못한다. 도학이 현학에 가깝거나 선종에 가까운 말을 적극 피하려 했기에 《신이학》은 다시 공개적으로 현학과 선종에 가까움을 인정한다. 《신이학》은 어째서 실용이 있는가?

우리는 지금 철학을 말하고 있음을 환기할 필요가 있다. 철학은 그 본성상 공허한 학문이다. 철학은 인간들로 하여금 정신적 최고 경계에 도달하게 하는 학문이다. 결코 실제적 지식이나 재능을 증진시키는 학문이 아니다. 일찍이 노자(老子)는 '위도'(爲道)와 '위학'(爲學)을 구별하였다. 철학을 배우거나 철학적 논변을 하는 것은 위도이지 위학은 아니다.

이전의 중국의 철학자들이 범한 과오는 그들이 공허한 학문을 탐구한 데 있는 것이 아니라 그들이 탐구하는 것이 공허한 학문임을 그들 스스로 알지 못했거나 설명하지 못한 데 있다. 그들은 성인에 대해 그릇된 인식을 갖고 있었다. 그들은 성인이 실제에 대한 극대의 지식

---

1) 顏元, 《存學編》, 〈性理評〉, "聖人出 必爲天地建承平之業…乃上不見一扶危濟難之功 下不見一可相可將之材 多聖多賢之世 乃如此乎."

을 지니고 있고 현실을 처리할 재능을 지닌 것으로 믿었다. 혹 이렇게까지는 오해하지 않았다 하더라도 그들이 성인을 묘사하는 데 쓴 용어들은 사람들로 하여금 이러한 오해를 낳게 했다. 예를 들면《역전》에 "성인은 천지와 더불어 그 덕을 합하고 일월과 더불어 그 밝음을 합하고 사시와 더불어 그 질서를 합하고 귀신과 더불어 그 길흉을 합한다"고 했으며,《중용》(中庸)에서는 "성인은 천지의 화육을 도울 수 있다"고 했다.《장자》(莊子),〈소요유〉(逍遙遊) 편에 대한 향수(向秀)·곽상(郭象)의 주석에는 "성인의 마음은 음양의 지극한 만남을 이루고 만물의 묘수(妙數)를 다 탐구함에 있다"고 했고, 승조(僧肇)의《조론》(肇論)에도 "성인의 지(智)는 궁유(窮幽)의 거울이 있고, 그 신(神)은 응회(應會)의 쓰임이 있다"고 했으며, 또 "성인의 공(功)은 천지만큼 숭고하나 아직 인(仁)은 아니다. 일월을 덮을 만큼 빛나나 아직 어둡다"고 하였다. 주희(朱熹)는 격물치지의 공부를 강론하는 데서 "힘씀이 오래됨에 이르면 하루 아침에 활연히 꿰뚫리게 되니 모든 사물의 표리 정추가 이르지 않음이 없고 내 마음의 전체(全體)와 대용(大用)이 밝아지지 않음이 없다"고 하였다. 이러한 묘사는 우리로 하여금 성인은 곧 모르는 것이 없고 못하는 일이 없는 존재로 믿게 한다. 성인이 되는 것을 배운다는 말은 불교의 '배워서 부처가 된다' (學爲佛)거나 도교에서의 '배워서 신선이 된다'(學爲仙)와 같다. 배움이 어느 정도에 도달하면 자연히 어떤 영적인 힘이 생긴다. 대부분의 사람들은 성인이 극대의 지식이나 재능을 지닌 것으로 여긴다. 도학자들 가운데서도 많은 사람들이 이렇게 생각했다. 그래서 그들은 모두 스스로 거경존성(居敬存誠)의 공부를 마치면 실제에 대한 지식과 재능이 배우지 않고도 가능하게 된다고 여겼다. 그래서 그들은 지식을 구하지도 않고 재능을 구하지도 않았다. 그런 마음 상태가 되기 위해서는 지식도 없고 재능도 없어야 함이 불가피했다. 이들은 "쓸데없이 생민(生民)을 위해 준극(準極)을 세우고 천지로 마음을 세우며 만세를 위해 태평을 연다고 하는 호방한 논의를 펼쳐 사람들을 위협하고 침묵시킨다. 그러나 갑자기 나라가 위기에 빠지고 그들이 국가에 진 빚을 갚을 때가 오면 그들은 고개를 떨구고 안개 속에 앉아 있는 사람과 다를 바 없다."[2] 이런 사람들은 쓸모없는 사람들이다. 그들이 쓸모없는 사람이 되는 것은 바로 그들이 배운 것이 쓸모없는 학문임을 알지 못했기 때문이다. 만약 그들이 자신들이 배우는 것이 쓸모없는 학문임을 알았더라면 그들은 일찍이 조금이라도 유용한 학문을 했을 것이요, 그래서 쓸모없는 사람이 되기에 이르지는 않았을 것이다.

《신이학》에서는 철학에 관계 있는 것과 철학은 그 본성상 인간의 삶의 경계를 끌어올리는 것이지 실제 사물에 대한 지식이나 재능을 주는 것이 아님을 인식하고 있다. 철학은 인간으로 하여금 물 뿌리고 비질하고 부름에 대답하는 것과 같은 평상의 생활 속에서도 본성을 다 구현하고 천명에 도달(盡性至命)하게 할 수 있고, 또 비행기를 조종하거나 대포를 쏘는 중에도 역시 본성을 다 구현하고 천명에 도달하게 할 수 있다. 그러나 철학이 어떻게 물 뿌리고 비로 쓸며 어떻게 대포를 쏘는지에 대해서는 아무것도 알려 주지 않는다. 이런 점에서는 철학은 정말 무용하다.

이상의 나의 주장에는 앞의 여러 장에서 언급된 학자들 중에 오직 선종과 양명만이 동조한다. 선종은 분명히 성인됨에 있어 지식과 재능이 필수적인 것은 아님을 인식하고 있었다. 그들은 성인이 하는 일이 특별한 것이 아니라 옷 입고 음식 먹고 대소변 보는 일이라고 말했다. 선의 방법은 황금과 똥의 방법이다. 깨닫지 못하면 황금과 같고 깨달으면 똥과 같다. 대부분의 사람들은 이러한 설명을 역설적이라고 한다. 선종은 종교적 색채를 완전히 벗어나지 못했다. 대부분의

---

2) 黃宗羲, 《南雷文定後集》, 권 3, "徒以生民立極 天地立心 萬世開太平之闊論 鈐束天下 一旦有大夫之憂 當報國之日 則蒙然張口 如座雲霧."

280

사람들은 선종의 대사(大師)가 여러 가지 신령한 이적을 행한 것으로
믿고 있다. 이것이 바로 선종에 높은 차원의 철학이 있음에도 불구하
고, 후세 사람들이 선종을 이해하지 못하거나 주의를 기울이지 않게
된 이유가 되었다.

왕양명(王陽明)에게도 '발본색원론'(拔本塞源論)이 있다. 그는 "무릇
발본색원론이 천하에 밝아지지 않으면 천하의 성인의 길을 배우는 자
는 그 배우는 기간이 길면 길수록 더더욱 그 길을 발견하기가 어려워
질 것이다. 이것이 인간으로 하여금 동물이나 야만에 떨어지게 하는
것인데 오히려 스스로 성인의 학문인 양한다. 성인의 학문은 지극히
간단하고 쉽다. 그래서 알기 쉽고 따르기 쉽고 배우기 쉽고 실천하기
쉽다. 그래서 재(才)를 이룬다. 바로 성인에의 길이 본래의 마음을
회복함에 있으니 지식과 기능이 더불어 논할 바가 아니다"[3]고 하였
고, 또 "정금(精金)이 되는 것은 순도에 있지 무게에 있는 것이 아니
다. 성인이 되는 것도 천리(天理)를 얼마나 잘 구현하였느냐에 있는
것이지 재주나 힘에 있는 것이 아니다. 그러므로 비록 범인이라도 배
워서 이 마음이 천리를 잘 구현하면 역시 성인이 될 수 있다. 마치
한 냥의 금이 만 냥의 금과 비교되는 것과 같다. 이것은 비록 무게는
현저히 차이가 나지만 그 순도는 똑같다. 그러므로 사람들은 모두 이
로써 요순(堯舜)이 될 수 있다."[4]

이 말은 옳은 것 같지만 아직 충분하지 못하다. 재주나 힘과 경계

---

3) 《傳習錄》, 〈答顧東橋書〉, "夫拔本塞源之論不明於天下 則天下之學聖
人者將日繁日難 斯人淪於禽獸夷狄 而猶自以爲聖人之學 聖人之學 所以
至簡至易 易知 易從 易學 易能 而以成才者 正以大端惟在復心體之同然
而知識技能 非所與論也."
4) 같은 책, 같은 곳, "所以爲正金 在足色 而不在分兩 所以爲聖者在純乎
天理 而不在才力也 故雖凡人而可爲學 使此心純乎天理 則亦可爲聖人猶
一兩之金 比之萬鎰雖 分兩縣絕 而其到足色處 可以無愧 故曰人皆 可以
爲堯舜以此."

는 완전히 별개이다. 서로 연결시킬 필요가 없다. 재주나 힘이 있는 성인을 만 냥의 금이라 하고 재주나 힘이 없는 성인을 한 냥의 금이라 하면, 재주나 힘과 경계에 다소 연대적 관계가 있는 것 같다. 이 점 때문에 나는 양명이 속류(俗流)의 견해를 벗어나지 못했다고 말한다.

《신이학》에서의 몇 개의 주요 개념도 적극적 지식이나 실제를 다룰 능력을 갖게 하지는 못한다. 다만 이기 개념은 인간의 마음을 만물의 시초에 노닐 수 있게 한다. 도체(道體)와 대전(大全)의 개념은 사람의 마음을 존재의 온전함에 노닐게 할 수 있다. 이런 개념은 사람들로 하여금 하늘을 앎(知天), 하늘을 섬김(事天), 하늘을 즐김(樂天)으로부터 하늘과 같아짐(同天)에 이르게 할 수 있다. 이것들은 사람들로 하여금 그 경계를 자연이나 공리, 도덕 등 제반 경계와 같지 않게 할 수 있다.

이들 개념들은 모두 구체적 내용이 없다. 그것들이 나타내는 것은 모두 형상을 초월하는 것들이다. 이들 개념으로 인해 도달하는 경계는 추상의 세계에 몰입하고 초월의 세계로 넘어가는(經虛涉曠) 것이다.

비록 그 경계가 '추상의 세계에 몰입하고 초월의 세계로 넘어가는 것'이라 해도 여기에 도달한 사람들이 하는 일은 도리어 인륜일용의 일들이다. 그들이 비록 추상과 초월의 경지에 있지만 실용을 떠나지 않는다. 그는 비록 '추상적이고 초월적'이나 도리어 물 긷고 장작 쪼개고 부모와 군왕을 섬긴다. 이러한 인륜일용의 일들이 그의 '추상과 초월'에 장애가 되지 않을 뿐만 아니라 이 일 자체가 그에게 있어 '추상과 초월'이다. 그의 경계는 '극고명'이다. 단 '도중용'과 더불어 일행(一行)이지 양행(兩行)이 아니다.

이 경계에 사는 사람을 성인이라 한다. 철학은 능히 사람으로 하여금 성인이 되게 한다. 이것이야말로 철학의 무용지용(無用之用)이다.

과연 성인이 되는 것이 인간이 인간된 까닭을 다하는 것이라면, 철학의 무용지용은 오히려 대용(大用)이라 할 수 있다.

소강절에 의하면 성인이란 '인간 가운데 지극한 자'(人之至者)이다. 인간 중에 지극한 자란 곧 지인(至人)이다. 실제에 대한 어떤 종류의 지식이나 재능은 사람들로 하여금 어떤 종류의 직업인을 만든다. 즉 의사나 기술자 등. 그러나 철학은 사람들로 하여금 어떤 직업인을 만들지는 못하고 단지 '지인'(至人)이 되게 한다. '지인'은 직업에 한정되지 않는다. 그의 직업이 사회에 유용한 사람은 모두 '지인'이 될 수 있다. 다만 '지인'이 되는 것으로 그의 직업이 되지는 않는다. 승려가 오로지 성불함을 직업으로 삼는 것과 같음은 곧 고명과 중용의 대립에 떨어지고 마는 것이 된다.

성인은 그가 성인이라 해서 모든 일에 능한 것은 아니다. 그러나 그는 성인이라는 그 하나의 이유로 왕이 될 수 있다. 엄격하게 말하면 성인이야말로 왕이 되기에 가장 적합하다. 이른바 왕이란 사회적 최고 지도자를 가리킨다. 최고 지도자는 몸소 어떤 일을 할 필요가 없다. 또 스스로 무슨 일을 할 수도 없다. 이것이 도가에서 말하는 무위(無爲)이다. "위에 있는 사람은 반드시 스스로 무위하고 천하 사람을 쓸 것이요, 아랫사람은 반드시 유위(有爲)로써 천하의 필요를 위해 쓰여져야 한다." 무위라고 해서 아무것도 하지 말라는 뜻은 아니다. 오히려 여러 재능 있는 사람을 써서 그들 스스로 최선을 다하게 하는 것이다. 최고 지도자는 모름지기 스스로 무엇을 할 필요는 없다. 그에게는 어떤 전문적 지식이나 재능은 필요하지 않다. 그는 전문적 지식과 재능이 있다 해도 그것을 스스로 쓰지 않아야 한다. 그가 만약 어떤 일을 하면 곧 어떤 일은 하지 않음이 있게 된다. 그가 스스로 행위하지 않으면 여러 재능 있는 사람을 써서 각자 스스로 최선을 다하게 되니 하는 일이 없어도 하지 않는 일이 없게 된다.

최고 지도자가 되는 사람은 확 트이고 공평무사한 마음을 지녀야 한다. 또 모든 흐름을 거두어 들일 도량을 지녀야 한다. 천지 경계 속의 사람만이 이와 같이 할 수 있다. 그는 자기를 대전과 동일시한 다. 대전의 관점에서 사물을 보면 당연히 탁트이고 크게 공의로운 마음이 있게 된다. 그의 심중에는 "만물이 함께 자라도 서로 해치지 않고 도가 함께 행하여도 서로 어그러지지 않는다." 그는 당연히 모든 흐름을 거두어 들일 도량이 있다. 그의 경계에서 그는 만법(萬法)과 더불어 짝을 이루지 않는다. 바로 이것이 '수출서물'(首出庶物) 즉 만 인 가운데서 머리로 나옴의 뜻이다. 《주역》건괘에서 밝혔듯이 이것 이 바로 그가 사회의 최고 영수가 되기에 적합한 이유이다.

  성인은 그가 성인의 덕을 지녔기에 왕이 되기에 가장 적합하다. 과연 성인이 왕이 되기에 가장 적합하고 철학이 가르치는 것이 또한 성인이 되는 도라면, 그 결과는 이 책에서 말한 내성외왕의 도이다. 신이학은 가장 추상적이고 초월적인(玄虛) 철학이다. 그러나 그것이 가르치는 것은 곧 내성외왕의 도이다. 그리고 신이학이야말로 내성외왕의 도에서 가장 순수 정일한 요소이다.